电商基础

主 编 那 淼 贾婧文
副主编 鞠 萍 于春燕
　　　　郑香玉 李 硕

北京邮电大学出版社
www.buptpress.com

内 容 简 介

"电商基础"课程面向职业学校电子商务及相关专业学生及社会化培训学员开设,旨在让学生初步了解电子商务专业几个细分方向(营销方向、物流方向、运营方向、客服方向)的一些基本知识。全书每个章节以工作实践技能为导向,结合一体化教学思路,让学生能够在做中学,将学习的知识带入实际工作中,形成良好的教学与职业的对接。该书编入了电子商务的一些基础知识和基本技能,是一本电子商务类基础培训教材,适合中级工一、二年级学生及有志于从事电子商务工作的培训学员使用。

图书在版编目(CIP)数据

电商基础 / 那淼,贾婧文主编. - - 北京:北京邮电大学出版社,2019.8(2023.3 重印)
ISBN 978-7-5635-5748-6

Ⅰ.①电… Ⅱ.①那… ②贾… Ⅲ.①电子商务—中等专业学校—教材 Ⅳ.①F713.36

中国版本图书馆 CIP 数据核字(2019)第 127750 号

书　　　　名:电商基础
主　　　编:那淼　贾婧文
责 任 编 辑:满志文
出 版 发 行:北京邮电大学出版社
社　　　址:北京市海淀区西土城路 10 号(邮编:100876)
发　行　部:电话:010-62282185　传真:010-62283578
E-mail:publish@bupt.edu.cn
经　　　销:各地新华书店
印　　　刷:唐山玺诚印务有限公司
开　　　本:787 mm×1 092 mm　1/16
印　　　张:16.25
字　　　数:398 千字
版　　　次:2019 年 8 月第 1 版　2023 年 3 月第 4 次印刷

ISBN 978-7-5635-5748-6　　　　　　　　　　　　　　　定　价:39.80 元

・如有印装质量问题,请与北京邮电大学出版社发行部联系・

前 言

近年来天猫、京东、拼多多等各大第三方电商平台采取各种营销手段用以拓宽销售渠道,通过提升物流配送效率,增强店铺、产品美工效果等方式,吸引越来越多的消费者进行网络购物。目前,网络购物已逐渐深入人们的日常生活,成为重要的消费方式。在每年电子商务消费者不断增加的同时,移动应用也不断丰富,移动支付手段也逐步完善,这让消费者摆脱了线下消费模式的束缚,手机网络购物成为众多网民的选择。随着我国经济社会发展和区域产业调整的需要,我国各类企业对电商运营专业高技能人才的培养需求日益迫切,人才需求的数量日趋增多,适用范围也不断扩大,专业设置日趋专业化、个性化、高端化,专业技术也不断更新,更为尖端,这不仅要求学生操作计算机设备、运用技术的能力更强,也要求教师了解新知识、掌握新技术更为精深。

基于国家对电子商务人才的需求,技师学院相较于高等学校的竞争力就在于培养的学生具备更强的实践能力。而技师学院在培养学生时,与企业的结合和项目式的驱动,让其培养出的学生更加贴合电子商务市场的人才需求。

由此,我学院电子商务专业一直在不断地根据市场化创新要求进步,始终坚持该专业的深度建设,并根据区域经济的发展规划,再次明确了专业定位,重新调整了培养目标,即培养具有一定文化底蕴、良好职业道德、较高职业素养、扎实专业知识、较强实践能力、相对丰富的一线工作经验的复合型高素质技能人才。我们的教师也在培训和研究专业的同时,不断地与各电商企业紧密合作,总结电子商务发展的规律,从基础抓起,由浅入深,逐步形成了自己的知识理论体系。

《电商基础》这本教材是我们的专业教师通过对于电商行业的分析和对于职校中级工专业学生的定位分析,编写而成的一本兼具基础与专业实践的教材,适用于中级工一、二年级的学生。通过本教材的学习,可为专业的学习打好基础,为之后电商实训课程的学习做好知识铺垫。

编 者

目 录

学习单元一　电子商务基础 ································· 1

学习任务1　认知电子商务 ································· 1
　　一、电子商务的含义 ································· 1
　　二、电子商务与传统商务的比较 ······················· 6
　　三、电子商务环境 ··································· 7

学习任务2　认知电子商务的交易模式 ····················· 9
　　一、B2B电子商务模式 ······························· 9
　　二、B2C电子商务 ·································· 11
　　三、C2C电子商务模式 ······························ 13
　　四、其他电子商务交易模式 ·························· 15

学习单元二　商品基础知识 ······························· 17

学习任务1　认知商品与商品分类 ························ 17
　　一、商品的概念 ···································· 17
　　二、商品的基本属性 ································ 18
　　三、商品分类 ······································ 19

学习任务2　商品质量与标准 ···························· 25
　　一、质量和商品质量的含义 ·························· 25
　　二、影响商品质量的因素 ···························· 26
　　三、常见的几种商品质量的要求 ······················ 28
　　四、商品标准的含义和分类 ·························· 32
　　五、商品标准的级别 ································ 33
　　六、商品标准化的含义和形式 ························ 36

学习任务3　商品检验 ·································· 38
　　一、商品检验的概念 ································ 38
　　二、商品检验的方法 ································ 40
　　三、商品的品级 ···································· 42
　　四、商品质量认证 ·································· 43
　　五、伪劣商品及识别 ································ 46

学习任务4　商品包装 ·································· 49
　　一、商品包装的概念 ································ 49
　　二、商品包装的分类 ································ 51

三、商品包装标志……………………………………………………… 54
学习任务 5　商品储存与养护 …………………………………………… 58
　　一、商品储存…………………………………………………………… 58
　　二、商品养护…………………………………………………………… 65

学习单元三　网络营销基础　68

学习任务 1　网络营销认知 ……………………………………………… 68
　　一、网络营销的定义…………………………………………………… 68
　　二、网络营销的特点…………………………………………………… 69
　　三、网络营销的层次…………………………………………………… 70
　　四、网络营销的基本功能……………………………………………… 71
　　五、全面深入地理解网络营销………………………………………… 72
学习任务 2　认知网络营销环境 ………………………………………… 73
　　一、网络营销宏观环境………………………………………………… 73
　　二、微观环境…………………………………………………………… 74
学习任务 3　分析网络消费者购买行为 ………………………………… 75
　　学习活动 1　消费者购买动机 ………………………………………… 75
　　　一、消费者购买动机的形成………………………………………… 75
　　　二、消费者购买动机的分类………………………………………… 76
　　学习活动 2　认知影响消费者购买行为的主要因素 ………………… 77
　　　一、文化因素………………………………………………………… 77
　　　二、社会因素………………………………………………………… 77
　　　三、个人因素………………………………………………………… 77
　　　四、心理因素………………………………………………………… 78
　　学习活动 3　做出购买决策 …………………………………………… 78
　　　一、购买行为的类型………………………………………………… 79
　　　二、购买行为过程…………………………………………………… 81
学习任务 4　网络营销策略 ……………………………………………… 82
　　学习活动 1　认知产品营销策略 ……………………………………… 82
　　　一、网络营销产品概念……………………………………………… 82
　　　二、产品组合策略…………………………………………………… 84
　　　三、品牌与商标策略………………………………………………… 85
　　学习活动 2　认知价格策略 …………………………………………… 87
　　　一、企业定价目标…………………………………………………… 87
　　　二、定价方法………………………………………………………… 88
　　　三、定价策略………………………………………………………… 89
　　学习活动 3　认知渠道策略 …………………………………………… 90
　　　一、分销渠道的概念………………………………………………… 90
　　　二、分销渠道的功能(职能)………………………………………… 90

三、分销渠道的参与者 ··· 91
　　四、影响分销渠道的因素 ··· 92
　　五、分销渠道的模式 ··· 93
　学习活动 4　促销策略 ··· 94
　　一、促销的概念及作用 ·· 94
　　二、促销组合的概念及影响因素 ·· 95
　　三、促销的基本策略 ··· 96

学习单元四　物流基础 ··· 98

　学习任务 1　物流基本认知 ·· 98
　　一、物流的概念 ··· 98
　　二、物流的分类 ·· 102
　　三、物流的基本特征 ·· 104
　　四、物流的功能要素 ·· 105
　学习任务 2　电子商务与物流 ·· 108
　　一、电子商务与物流的关系 ··· 108
　　二、电子商务环境下的物流模式 ··· 111
　学习任务 3　常用物流信息技术 ··· 117
　　学习活动 1　条码技术 ··· 117
　　　一、条码技术简介 ·· 117
　　　二、条码技术的特点 ··· 123
　　　三、二维条码在电商中的应用 ··· 125
　　学习活动 2　POS 技术 ··· 126
　　　一、POS 技术简介 ··· 126
　　　二、POS 技术的特点 ·· 128
　　　三、POS 技术的应用 ·· 129
　学习任务 4　RFID 技术 ··· 130
　　一、RFID 技术简介 ··· 130
　　二、RFID 的特点 ·· 132
　　三、RFID 在物流业中的应用 ··· 133
　学习任务 5　GPS/GIS 技术 ·· 136
　　一、GPS/GIS 技术简介 ·· 136
　　二、GPS/GIS 技术的特点 ··· 138
　　三、GPS/GIS 技术在物流中的应用 ··· 139

学习单元五　计算机基础 ·· 143

　学习任务 1　计算机系统构成 ·· 143
　　一、计算机硬件系统组成 ··· 143
　　二、系统软件简介 ·· 147

三、应用软件简介 ⋯⋯⋯⋯⋯⋯⋯⋯⋯⋯⋯⋯⋯⋯⋯⋯⋯⋯⋯⋯⋯⋯⋯⋯⋯⋯⋯⋯ 147
学习任务 2 计算机常见故障检修 ⋯⋯⋯⋯⋯⋯⋯⋯⋯⋯⋯⋯⋯⋯⋯⋯⋯⋯ 148
　　一、计算机常见故障产生原因 ⋯⋯⋯⋯⋯⋯⋯⋯⋯⋯⋯⋯⋯⋯⋯⋯⋯⋯ 148
　　二、计算机常见故障检修方法 ⋯⋯⋯⋯⋯⋯⋯⋯⋯⋯⋯⋯⋯⋯⋯⋯⋯⋯ 149
学习任务 3 Windows 的安装与使用 ⋯⋯⋯⋯⋯⋯⋯⋯⋯⋯⋯⋯⋯⋯⋯⋯ 150
　　一、Windows 的安装 ⋯⋯⋯⋯⋯⋯⋯⋯⋯⋯⋯⋯⋯⋯⋯⋯⋯⋯⋯⋯⋯⋯ 150
　　二、Windows 的使用 ⋯⋯⋯⋯⋯⋯⋯⋯⋯⋯⋯⋯⋯⋯⋯⋯⋯⋯⋯⋯⋯⋯ 150
学习任务 4 文字处理软件的安装与使用 ⋯⋯⋯⋯⋯⋯⋯⋯⋯⋯⋯⋯⋯⋯ 162
　　一、文字处理软件的安装 ⋯⋯⋯⋯⋯⋯⋯⋯⋯⋯⋯⋯⋯⋯⋯⋯⋯⋯⋯⋯ 162
　　二、文字处理软件的基本操作 ⋯⋯⋯⋯⋯⋯⋯⋯⋯⋯⋯⋯⋯⋯⋯⋯⋯⋯ 163
　　三、文档的编排与设置 ⋯⋯⋯⋯⋯⋯⋯⋯⋯⋯⋯⋯⋯⋯⋯⋯⋯⋯⋯⋯⋯ 165
　　四、表格的创建与编辑 ⋯⋯⋯⋯⋯⋯⋯⋯⋯⋯⋯⋯⋯⋯⋯⋯⋯⋯⋯⋯⋯ 172
　　五、插入并设置对象 ⋯⋯⋯⋯⋯⋯⋯⋯⋯⋯⋯⋯⋯⋯⋯⋯⋯⋯⋯⋯⋯⋯ 175
学习任务 5 电子表格软件的安装与使用 ⋯⋯⋯⋯⋯⋯⋯⋯⋯⋯⋯⋯⋯⋯ 178
学习任务 6 图表的使用 ⋯⋯⋯⋯⋯⋯⋯⋯⋯⋯⋯⋯⋯⋯⋯⋯⋯⋯⋯⋯⋯ 190
　　一、图表的创建 ⋯⋯⋯⋯⋯⋯⋯⋯⋯⋯⋯⋯⋯⋯⋯⋯⋯⋯⋯⋯⋯⋯⋯⋯ 190
　　二、图表的编辑 ⋯⋯⋯⋯⋯⋯⋯⋯⋯⋯⋯⋯⋯⋯⋯⋯⋯⋯⋯⋯⋯⋯⋯⋯ 193
　　三、图表的格式化 ⋯⋯⋯⋯⋯⋯⋯⋯⋯⋯⋯⋯⋯⋯⋯⋯⋯⋯⋯⋯⋯⋯⋯ 195
学习任务 7 幻灯片软件的安装与使用 ⋯⋯⋯⋯⋯⋯⋯⋯⋯⋯⋯⋯⋯⋯⋯ 196
　　一、幻灯片软件的安装 ⋯⋯⋯⋯⋯⋯⋯⋯⋯⋯⋯⋯⋯⋯⋯⋯⋯⋯⋯⋯⋯ 196
　　二、幻灯片软件的基本操作 ⋯⋯⋯⋯⋯⋯⋯⋯⋯⋯⋯⋯⋯⋯⋯⋯⋯⋯⋯ 196
　　三、幻灯片的编辑 ⋯⋯⋯⋯⋯⋯⋯⋯⋯⋯⋯⋯⋯⋯⋯⋯⋯⋯⋯⋯⋯⋯⋯ 197
　　四、幻灯片的修饰 ⋯⋯⋯⋯⋯⋯⋯⋯⋯⋯⋯⋯⋯⋯⋯⋯⋯⋯⋯⋯⋯⋯⋯ 203
　　五、幻灯片的切换效果和动画效果 ⋯⋯⋯⋯⋯⋯⋯⋯⋯⋯⋯⋯⋯⋯⋯⋯ 207
　　六、幻灯片放映 ⋯⋯⋯⋯⋯⋯⋯⋯⋯⋯⋯⋯⋯⋯⋯⋯⋯⋯⋯⋯⋯⋯⋯⋯ 210

学习单元六 电子商务安全基础 ⋯⋯⋯⋯⋯⋯⋯⋯⋯⋯⋯⋯⋯⋯⋯⋯⋯ 214

学习任务 1 电子商务安全控制 ⋯⋯⋯⋯⋯⋯⋯⋯⋯⋯⋯⋯⋯⋯⋯⋯⋯⋯ 214
　　一、电子商务的安全需求 ⋯⋯⋯⋯⋯⋯⋯⋯⋯⋯⋯⋯⋯⋯⋯⋯⋯⋯⋯⋯ 214
　　二、保障电子商务安全交易的技术标准 ⋯⋯⋯⋯⋯⋯⋯⋯⋯⋯⋯⋯⋯⋯ 215
学习任务 2 数据加密技术 ⋯⋯⋯⋯⋯⋯⋯⋯⋯⋯⋯⋯⋯⋯⋯⋯⋯⋯⋯⋯ 217
　　一、数据加密 ⋯⋯⋯⋯⋯⋯⋯⋯⋯⋯⋯⋯⋯⋯⋯⋯⋯⋯⋯⋯⋯⋯⋯⋯⋯ 217
　　二、对称密钥加密 ⋯⋯⋯⋯⋯⋯⋯⋯⋯⋯⋯⋯⋯⋯⋯⋯⋯⋯⋯⋯⋯⋯⋯ 218
　　三、非对称密钥加密 ⋯⋯⋯⋯⋯⋯⋯⋯⋯⋯⋯⋯⋯⋯⋯⋯⋯⋯⋯⋯⋯⋯ 219
　　四、对称密钥加密和非对称密钥加密综合保密系统 ⋯⋯⋯⋯⋯⋯⋯⋯⋯ 219
学习任务 3 认证技术 ⋯⋯⋯⋯⋯⋯⋯⋯⋯⋯⋯⋯⋯⋯⋯⋯⋯⋯⋯⋯⋯⋯ 220
　　一、身份认证的主要方法 ⋯⋯⋯⋯⋯⋯⋯⋯⋯⋯⋯⋯⋯⋯⋯⋯⋯⋯⋯⋯ 220
　　二、身份认证技术 ⋯⋯⋯⋯⋯⋯⋯⋯⋯⋯⋯⋯⋯⋯⋯⋯⋯⋯⋯⋯⋯⋯⋯ 220
　　三、认证中心 ⋯⋯⋯⋯⋯⋯⋯⋯⋯⋯⋯⋯⋯⋯⋯⋯⋯⋯⋯⋯⋯⋯⋯⋯⋯ 222

学习单元七　客户服务基础 ……………………………………………………… 223

学习任务1　客户认知 ……………………………………………………… 223
一、认识电子商务客服 ………………………………………………… 224
二、电子商务客服应具备的素质和能力 ……………………………… 224

学习任务2　熟知电子商务客服工作范围及职能 ………………………… 225
一、了解电商的组织架构和部门设置及职能 ………………………… 225
二、了解电子商务客服的工作职能 …………………………………… 226
三、掌握电子商务客服常用工具 ……………………………………… 227

学习任务3　熟悉客服工作流程 …………………………………………… 228
一、了解电子商务客服工作程序 ……………………………………… 228
二、做好日常基本工作 ………………………………………………… 229

学习任务4　电子商务客服销售流程 ……………………………………… 230
一、熟知交易流程 ……………………………………………………… 231
二、掌握在线接待流程 ………………………………………………… 232

学习任务5　客户接待与沟通技巧 ………………………………………… 233
一、掌握标准的电商客服用语 ………………………………………… 233
二、掌握在线接待的操作技巧 ………………………………………… 234
三、掌握即时交流的沟通技巧 ………………………………………… 235
四、学会提问的技巧 …………………………………………………… 236
五、掌握电话沟通技巧 ………………………………………………… 236

学习任务6　客户分析 ……………………………………………………… 237
一、充分理解客户的需求 ……………………………………………… 237
二、了解网络客户的不同类型 ………………………………………… 238
三、了解网络买家的购物心理 ………………………………………… 238
四、适度地推荐商品 …………………………………………………… 239
五、技巧性的处理顾客异议 …………………………………………… 239
六、积极促成交易 ……………………………………………………… 239

学习任务7　做好售后服务及客户维护 …………………………………… 240
一、明确做好售后服务的重要意义 …………………………………… 240
二、掌握做好售后服务的方法和技巧 ………………………………… 241

学习任务8　处理交易纠纷 ………………………………………………… 244
一、知道常见的交易纠纷类型 ………………………………………… 244
二、做好交易纠纷处理 ………………………………………………… 245
三、牢记纠纷处理的注意事项 ………………………………………… 247

学习单元一
电子商务基础

学习任务1 认知电子商务

一、电子商务的含义

(一)电子商务概念

电子商务是利用计算机技术和网络通信技术进行的商务活动。各国政府、学者、企业界人士根据自己所处的地位和对电子商务参与的角度和程度的不同,给出了许多不同的定义。但是,电子商务不等同于商务电子化。

电子商务在各国或不同领域有不同的定义,但关键是依靠电子设备和网络技术进行的商务模式,随着电子商务的高速发展,它已不仅仅包括其购物的主要内涵,还包括了物流配送等附带服务。电子商务包括电子货币交换、供应链管理、电子交易市场、网络营销、在线事物处理、电子数据交换、存货管理和自动数据搜集系统。

电子商务可划分为广义的和狭义的电子商务。

广义上讲,电子商务(Electronic Business,EB)是指通过电子手段进行的商业事务活动。通过使用互联网等电子工具,使公司内部、供应商、企业和合作伙伴之间,利用电子业务共享信息,实现企业间业务流程的电子化,配合企业内部的电子化生产管理系统,提高企业的生产、库存、流通和资金等各个环节的效率。

狭义上讲,电子商务(Electronic Commerce,EC)是指通过使用互联网等电子工具(这些工具包括电报、电话、广播、电视、传真、计算机、计算机网络、移动通信等)在全球范围内进行的商务贸易活动。是以计算机网络为基础所进行的各种商务活动,包括商品和服务的提供者、广告商、消费者、中介商等有关各方行为的总和。人们一般理解的电子商务是狭义上的电子商务。

根据图1-1可以看出,一次完整的电子商务活动会涉及很多方面,除了买家、卖家外,还要有银行或金融机构、配送中心、认证机构等机构的参与。因为在电子商务中各方在物理上是互不谋面的,因此整个电子商务过程并不是物理世界商务活动的翻版,网上银行、电子支付等条件和数据加密、电子签名等技术在电子商务中发挥着不可或缺的作用。

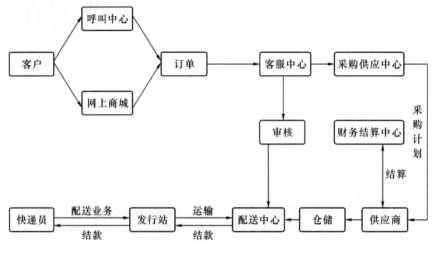

图1-1 电子商务活动

(二) 电子商务的特征

从电子商务的含义及发展历程可以看出电子商务具有如下基本特征。

1. 普遍性

电子商务作为一种新型的交易方式,将生产企业、流通企业以及消费者和政府带入了一个网络经济、数字化生存的新天地。

2. 方便性

在电子商务环境中,人们不再受地域的限制,客户能以非常简捷的方式完成过去较为繁杂的商业活动(如通过网络银行能够全天候地存取账户资金、查询信息等),同时使企业对客户的服务质量得以大大提高。

3. 整体性

电子商务能够规范事务处理的工作流程,将人工操作和电子信息处理集成为一个不可分割的整体,这样不仅能提高人力和物力的利用率,也可以提高系统运行的严密性。

4. 安全性

在电子商务中,安全性是一个至关重要的核心问题,它要求网络能提供一种端到端的安全解决方案,如加密机制、签名机制、安全管理、存取控制、防火墙、防病毒保护等,这与传统的商务活动有很大不同。

5. 协调性

商业活动本身是一种协调过程,它需要客户与公司内部、生产商、批发商、零售商间的协调。在电子商务环境中,它更要求银行、配送中心、通信部门、技术服务等多个部门的通力协作,电子商务的全过程往往是一气呵成的。

(三) 电子商务的分类

按照不同的标准,电子商务可划分为不同的类型。

1. 按照商业活动的运作方式分类

按照商业活动的运作方式分类,电子商务可分为完全电子商务和非完全电子商务。

完全电子商务是指完全可以通过电子商务方式实现和完成完整交易的行为和过程;非完全电子商务是指不能完全依靠电子商务方式实现和完成完整交易的交易行为和过程。非完全电子商务要依靠一些外部因素,如运输系统的效率等。

2. 按照开展电子交易的范围分类

按照开展电子交易的范围分类,电子商务可分为本地电子商务、远程国内电子商务、全球电子商务。

本地电子商务是指利用本城市或本地区的信息网络实现的电子商务活动,电子交易的范围较小;远程国内电子商务是指在本国范围内进行的网上电子交易活动;全球电子商务是指在全世界范围内进行的电子交易活动。

3. 按照商务活动的内容分类

按照商务活动的内容分类,电子商务可分为间接电子商务和直接电子商务。

间接电子商务是指有形货物的电子订货与付款、收发货等活动。直接电子商务是指无形货物或者服务的订货或者付款、收发货等活动。

4. 按照使用网络的类型分类

按照使用网络的类型分类,电子商务目前主要分为基于 EDI(Electronic Data Interchange) 网络的电子商务、基于 Internet 的电子商务以及基于 Intranet 的电子商务。

基于EDI网络的电子商务是指利用EDI网络进行的电子交易；基于Internet的电子商务是指利用Internet进行的电子交易；基于Intranet的电子商务是指利用企业内部网络进行的电子交易。

5. 按照交易对象分类

按照交易对象分类，电子商务可分为企业对企业的电子商务(B2B)、企业对消费者的电子商务(B2C)、企业对政府的电子商务(B2G)、消费者对政府的电子商务(C2G)、消费者对消费者的电子商务(C2C)等。

（四）电子商务的产生和发展

电子商务最早产生于20世纪60年代，发展于90年代。从普遍意义上讲，自电报、传真、电话的商业应用起，电子商务活动就出现了。但由于当时商务活动信息流的电子化水平太低，所以还不是真正意义上的电子商务。现代意义的电子商务经历了两个阶段：第一、基于EDI的电子商务阶段；第二、基于Internet的电子商务阶段。

（1）基于EDI的电子商务阶段

EDI在20世纪60年代末产生于美国，当时贸易部门在使用计算机处理各类商务文件的时候发现，由人工输入到一台计算机中的数据70%来源于另一台计算机输出的文件，由于人为因素，影响了数据准确性和工作效率的提高，人们开始尝试在贸易伙伴之间的计算机上使数据能够自动交换，于是EDI应运而生。

EDI是将业务文件按照一个公认的标准从一台计算机传输到另一台计算机的电子传输方法。由于EDI大大减少了纸张票据，因此人们也称之为"无纸贸易"或"无纸交易"。

EDI包括硬件与软件两大部分。硬件主要是计算机网络，软件包括计算机软件和EDI标准。

在硬件方面，20世纪90年代之前的大多数EDI都是不通过Internet的，而是通过专用网络实现的，这类专用网络被称为VAN(Value Addle Network，增值网)。使用这类专用网络最主要的特点是安全。但随着Internet安全性的逐渐提高，一个费用低、覆盖广、服务好的系统，已逐步替代VAN成为EDI的硬件载体，通过Internet实现的EDI称为Internet EDI。

在软件方面，由于不同行业的企业是根据自己的业务特点来规定数据库的信息格式，因此当需要发送EDI文件时，从企业专用数据库中提取的信息，必须把它翻译成EDI的标准格式才能进行传输，这就需要相关的EDI软件来处理。

（2）基于Internet的电子商务阶段

由于使用VAN的费用高，仅大型企业才会使用，因此限制了基于EDI电子商务的发展。20世纪90年代后，随着Internet的迅速普及，其功能也从信息共享演变成为一种大众化的信息传播工具，电子商务成为互联网应用的最大热点，美国第一家在线银行——安全第一网上银行——于1995年上线。这一阶段的特点是，大量企业开始在互联网上建立网站、促销产品、进行交易，上网人数与网上交易金额迅速增加。

截止到2017年6月我国网民规模达到7.51亿人，占全球网民总数的五分之一，互联网的普及率为 54.3%,超过全球平均水平 4.6 个百分点。2017 年上半年我国电子商务交易额达到 13.35 万亿元,同比增长 27.1%,包括的领域有 B2B 电子商务、零售电子商务、生活服务电子商务、跨境电子商务等。

在 2016 年 10 月 13 日的"2016 杭州·云栖大会"上,阿里巴巴董事局主席马云在演讲时提出,在未来 30 年,新零售、新制造、新金融、新技术、新能源这五大变革将深刻影响到中国,影响到世界,影响到未来所有人,未来 30 年将是人类社会翻天覆地的 30 年。

(五) 电子商务对社会和经济的影响

1. 改变了商务活动的方式

传统的商务活动最典型的情景就是"推销员满天飞""采购员遍地跑""说破了嘴、跑断了腿",消费者在商场中筋疲力尽地寻找自己所需要的商品。现在,通过互联网只要动动手就可以了,人们可以进入网上商场浏览、采购各类产品,而且还能得到在线服务,商家们可以在网上与客户联系,利用网络进行货款结算服务,政府还可以方便地进行电子招标、政府采购等。

2. 改变人们的消费方式

网上购物的最大特征是消费者的主导性,购物意愿掌握在消费者手中,同时消费者还能以一种轻松自由的自我服务的方式来完成交易,消费者主权可以在网络购物中充分体现出来。

3. 改变企业的生产方式

电子商务是一种快捷、方便的购物手段,消费者的个性化、特殊化需求可以完全通过网络展示在生产商面前。为了争取顾客和市场,需要针对消费者需求来进行产品设计和研发,许多生产企业纷纷发展和普及电子商务。

4. 对传统行业带来一场革命

电子商务是在商务活动的全过程中,通过人与电子通信方式的结合,极大地提高了商务活动的效率,减少了不必要的中间环节。传统的制造业借此进入小批量、多品种生产的时代,"零库存"成为可能;传统的零售业和批发业开创了"无店铺""网上营销"的新模式;各种线上服务为传统服务业提供了全新的服务方式。

5. 带来一个全新的金融业

在线电子支付是电子商务的关键环节,也是电子商务得以顺利发展的基础条件,随着电子商务在电子交易环节上的突破,网上银行、银行卡支付网络、银行电子支付系统以及电子支票、电子现金等服务,将传统的金融业带入一个全新的领域。

6. 转变政府的行为

政府承担着大量的社会、经济、文化的管理和服务功能,在电子商务时代,当企业应用电子商务进行生产经营,银行金融电子化,以及消费者实现网上消费的同时,将同样对政府管理行为提出新的要求,电子政务或称网上政府,将与电子商务一起快速发展推进。

二、电子商务与传统商务的比较

(一)传统交易方式的特点

1. 交易过程的传统性

在传统经济活动中,交易行为主体之间的交易一般借助于传统的手段来实现,以金属货币和纸币为媒介,以实物交易和现场交易为特征,同时借助单据交易。这些传统的交易方式现在来看效率较低,交易费用较高,手段和所依托的媒介属于非电子化物品。

2. 交易范围的地域性

地域性反映了在传统交易的过程中,由于交易手段的限制,市场交易活动主要在不同的地域内部开展,各种跨区域的市场交易尽管也大量存在,但由于交易手段的局限性,限制了其进一步扩展的可能。

3. 交易的多环节性

在传统模式下的市场交易由于交易手段、交易形式的限制,使得交易过程中必须借助中间商把商品送到最终客户手中,只有中间商才能弥补企业与客户之间的空间距离。

(二)电子商务与传统商务的差异

1. 交易虚拟化

在交易形式上,传统商务是近距离的现货交易,买卖双方要面对面地交流和谈判,并采用传统的计算方式;电子商务则是将有形市场交易过程电子化、网络化,市场形态具有虚拟化、多元化特点,使得买卖双方有更大的选择空间。

2. 交易成本低

在信息传递上,传统商务利用信件、电话、传真传递信息,或者是工作人员口头交流,需要一定的成本;电子商务实行"无纸贸易",买卖双方通过网络进行商务活动,无须中介者参与,减少了交易的有关环节。

3. 交易效率高

传统接触式的交易方式,在人员往返、信息传递上耽搁大量时间,有时由于人员合作和工作时间的问题,会延误传输时间,失去最佳商机;电子商务利用网络信息传递、计算机自动化处理克服了传统贸易方式费用高、易出错、处理速度慢等缺点,极大地缩短了交易时间,提高了整个交易的效率。

4. 交易透明化

买卖双方从交易的洽谈、签约以及货款的支付、交货通知等整个交易过程都在网络上进行。通畅、快捷的信息传输可以保证各种信息之间互相核对,可以防止伪造信息的流通。

(三) 我国的电子商务在发展中存在的问题

1. 我国社会信用体系建设不够完善

当前我国电子商务信用要过五大关:商业信用、系统(设备和网络)信用、社会信用、司法信用及银行信用。一方面,目前我国企业信用数据的一个重要来源是信用评估机构和资信公司建立的企业资信数据库,但由于信用评级还属于行业和个人行为,评级的中介机构、依据等都未得到法律认同,因此导致目前的评级缺乏权威性和有效性。另一方面,我国目前的信用体系建设还未实现银行、保险、法律、税务等部门信息库共享。

2. 法制建设还不健全

电子商务法律法规目前还不够完善,缺少明确的法律法规对电子商务相关的业务进行规范,使得我国电子商务经济活动的风险增加。目前的《电子签名法》的颁布,只是对电子商务企业在一个很浅的层面上进行控制。由于对电子商务活动缺乏法律制约,一些交易者利用法律的漏洞和空白进行网络诈骗活动,严重制约了电子商务快速、健康和有序的发展。

3. 我国尚未形成行业自律

由于我国信用系统的滞后,使得目前未建立起健全的诚信管理体系。违规行为监督惩罚机制不够健全;市场化运作模式虽然初见雏形,但运作仍然存在不规范的现象;还没有形成有效的行政管理机制,行业自律也还没有形成。

4. 买卖双方地位的不平等

由于网络购物的虚拟性、技术上的特点等都不可避免地导致买卖双方的地位仍然具有不平等性。电子商务所具有的远程性、主体的复杂性、记录的可更改性等特征,导致了信用问题更加突出。一旦一方发生信用问题,交易就会成为虚影,甚至可能导致另一方上当受骗。特别严重的是,一些不法之徒利用互联网、电子商务进行诈骗,严重阻碍了电子商务健康、有序的发展。

5. 社会信用意识差

在监管机制不健全和我国信用评价体系不够完善的情况下,人们在交易过程中诚实守信的意识不够强,由于人们的失信成本很低,甚至有时还不存在失信成本,这使得一些人越来越不诚实、不守信。

三、电子商务环境

电子商务发展的环境是多方面的,主要包括技术环境、经济环境、法规环境、政策环境等。

(一)技术环境

随着网络技术的普及,硬件技术和软件技术不断推陈出新。从硬件方面讲,20世纪90年代之前大多数企业的 EDI 都不通过 Internet,而是通过租用的计算机线路在专用网络上实现,而到了 90 年代中期,Internet 迅速普及,截至 2017 年 6 月,中国网民规模达到 7.51 亿人,占全球网民总数的五分之一。互联网普及率为 54.3%,较 2016 年年底提升 1.1 个百分点,超过全球平均水平 4.6 个百分点。IPv4 地址数量达到 3.38 亿个,IPv6 地址数量达到 21 283 块/32 地址,两者总量均居世界第二。中国网站数量为 506 万个,半年增长 4.8%;国际出口带宽达到 7 974 779 Mbit/s,较 2016 年年底增长 20.1%。在软件方面,功能多样、操作方便的软件系统更是层出不穷。

(二)经济环境

根据中国互联网信息中心互联网发展报告显示,2010 年,我国网民整体互联网应用呈现出三大特点,其中之一是:商务类应用用户规模继续增涨。网络购物用户规模增幅居于首位,网上支付、网上银行等商务类应用重要性进一步提升,更多的传统经济活动已经步入了互联网时代。

(三)法规环境

积极探讨和研究电子商务立法问题,加快建立具有中国特色并与国际电子商务发展趋势相适应的电子商务法规体系,对推进我国电子商务的发展有着重要的意义。

从我国电子商务的实践中,总结、归纳出我国电子商务需要解决的主要法规问题为以下几个方面:

(1) 电子合同成立的形式及效力;
(2) 数字签字、认证及公共钥匙设施;
(3) 电子支付;
(4) 电子邮件广告;
(5) 电子商务特定领域;
(6) 安全性法规;
(7) 信息基础设施和市场准入方面的法规问题;
(8) 知识产权保护的法规;
(9) 司法管辖及法律冲突;
(10) 税赋和关税问题。

电子商务的法规问题表现在不同层面、不同领域,需要由不同层面的立法加以解决和规范。

(四)政策环境

政府对某一新兴产业的重视程度及扶持与否,往往体现在政府制定的政策上。而政府所制定的政策确实对一个产业或行业的发展起着重要的推进作用。为了推进我国电子商务快速、持续的发展,我国政府应该制定出一系列适应我国国情的电子商务政策。

【案例分析】

1999年9月的一天,一家名叫"梦想家"的网站在北京组织了一场名为"72小时网络生存"的实验,目的是"求证中国网络发展的现状和未来",在72小时的生存实验中,志愿者只能用一台可以上网的计算机,一卷卫生纸,每人1 500元人民币和1 500元额度的电子货币来维持生存。在体验者来看,72小时度日如年。

时光飞逝,在2013年"双十一"的抢购中,位于大兴安岭深处鄂温克族定居点的一名乡政府工作人员,利用互联网帮祖母从网上购买了一条红色的围巾。三天之后,快递员将包裹送到了其手中,完成了当今社会最原始的生活方式与最先进的商业形态之间的一次碰撞和融合,让跨越千年的两种生活方式进行了一次闪电般的时空对话。

阅读背景材料,根据所学知识试分析什么是电子商务,电子商务在发展的过程中经历哪些过程。

学习任务 2　认知电子商务的交易模式

随着电子商务在世界范围内得到了迅速的发展,相继出现了多种电子商务模式。电子商务按交易的对象可分为企业对企业的电子商务模式(B2B)、企业对消费者的电子商务模式(B2C)、消费者对消费者的电子商务模式(C2C)、企业对政府的电子商务模式(B2G)等。近两年,随着O2O(Online to Offline,线上和线下相结合)电子商务模式的兴起,使得线上和线下得以结合,能够更好地利用本地资源,做好电子商务。但目前,B2B和B2C依然是两种最基本的电子商务运作模式。

一、B2B 电子商务模式

B2B电子商务模式是企业与企业之间通过Internet或者专用网络等现代信息技术进行的商务活动。就目前来看,电子商务最热心的推动者是企业。企业与企业之间的交易是通过引入电子商务能够产生大量收益的地方,企业也需要电子商务来建立竞争优势。B2B电子商务模式是电子商务中历史最长、发展最完善的商业模式。

(一) B2B 电子商务模式的功能

(1) 供货管理。电子商务使得企业能够减少订单处理费用,缩短交易时间,减少人力占用,同时加强与供应商的合作关系,概括地说就是"加速收缩供应链"。

(2) 库存管理。电子商务缩短了从发出订单到货物装运的时间,从而使企业可以保持一个合理的库存数量,甚至出现零库存,促进存货周转,消除存货不足和存货不当。

(3) 安全管理。企业的每一笔单证都经过加密,包含了电子签名,并由专门的中介机构记录在案,从而保证了交易的安全性。

(4) 运输管理。电子商务使得运输过程所需的各种单证能够快速、准确地到达交易各方,由于单证是标准的,也保证了所含信息的准确性。

(5) 信息传递、交易文档管理。在电子商务环境中,信息能够以更快、更大量、更准确、更便宜的方式流动,并且能够被监视和跟踪。

对于流通企业来说,由于没有生产环节,电子商务活动几乎覆盖了整个企业的经营管理活动。通过电子商务,企业可以更及时、准确地获取消费者的信息,从而准确订货、减少库存,并通过网络促进销售,以提高效率、降低成本,获取更大的利润。

(二) B2B 电子商务模式的优势

企业间电子商务的实施可以带动企业成本的下降,同时扩大企业的收入来源。

(1) 降低采购成本。企业通过与供应商建立企业间电子商务,实现网上自动采购,可以减少双方为进行交易投入的人力、物力和财力。另外,采购方企业可以通过整合企业内部的采购体系,统一向供应商采购,实现批量采购并获取折扣。

(2) 降低库存成本。企业通过与上游的供应商和下游的企业建立企业间电子商务系统,以销定产,以产定供,实现物流的高效运转和统一,最大限度地降低库存成本。

(3) 减少周转环节。企业还可以通过与供应商和客户建立统一的电子商务系统,实现企业的供应商与企业的客户直接沟通和交易,减少周转环节。

(4) 增加市场机会。企业通过与潜在的客户建立网上商务关系,可以覆盖原来难以通过传统渠道覆盖的市场,增加企业的市场机会。

(5) 全年无间断运作。传统的交易受到时间和空间的限制,而基于 Internet 的电子商务则是全年 365 天无间断运作,网上的业务可以开展到传统营销人员和广告促销所达不到的市场范围。

(三) B2B 电子商务的运营模式

1. 面向制造业或面向商业的垂直 B2B

垂直 B2B 可以分为两个方向,即上游和下游。生产商或商业零售商可以与上游的供应商之间形成供货关系,比如 Dell 电脑公司与上游的芯片和主板制造商就是通过这种方式进行合作的。生产商与下游的经销商之间可以形成销货关系,比如 Cisco 公司与其分销商之间进行的交易。

2. 面向中间交易市场的水平 B2B

这种交易模式是水平 B2B,它是将各个行业中相近的交易过程集中到一个场所,为企业的采购方和供应方提供了一个交易的机会,像阿里巴巴、河北建材网、72247 商务网、26 城贸易网、环球资源网、Directindustry 等。

3. 赢利模式

B2B 网站赢利的主要方式如下所述。

（1）会员费

企业通过第三方电子商务平台参与电子商务交易，必须注册为B2B网站的会员，每年要交纳一定的会员费，才能享受网站提供的各种服务，目前会员费已成为我国B2B网站最主要的收入来源。

（2）广告费

网络广告是门户网站的主要赢利来源，同时也是B2B电子商务网站的主要收入来源。

（3）竞价排名

企业为了促进产品的销售，都希望在B2B网站的信息搜索中将自己的排名靠前，而网站在确保信息准确的基础上，会根据会员交费的不同对排名顺序做相应的调整。

（4）增值服务

B2B网站通常除了企业提供贸易供求信息以外，还会提供一些独特的增值服务，包括企业认证、独立域名、行业数据分析报告、搜索引擎优化等。

（5）线下服务

主要包括展会、期刊、研讨会等。通过展会，供应商和采购商面对面地交流，一般的中小企业比较青睐这种方式。期刊主要发布行业资讯等信息，期刊里也可以植入广告。研讨会是进行某一专题方面的讨论。

（6）商务合作

包括广告联盟、政府、行业协会合作、传统媒体的合作等。广告联盟通常是网络广告联盟。在我国，联盟营销还处于萌芽阶段，大部分网站对于联盟营销比较陌生。

二、B2C 电子商务

企业对消费者的电子商务（B2C）是指企业直接面对消费者销售产品和提供服务。这种形式的电子商务一般以网络零售为主，主要借助于互联网开展在线销售活动，消费者可以通过网络在网上购物、网上支付。

（一）B2C 电子商务的运营模式

1. 综合型 B2C

企业应发挥自身的品牌影响力，积极寻找新的利润点，培养核心业务。例如，卓越亚马逊在现有品牌信用的基础上，借助母公司亚马逊国际化的背景，进行国际品牌代购业务或者采购国际品牌产品销售等业务。网站建设要在商品陈列展示、信息系统智能化等方面进一步细化。对于新老客户的关系管理，需要精细客户体验的内容，提供更加人性化、直观的服务。还应选择较好的物流合作伙伴，增强物流实际控制权，提高物流配送服务质量。

2. 垂直型 B2C

核心领域内继续挖掘新亮点。积极与知名品牌生产商沟通与合作，化解与线下渠道商的利益冲突，扩大产品线与产品系列，完善售前、售后服务，提供多样化的支付手段。鉴于个别垂直型B2C运营商开始涉足不同行业，我们认为需要规避多元化的风险，避免资金分散。

与其投入其他行业,不如将资金放在物流配送建设上。可以尝试探索"物流联盟"或"协作物流"模式,若资金允许也可逐步实现自营物流,保证物流配送质量,增强用户的黏性,将网站的"三流"(物流、信息流、资金流)完善后再寻找其他行业的商业机会。

3. 传统生产企业网络直销型 B2C

首先要从战略管理层面明确这种模式未来的定位、发展与目标。协调企业原有的线下渠道与网络平台的利益,实行差异化的销售,如网上销售所有产品系列,而传统渠道销售的产品则体现地区特色;实行差异化的价格,线下与线上的商品定价根据时间段不同设置高低。线上产品也可通过线下渠道完善售后服务。在产品设计方面,要着重考虑消费者的需求。大力吸收和挖掘网络营销精英,培养电子商务运作团队,建立和完善电子商务平台。

4. 第三方交易平台型 B2C 网站

B2C 受到的制约因素较多,但中小企业在人力、物力、财力有限的情况下,这不失为一种拓宽网上销售渠道的好方法。中小企业首先要选择具有较高知名度、点击率和流量的第三方平台;其次要聘请懂得网络营销、熟悉网络应用、了解实体店运作的网店管理人员;再次是要以长远发展的眼光看待网络渠道,增加产品的类别,充分利用实体店的资源、既有的仓储系统、供应链体系以及物流配送体系发展网店。

(二) B2C 电子商务模式面临的困难

1. 资金周转困难

为了迎合消费者的喜好,网店运营商们往往要花大量资金去丰富自己的商品,而绝大多数的 B2C 电子商务企业都是由风险投资支撑起来的,往往把电子商务运营的环境建立起来后,账户上的钱已所剩无几,资金周转困难是整个电子商务行业经营艰难的主要原因。

2. 定位不准

一是商品定位不准,许多 B2C 企业一开始就把网上商店建成一个网上超市,网上商品多而全,但没有完善的配送系统的支撑而受到制约;二是顾客定位不准,虽然访问量较高,但交易额小;三是定价偏高,为了节省开支很多网上商店都是零库存,有了订单再进货,由于订货的批量少,进货价格较高。

3. 网上支付系统不健全

目前来看,我国电子商务在线支付的规模仍处于较低的水平,在线支付的安全隐患依然存在,多数代付银行职能的第三方支付平台由于可以直接支配交易款项,所以越权调用交易资金的风险依然存在。这种不完善的网上支付体系严重制约着 B2C 电子商务企业的发展。

4. 信用机制和电子商务立法不健全

有的商家出于成本和政策风险等方面的考虑,将信用风险转嫁给交易双方;有的商家为求利益最大化,发布虚假信息、抵押来往款项、泄露用户信息;有的买家提交订单后无故取消;有的卖家销售商品时以次充好等。由于目前的信用机制和立法对这类现象的监管还不够完善,导致消费者对网上购物依然心存疑虑。

相比较而言,B2C电子商务模式对整个社会基础设施的要求比B2B电子商务模式更高。B2C电子商务模式虽然节约了店面成本,但要支付在线商店所必需的硬件成本和为了吸引更多的关注而必需投入的广告费用;B2C电子商务模式虽然节约了库存成本,但它同时增加了从起点到终点的配送成本。因此,B2C电子商务模式取得成功的关键条件是要达到"Internet规模经济",即要有足够多的网上购物用户和足够大的网上交易额。只有网上交易达到一定规模,B2C电子商务模式节约店面成本、降低库存成本和节约人员开支的优越性才能得以体现,B2C电子商务模式才能得到自我的生存和发展。

三、C2C电子商务模式

消费者与消费者的电子商务(C2C)是伴随着Internet的普及而发展起来的一种商务模式,通常以拍卖、竞价的方式进行商务活动。卖方可以将所要出售物品的介绍、定价等信息在相应的交易平台上发布,买卖双方通过网络来讨价还价,买卖商品。网站充当第三方的角色,起着监督双方买卖、保证交易公平的作用。

国内的C2C电子商务模式是以eBey为榜样的。C2C最大的特点就是利用专业网站提供的大型电子商务平台,以免费或较少的费用在网络平台上销售自己的商品。该模式可以给用户带来便宜的商品,网上开店不需要店铺租金,不受地域、时间限制却可以面对来自全国甚至全世界的客户。

目前C2C电子商务模式的电子商务中介商主要有两种形式:一种是提供一个虚拟开放的网上中介市场,在网上中介市场的消费者可以直接发布买卖信息,由买卖双方自己达成交易,这种电子商务中介商主要提供一个信息交互平台;另一种是通过网上拍卖实现交易,交易双方通过拍卖竞价确定成交价格,拍卖时,消费者通过互联网轮流公开竞价,在规定时间内价高者赢得购买权。C2C模式的电子商务网站有很多,如淘宝网、易趣网、拍拍网等。

(一) C2C电子商务模式的优势

1. C2C能够为用户带来真正的实惠

过去,卖方往往具有决定商品价格的绝对权利使消费者议价空间非常有限,而拍卖网站的出现,则使得消费者也有决定产品价格的权利,并且可以通过消费者相互之间的竞价结果,让价格更有弹性。因此通过这种网上拍卖,消费者在掌握了议价的主动权后,将获得更多实惠。

2. C2C能够吸引消费者

由于拍卖网站上经常有商品打折等活动,这种网站无疑能引起消费者的关注。对于有明确目标的消费者,他们会受利益的驱动频繁光顾,而那些没有明确目标的消费者,他们会为了享受购物过程中的乐趣而流连忘返。

3. C2C电子商务模式的运作方式

（1）拍卖平台运作方式

这种方式是指C2C电子商务企业通过为买卖双方搭建拍卖平台，按比例收取交易费用。网上拍卖是指网络服务提供商利用互联网通信传输技术，向商品所有者或者某些权益所有人提供有偿或无偿使用的互联网技术平台，让商品所有人或者某些权益所有人在其平台上独立开展以竞价、议价方式为主的在线交易模式。网上拍卖一方面遵循传统拍卖方式的基本规则，另一方面又与传统拍卖方式有很大的不同，主要体现在拍卖的运作成本、拍卖的周期、拍品的展示、拍卖过程的监控、支付方式等方面。

（2）店铺平台运作方式

在这种模式下，由电子商务企业提供平台，以方便个人在其平台上开设店铺，以会员制的方式收费，也可通过广告或提供其他服务收费。入驻网上商城开设网店可以依托网上商城的基本功能和服务，由于用户主要为相应网上商城的访问者，因此，平台的选择非常重要。用户在选择网上商城时往往面临一定的决策风险，尤其是初次在网上开店时，由于经验不足以及对网上商城了解较少等原因，用户可能带有很大的盲目性。有些网上商城没有基本的招商说明、收费标准也不明确，只能通过电话咨询，这也为网上商城的选择带来一定的困惑。

（二）C2C电子商务模式的赢利模式

1. 会员费

会员费就是会员制服务收费。由于提供的是多种服务的有效组合，比较适应会员的需求，因此这种模式的收费比较稳定，费用到期后需要客户续费，续费后再进行下一年的服务。

2. 交易提成

交易提成是C2C网站的主要利润来源。因为C2C网站是一个交易平台，它为交易双方提供机会，就相当于现实生活中的交易所、大卖场，从交易中收取提成是其市场本性的体现。

3. 广告费

企业将网站上有价值的位置用于放置各类型广告，根据网站流量和网站人群精度标定广告位价格，然后再通过各种形式向客户出售。如果C2C网站具有充足的访问量和用户黏度，广告业务量会非常大。但由于网站对用户体验的考虑，均没有完全开放此业务，只有个别广告位会不定期开放。

4. 搜索排名竞价

商品在搜索中排名非常重要，用户可以为某关键词提出自己认为合适的价格，在有效时间内该商品可以获得与价格相匹配的排位。只有卖家认为竞价为他们带来了理想的收益，才愿意花钱使用。

5. 支付环节收费

支付问题一直是制约电子商务发展的瓶颈,直到阿里巴巴推出了支付宝,才在一定程度上促进了网上在线支付业务的开展。卖家可以先把预付款通过网上银行打到支付公司的个人专用账户,待收到卖家发出的货物后,再通知支付公司把货款打入卖家账户,这样买家不用担心收不到货还要付款,卖家也不用担心发了货而收不到款,支付公司按成交金额的一定比例收取手续费。

(三) C2C 模式存在的问题

1. 法律制度有待完善

法律制度的不完善不仅使参与网上交易的个人、企业的权益得不到保障,更会使网上拍卖成为一种新的销赃手段。因此,急需制定合适的法律来规范 C2C 电子商务的交易行为。

2. 交易信用与风险控制

互联网的虚拟性决定了 C2C 交易风险更加难以控制。电子交易平台提供商必需扮演主要角色,建立起一套合理的交易机制,一套有利于在线交易达成的机制,从而促进 C2C 电子商务的发展。

3. 在线支付方式有待完善

目前国内信用卡市场规模还不大,而且国内的金融结算系统还不能完全适应电子商务的要求,其安全性不高,没有完备的认证体系,无法消除用户对交易安全性的顾虑。

4. 技术实力有待提高

由于互联网的特点,对 C2C 电子商务平台提供商来说,技术是至关重要的。只有拥有先进的技术,才能保障网络服务的不间断,保证用户资料的完整和准确,才能为用户提供更安全和理想的交易环境。

5. 消费者的消费习惯有待转变和培养

电子商务在我国出现的时间较短,要大部分的消费者转变消费观念,接受这种新型的购物方式,还需要一定的时间。由于受各方面因素的影响,C2C 电子商务模式的发展并非一帆风顺。但由于 C2C 电子商务模式具有很好的赢利潜力,能够为买卖双方和电子平台带来实惠和利润,因此,我国的 C2C 电子商务模式必将有更广阔的发展前景。

四、其他电子商务交易模式

除了以上讲述的三种基本模式外,电子商务还有一些衍生模式,主要包括:企业与政府之间(B2G)的电子商务模式、企业内部的电子商务模式(B2E)、政府对消费者的电子商务模式(G2C)、政府对政府的电子商务模式(G2G)和线上线下结合电子商务模式(O2O)等。

（一）B2G 电子商务模式

B2G 电子商务涵盖了企业与政府间的各项事务，包括政府采购、税收、商检、管理条例发布以及法规政策颁布等。政府一方面作为消费者，可以通过 Internet 来发布自己的采购清单，公开、透明、高效、廉洁地完成所需物品的采购；另一方面，政府对企业宏观调控、指导规范、监督管理的职能通过网络以及电子商务方式更能充分、及时地发挥。

（二）B2E 电子商务模式

为整合企业内部资源、挖掘员工工作潜能、提高企业竞争力，一些企业推出了 B2E 电子商务模式，即企业内部的电子商务。企业内部网是一种有效的商务工具，它可以用来自动处理商务操作与工作流，增加对重要系统和关键数据的存取、共享信息，共同解决客户问题，保持组织内部的联系。

（三）G2C 电子商务模式

G2C 电子商务主要运作方式是政府上网，就是将政府职能上网，在网络上成立一个"虚拟的政府"，在 Internet 上实现政府的职能工作。政府上网后，可以在网上发布政府部门的名称、职能、机构组成，增加办事执法的透明度，为公众与政府接触提供便利，同时也接受公众的民主监督，提高公众的参政议政意识。此外，由于 Internet 是跨国界的，政府上网能够让各国政府相互了解，加强交流，适应全球经贸一体化的趋势。

（四）G2G 电子商务模式

G2G 是指实现政府内部管理工作程序的计算机化和通信联络的网络化，并与社会经济各部门、各行业的计算机网络互联，在线办理各种审批手续，提高工作效率，降低开支，减轻社会负担。

（五）O2O 电子商务模式

O2O 电子商务模式将线下商务的机会与互联网结合在了一起，让互联网成为线下交易的前台，这样线下服务就可以用线上来揽客，消费者可以用线上来筛选服务，成交可以在线下完成，以快速积累用户资源。

学习单元二
商品基础知识

学习任务1 认知商品与商品分类

在生活中,每个人都离不开衣食住行,而人们又不能完全自给自足,怎么办呢?人们通常都会用钱来交换所需要的商品,那么什么是商品呢?

一、商品的概念

(一)商品的含义

商品是人类社会生产力发展到一定历史阶段的产物。商品是指用来交换、能满足人们某种需要的劳动产品。

在日常生活中,人们经常到农贸市场购买粮食、蔬菜、水果;到商店购买衣服、鞋帽、文化用品,这些需要购买的物品都是商品。在商品经济高度发展的现代社会中,工农业用的生产资料和人们衣食住行用的生活资料,绝大多数需要通过交换而获得,它们大都是商品。

(二)商品的构成

现代经济学家认为商品的概念是广义的、整体的。它不仅指一种物体,也不仅指一种服务,还包括购买商品所得到的直接的、间接的,有形的、无形的利益和满足感。

概括地说,商品是人类有目的劳动产品,是人和社会需要的物化体现,可以包括实物、知识、服务、利益等。实物商品的整体概念应包含三个层次的内容。

(1) 核心商品。核心商品是商品所具有的满足某种用途的功能。比如,人们购买电冰箱,并不是需要一个装有压缩机、冷凝器和控制装置的大铁箱,而是要购买其制冷功能,即冷冻冷藏食品保鲜的功能。

(2) 有形商品。有形商品部分是指实物商品本身。商品是由商品的成分、结构、外观、质量、品种、商标、包装等多种因素构成的有机整体。有形商品是商品的外在形式。

(3) 无形商品。无形商品又称附加商品,是指人们购买有形商品时所获得的附加利益和服务。例如,提供送货上门服务、售后技术服务、免费安装调试、质量保证措施、信息咨询、某种附加利益等。善于开发和利用适当的无形商品,一方面可以获得竞争优势,另一方面可以最大限度地满足消费需求。

(三) 商品的特点

商品具有以下不同于物品、产品的特点。

1. 商品是具有使用价值的劳动产品

作为商品,首先必须是劳动产品,如果不是劳动产品就不能称为商品。比如,自然界中的空气、阳光等,虽然是人类生活所必需的,但由于不是劳动产品,所以它们不能称为商品。

2. 商品是供他人消费的劳动产品

作为商品,必须要供他人消费,如果生产出来的产品,对他人或社会都没有用,就不会发生交换,那么就不能称为商品。对他人或社会有用的产品,才能发生交换,才是商品。

3. 商品是必须通过交换才能到达别人手中的劳动产品

作为商品,还必须要用于交换。商品总是与交换分不开的。如果不是用来交换,即使是劳动产品,只是用来自给自足,就不能称为商品。比如说在古代,传统的男耕女织式的家庭生产,种出来的粮食和织出来的布,尽管都是劳动产品,但只是供家庭成员自己使用,并不是用来与他人交换的,因而也不是商品。

二、商品的基本属性

商品的价值和使用价值是商品的两个基本属性。商品是价值和使用价值统一的整体。

(一) 商品的价值

凝结在商品中的无差别的人类劳动就是商品价值。一切商品都是劳动产品,都包含一定的人类劳动。如果把劳动的具体形态撇开,一切商品都包含一般的无差别的人类劳动即抽象劳动。任何商品都有价值,但商品的价值是不能自我表现出来的,必须通过交换,由另一种商品表现出来。如:1把斧子=15千克大米,一把斧子的价值是通过15千克大米表现出来的,15千克大米是一把斧子的交换价值。

交换价值是在商品交换中,表现另一种商品价值的商品;交换价值是商品价值的表现形式,商品价值是交换价值的基础。人们之间互相交换商品体现着互相交换劳动的经济关系。商品价值体现着商品生产者之间相互交换劳动的关系,因此商品价值是商品社会属性的体现。

(二)商品的使用价值

商品能够满足人们某种需要的属性,是商品的使用价值。商品的使用价值主要是由它的自然属性即物理、化学、生物等属性决定的。不同的商品因为具有不同的自然属性,所以具有不同的使用价值。有的商品可以满足人们物质生活的需要,有的商品可以满足人们文化生活的需要。有的商品可以作为生产资料满足生产的需要。同一种商品的多种使用价值总是被人们不断发现和利用的。

商品的价值属于政治经济学的研究范畴,而商品的使用价值则是商品学的研究对象。马克思曾明确指出:"商品的使用价值,供给一种专门学问的材料,那就是商品学。"商品使用价值的实现离不开人、物、环境,离不开商品流通的各个环节。在我国社会主义市场经济中,商品使用价值与生产、分配、交换、消费紧密相连,因而,商品学的研究将使用价值纳入了社会经济关系的范畴。

三、商品分类

分类是重要的科学方法之一,任何一种科学的研究,都要先对研究的目标加以分类,以便使研究工作系统化、条理化和简单化。那么究竟什么是分类呢?所谓分类,就是将某集合总体根据一定的标志和特征,按照归纳共同性、区别差异性的原则,科学地、系统地逐次划分为若干范围更小、特征更趋一致的局部集合体,直到划分成为最小单位。

分类具有普遍性,它是人类社会发展的必然产物,凡是有物、有人,有一定管理职能的地方都存在分类,它是我们认识事物、区分事物的重要方法。科学的分类可以使人们的工作程序大大简化,从而进一步提高效率。

(一)商品分类的类目层次分类

商品是一个集合概念,它是由数以万计的具体商品品种集合而成的总体。商品分类是指为了一定的目的,按照一定的标准,科学地、系统地将商品分成若干不同类别的过程。商品分类的结果,一般可划分为七个类目层次。

商品分类,一般可划分为门类、大类、中类、小类、品类或品目、品种和细目等类目层次。商品分类的类目层次及其应用实例,如表2-1所示。

表2-1 商品分类的类目层次及其应用实例

商品类目名称	应用实例	
商品门类	消费品	消费品
商品大类	食品	日用工业品
商品中类	饮料	家用化学品
商品小类	茶叶	肥皂、洗涤剂

续表

商品类目名称	应用实例	
商品品类或品目	绿茶	肥皂
商品品种	龙井茶	香皂
商品细目	特级龙井茶	茉莉花香味香皂

商品大类一般根据商品生产和流通中的行业来划分,既要同生产行业对口,又要与流通组织相适应。如《中国化工产品目录》(2008 年版)中,将全国化工产品分为 19 大类;《全国工农业产品(商品、物资)分类与代码》中将全国的工农业产品分成 99 个大类。

商品品类又称商品品目,是指具有若干共同性质或特征的商品总称,它包括若干商品品种。如食品类商品,可分为蔬菜与果品、肉及肉制品、水产品、乳及乳制品、蛋及蛋制品、食糖、茶叶、酒类等。

商品的品种是指商品的具体名称,它是按商品的性质、成分等方面特征来划分的,如食品的酒类商品包括白酒、啤酒、黄酒、葡萄酒、果酒等。

商品的细目是对商品品种的详细区分。它能具体地反映出商品的特征,包括商品的花色、规格、品级等,如 53 度飞天牌茅台酒、12 度长城牌白葡萄酒等。

(二) 商品分类的原则

商品分类的原则是建立商品分类科学体系的基本要求。商品分类要能满足特定的目的和需要,必须遵循以下基本原则。

1. 科学性原则

商品分类的科学性,是指在建立分类体系前,必须明确拟分类的目的及分类范围,选择分类对象最稳定的本质属性或特征作为分类的依据,统一分类对象的名称,能真正反映该对象有别于其他分类对象的本质特征,防止概念不清或一词多义现象。保证商品分类体系的稳定性和唯一性。

2. 系统性原则

系统性是指在建立商品分类体系时,以分类对象的稳定本质属性特征作为分类标志,将分类对象按一定的顺序排列,使每个分类对象在该序列中都占有一个位置,并反映出它们彼此之间既有联系又有区别的关系。

(1) 可延性原则

可延性原则是指建立的商品分类体系能够满足不断出现的新商品的需要,留有足够的空位,例如设置收容项目"其他",以便安置新出现的商品而又不打乱已建立的分类体系或将原分类体系推倒重来。

(2) 兼容性原则

兼容性原则即指相关的各个分类体系之间应具有良好的对应与转换关系。随着国际、国内各种与商品相关的分类体系的建立,也需要设置标准化的分类原则及类目,这样才能满足各个分类体系之间信息交换及相互兼容的要求。

(3) 整体性原则

整体性原则即指商品分类要从系统工程角度出发,在满足管理系统总任务、总要求的前提下,全面、合理地满足系统内各分系统的实际需要。在建立商品分类体系时,要考虑管理系统的整体效益和整体的最优化,要求局部服从整体利益。

(三) 常用的商品分类标志

商品的分类标志是表明商品特征、用以识别商品不同类别的记号。商品分类标志的选择是商品分类的基础,是一项十分重要而细致的工作。商品分类可供选择的标志很多,商品的用途、原材料、生产加工方法、化学成分、使用状态等这些商品最本质的属性和特征,是最常采用的分类标志。

1. 以商品的用途作为分类标志

商品的用途是体现商品使用价值的标志,以商品用途作为分类标志,不仅适合于对商品大类的划分,也适合于对商品类别品种的进一步详细划分。例如,根据商品的基本用途,将商品分为生产资料与生活资料两大类;生活资料商品又按不同用途分为食品、衣着用品、家用电器、日用品等类别;在日用品类中,可按用途分为鞋类、玩具类、洗涤用品类、化妆品类等;在化妆品类中,按用途还可以再分为肤用化妆品、发用化妆品、美容化妆品等。

这种分类标志便于分析和比较同一用途商品的质量和性能,从而有利于生产部门改进和提高商品质量,开发商品新品种,生产适销对路的商品,有利于消费者进行比较分析。但对于多用途的商品则不宜采用这种分类标志。

2. 以商品的原材料作为分类标志

商品的原材料是决定商品质量和引起商品质量变化的重要因素。由于原材料的不同,反映在商品的化学成分、性能、加工、包装、储运、使用条件要求等方面也有所不同。选择以原材料为标志的分类方法是商品的重要分类方法之一。例如,纺织品以原材料为标志分为天然纤维织品和化学纤维织品。天然纤维织品可分为棉织品、麻织品、丝织品、毛织品等;化学纤维织品可分为粘纤织品、涤纶织品、腈纶织品等。又如,皮鞋以原料为标志分为牛皮鞋、猪皮鞋、羊皮鞋等。

这种分类标志可以使商品分类清楚,并能从本质上反映每类商品的性能、特点、使用、保管、养护等要求。它较适用于原料性商品和原料对成品质量影响较大的商品。但对于由多种原材料构成的商品,不宜采用这种标志进行分类。

3. 以商品的生产加工方法为分类标志

原材料相同,但由于加工方法和加工工艺不同,所形成的商品的质量水平、性质、特征等存在明显差异。因此,对相同原材料可选用多种加工方法生产的商品,适宜以生产加工方法作为分类标志。如酒类按酿造方法可分为蒸馏酒、发酵原酒、配制酒;茶叶按加工方法分为发酵茶、半发酵茶、不发酵茶等;纺织品按生产工艺不同,分为机织品、针织品和无纺布。

这种分类标志能直接说明商品质量和商品品种的特征,适用于那些可以选用多种加工方法、且质量特征受加工工艺影响较大的商品。但对于那些虽然生产方法不同,而产品质量、特征并未产生实质性区别的商品,则不宜使用此种分类方法。

4. 以商品的化学成分或特殊成分作为分类标志

商品的化学成分是形成商品质量和性能、影响商品质量变化的最基本的因素。在很多情况下,商品的主要化学成分可以决定其性能、用途、质量或储运条件,对这类商品进行分类时应以主要化学成分作为分类标志。如塑料制品可按其主要成分合成的树脂不同,分为聚乙烯塑料制品、聚氯乙烯塑料制品、聚苯乙烯塑料制品、聚丙烯塑料制品等。而有些商品的主要成分虽然相似,但所含有的特殊成分却会影响商品质量、特征、性质和用途等,对这些商品进行分类时,应以特殊成分作为分类标志。如玻璃的主要成分是二氧化硅,却可以根据其所含的特殊成分分为钠玻璃、钾玻璃、铅玻璃、硅硼玻璃等。

按商品的化学成分分类,便于研究某类商品的特征及其储存和使用方法等。这种分类方法适用于化学成分对商品性能影响较大的商品。但对化学成分复杂的商品或化学成分对商品性能影响不大的商品,则不宜采用这种分类标志。

除上述分类标志外,商品的形状、结构、尺寸、颜色、重量、产地、生产季节等均可作为商品分类的标志。商品分类可采用的标志很多,但各种分类方法皆有一定的适应性和局限性,很难选择出一种能贯穿商品分类体系始终的分类标志。因此,在一个分类体系中常采用几种分类标志,往往是每一个层级用一个适宜的分类标志。

(四) 商品目录

商品目录是商品分类的具体体现,是提高企业经营管理水平,建立统一的、科学的国民经济核算制度和实行国民经济信息的自动化管理的基础。

1. 商品目录的概念

商品目录是指将所经营管理的全部商品品种,按一定标志进行系统分类编制成的商品细目表。商品目录是以商品分类为依据,因此也称商品分类目录或商品分类集。商品目录是在逐级分类的基础上,用表格、符号和文字全面记录商品分类体系和编排顺序的书本式工具。

在编制商品目录时,国家或部门都是按照一定的目的,首先将商品按一定的标志进行定组分类,再逐次制定和编排。也就是说,没有商品分类就不可能有商品目录,只有在商品科学分类的基础上,才能编制层次分明、科学、系统、标准的商品目录。

2. 商品目录的种类

商品目录由于编制目的和作用不同,种类很多。如按商品的用途不同,编制的目录有食品商品目录、纺织品商品目录、交电商品目录、化工原料商品目录等;按编制对象不同,编制的目录有工业产品目录、贸易商品目录和进出口商品目录;按适用范围不同,编制的目录有国际商品目录、国家商品目录、部门商品目录、企业商品目录等。

(1) 国际商品目录

国际商品目录是指由国际组织或区域性集团通过商品分类所编制的商品目录。如,联合国编制的《国际贸易标准分类目录》,国际关税合作委员会编制的《商品、关税率分类目录》。海关合作理事会编制的《海关合作理事会商品分类目录》和《商品分类及编码协调制度》等。

(2) 国家商品目录

国家商品目录是指由国家指定专门机构通过商品分类编制的商品目录。如我国由国务院批准的、国家标准局发布的《全国工农业产品(商品、物资)分类与代码》。它是我国国民经济各部门、各地区从事经济管理工作时必须一致遵守的全国性统一商品目录。

(3) 部门商品目录

部门商品目录是指由行业主管部门编制的商品目录。如商务部、海关总署、国家环保总局(现生态环境部)公布的《加工贸易禁止类商品目录》,财政部、国家发展改革委员会、海关总署、国家税务总局联合发布的《国内投资项目不予免税的进口商品目录(2008年调整)》,海关总署发布的《中华人民共和国海关统计商品目录》等,这些商品目录,是该部门从中央到基层共同遵守的准则。

(4) 企业商品目录

企业商品目录是指企业在兼顾国家和部门商品目录分类原则的基础上,为充分满足本企业工作需要,而对本企业生产或经营的商品所编制的商品目录。企业商品目录的编制,必须符合国家和部门商品目录的分类原则,并在此基础上结合本企业的业务需要,进行适当的归并、细分和补充。如《营业柜组经营商品目录》《仓库保管商品经营目录》等,都具有分类类别少、对品种划分更详细的特点。

各类商品目录应相对稳定,以使各类信息具有可比性、稳定性,这样有利于协调各行业、各企业、各环节的工作。但商品目录并不是一成不变的,而应随着商品生产和商品经济的发展予以适时修订,这样才能发挥它在商品流通活动中的作用。

(五) 商品编码

1. 商品编码的概念

商品编码又称商品代码,或商品代号、货号,它是赋予某种或某类商品的代表符号,通常用具有规律的阿拉伯数字组成。

商品编码可以区别不同产地、不同原料、不同色泽、不同型号的商品品种;便于企业经营管理、计划、统计、特价和核算等工作的开展,有助于避免差错,提高工作效率;为计算机进行数据处理创造了前提条件,是现代化的基础。

2. 商品编码的种类

目前,商品编码主要有数字型代码、字母型代码、混合型代码和条码四种。

(1) 数字型代码

数字型代码,是用阿拉伯数字对商品进行编码形成代码符号。数字型代码是世界各国普遍采用的方法之一,这种类型的代码更便于国际之间的经济往来,其特点是结构简单,使用方便,易于推广,便于利用计算机处理。数字型代码是将每个商品的类别、品目、品种等排列成一个数字或一组数字。GB 7635—1987 标准,采用的就是数字型代码。按此标准编码,香脂的代码是"38221003"。

(2) 字母型代码

字母型代码,是用一个或若干个字母表示分类对象的代码。按字母顺序对商品进行分类编码时,一般用大写字母表示商品大类、用小写字母表示其他类目。字母型代码便于记忆,可提供便于人们识别的信息,但当分类对象数目较多时,往往会出现重复现象,因此,在商品分类编码中很少使用。

(3) 混合型代码

混合型代码又称数字、字母混合型代码,是由数字和字母混合组成的代码。字母常用于表示商品的产地、性质等特征,可放在数字前边或后边,用于辅助数字代码。如"H1226"代表浙江产的杭罗。混合型代码特点是结构严密,具有良好的直观性和表达式,同时有适合于使用上的习惯。但是由于组成形式复杂,给计算机输入带来不便,录入效率低,错码率高。

(4) 条码

条码是由条型符号构成的图形表示分类对象的代码。它是区别数字型代码、字母型代码和混合型代码的另一种表现形式。

【综合实训】

【案例】某超市的商品分类目录

某超市将大类划分为畜产、水产、果菜、日配、加工食品、一般食品、日用杂货、日用百货、家用电器等。

在日配品这个大类下,划分为牛奶、豆制品、冰品、冷冻食品等中分类;在畜产品这个大类下,细分出熟肉制品的中类,包括咸肉、熏肉、火腿、香肠等;在水果蔬菜这个大类下,又细分出国产水果与进口水果的中类。

"畜产"大类中、"猪肉"中类下,进一步细分出"排骨""里脊肉"等小类;"一般食品"大类中,"饮料"中类下,进一步细分出"听装饮料""瓶装饮料""盒装饮料"等小类;"日用百货"大类中,"鞋"中类下,进一步细分出"皮鞋""人造革鞋""布鞋""塑料鞋"等小类。

单品没有进一步细分,是完整独立的商品品项。如在"听装饮料"小类下,进一步细分为"355 毫升听装×××"等;"瓶装饮料"小类下,进一步细分为"×××升瓶装×××""2 升瓶装×××",就属于不同的单品。

在上述某超市的商品分类体系中,将商品划分为畜产、水产、果菜、日配、加工食品、一般食品、日用杂货、日用百货、家用电器等大类;在"一般食品"这个大类下,进一步细分为"饮料"等中类;在"饮料"这个中类下,进一步细分出"听装饮料""瓶装饮料""盒装饮料"等小类;在"瓶装饮料"小类下,进一步细分出"×××升瓶装×××""2 升瓶装×××""2 升瓶装雪碧"等单品。在这个体系内,各层类目上下之间存在从属关系,同一层次类目之间存在并列关系。

结合导入案例,了解该超市采用了什么分类方法?按照其分类体系,将其所经营的全部商品列成商品目录?

学习任务 2　商品质量与标准

一、质量和商品质量的含义

（一）质量的含义

质量是质量管理中最基本的概念，我国国家标准 GB/T 19000—2008《质量管理体系基础和术语》中对质量做如下定义：质量是一组固有特性满足要求的程度。

此定义更能直接地表达质量的属性，由于它对质量的载体不做界定，说明质量是可以存在于不同领域或任何事物中的。对于质量管理体系来说，质量的载体不仅针对产品，即过程的结果，也针对过程和体系或者它们的组合。所以说，质量既可以指零部件、计算机软件或服务等产品的品质，也可以指某项活动的工作品质或某个过程的工作品质，还可以指企业的信誉、体系的有效性等。

定义中的"要求"既可以明确表达出来，如有用法规、标准或者是买卖双方通过契约所做的约定等，也可以是隐含着不言而喻的，如人们对绝大多数消费产品的需要表现为人和社会对其公认的期望，而不必做出具体规定的要求。定义中的"特性"是指事物所特有的性质，固有特性是事物本来就有的，它是通过产品、体系或过程设计和开发之后实现形成的属性，这些固有特性的要求大多是可测量的。

质量的范围非常广泛，既包括产品质量、工序质量，还包括作业质量和服务质量等，商品质量也因此成为质量的一个组成部分。

（二）商品质量的含义

狭义的商品质量是指产品与其规定标准技术条件的符合程度。它是以国家或国际有关法规、商品标准或订购合同中的有关规定作为最低技术条件，是商品质量的最低要求和合格的依据。

广义的商品质量是指商品适合其用途所需的各种特性的综合及其满足消费者需要的程度，是市场商品质量的反映。它不仅是指商品的各种特性能够满足需要，而且包括价格实惠、交货准时、服务周到等内容。

商品质量是一个综合性的概念，它涉及商品本身及商品流通过程中各种因素的影响。从现代市场观念来看，商品质量是内在质量、外观质量、社会质量和经济质量等方面内容的综合体现。

商品的内在质量是指商品在生产过程中形成的商品体本身固有的特性，包括商品实用性能、可靠性、安全与卫生等方面。它构成商品的实际物质效用，是最基本的质量要素。

商品的外观质量主要指商品的外表形态，包括外观构造、质地、色彩、气味、手感、表面疵点和包装等，它已成为人们选择商品的重要依据。

商品的社会质量是指商品满足全社会利益需要的程度,如是否违反社会道德,是否对环境造成污染,是否浪费有限资源和能源等。一种商品不管其技术如何进步,只要有碍于社会利益,就难以生存和发展。

商品的经济质量是指人们按其真实的需要,希望以尽可能低的价格,获得性能尽可能优良商品,并且在消费或使用中付出尽可能低的使用和维护成本,即物美价廉的程度。

商品的内在质量是由商品本身的自然属性决定的;外观质量、社会质量和经济质量则是由商品的社会效应来决定的,它受诸多社会因素的影响。

二、影响商品质量的因素

影响商品质量的因素有许多方面。一种商品从生产开始到进入流通领域一直到使用寿命结束需要经历很多不同的环节,每一个环节都有可能成为影响其质量的因素。在通常情况下,影响商品质量最根本的因素是生产过程中的原材料和生产工艺,其次是流通过程和使用过程的各种因素。

(一) 原材料

原材料是构成商品的基本材料,是影响商品质量的内在因素。原材料对商品质量的影响,主要表现在商品的内在质量、外观质量和使用效果方面。内在质量包括品质特性、性能特点、理化性质等;外观质量包括形态特征、软硬程度、弹性大小、光泽、颜色、平滑度等;使用效果包括耐用性、坚牢度、舒适性、安全与卫生等。

原材料的品质是决定商品质量、影响商品内在质量的重要因素。品质优良的原材料,生产出的商品质量自然优良。生产商品用的原材料质量,是由多方面因素决定的,受多方面因素的影响。

1. 原材料产地对商品质量的影响

原材料的品质特性与原材料的产地有直接关系。自然环境、气候条件对动植物的生长、发育影响很大。

日用工业品、纺织品的商品质量与原材料的产地有直接关系,特别是食品商品更是如此。例如,云南烟叶质量是其他地方烟叶质量所不可比拟的,这是由云南某些地区的温高气爽、雨量适中、日照时间长、土质肥沃的特殊气候条件和地理条件所决定的。

2. 原材料生产季节对商品质量的影响

原材料生产季节的不同,对商品质量影响也不同。动植物受季节的变化,生长发育受到很大的影响,特别是成熟程度、结构成分、品质特性均有很大差别。

如以春茶为原料制成的绿茶和花茶,其有效成分含量高,色、香、味、形好,对人体健康和提神的功效也大;以老叶为原料制成的茶,则质量就差,口感、味道与春茶比相差很大。

3. 原材料部位对商品质量的影响

原材料的部位对许多种类商品质量的影响也很大。如动物皮的不同部位对皮鞋鞋面的硬度、光泽、耐磨度、吸水性等影响很大;又如动物体的不同部位对肉制品质量的影响很大。

如纯正的"灯影"牛肉(图2-1)的原料,只能用牛腿胯部的肉制作才是最纯正的,才能达到"灯影"牛肉质量的具体要求。这说明,商品质量直接由原材料的部位所决定。

图 2-1　"灯影"牛肉

(二) 生产工艺

生产工艺是形成商品质量的关键,对商品质量起决定性的作用。商品的各种有用性及外形和结构,都是在生产工艺过程中形成和固定下来的。生产工艺主要是指产品在加工制造过程中的产品设计、操作过程、设备条件以及技术水平等。生产工艺不但可以提高质量,也可以改变质量。在很多情况下,虽然采用的原材料相同,但因生产工艺和技术水平不同,不仅产品数量会有差异,质量方面也会相差悬殊。

1. 产品设计对商品质量的影响

产品设计是依据给定的产品用途,即使用功能、方法、要求进行设计的。商品的使用功能、使用方法、使用效果、外观造型、生产工艺条件的确定以及商品的包装方法等均与产品设计有关。因此,产品设计是形成商品质量的基础。

2. 操作过程对商品质量的影响

操作过程就是产品质量形成的过程。操作过程对产品的生产有很大的影响,即使原材料相同的产品,由于加工方法不同,产品也会不同。如茶叶的生产,原料是相同的,由于生产、加工方法不同,而有红茶、绿茶、乌龙茶之分。红茶是加工过程中经过发酵工艺制成的;绿茶是在加工过程中不经发酵工艺制成的;乌龙茶是在加工过程中采用半发酵工艺制成的。

(三) 流通过程

1. 运输装卸

商品进入流通领域,运输是商品流转的必要条件。

商品在铁路、公路、水路、航空运输过程中,会受到冲击挤压、颠簸、振动等物理机械作用的影响,也会受到温度、湿度、风吹、日晒、雨淋等气候条件的影响。商品在装卸过程中还会发生碰撞、跌落、破碎、散失等现象,这不但会增加损耗,也会降低商品质量。

2. 仓库储存

商品本身的特性是商品质量发生变化的内因,仓储环境条件是商品储存期间发生质量变化的外因。如日光、温度、湿度、氧气、水分、臭氧、尘土、微生物、害虫等。

3. 销售服务

销售服务过程中的进货验收、入库短期存放、商品陈列、提货搬运、装配调试、包装服务、送货服务、技术咨询、维修和退换服务等工作质量都是最终影响消费者所购商品质量的因素。许多商品的质量问题不是商品自身固有的,而往往是由于使用者缺乏商品知识或未遵照商品使用说明书的要求,进行了错误操作或不当操作所引起的。

(四)使用过程

1. 使用范围和使用条件

商品都有其一定的使用范围和使用条件,使用中只有遵循其使用范围和条件,才能发挥商品的正常功能。

例如,家用电器的电源要区别交流、直流和所需要的电压值,否则不但不能正常运转,还会损坏商品;若使用条件要求安装地线保护则必须按要求实行,否则不仅会损坏商品,甚至可能发生触电身亡的恶性事故。

2. 使用方法和维护保养

为保证商品质量和延长商品使用寿命,在使用中消费者应在了解商品性能的基础上,使用正确的方法。

例如,在穿着皮革服装时要避免被锐利之物划破或重度摩擦,且不能接触油污、酸性和碱性的物质。

3. 废弃物处理

商品在使用完之后,其残体和包装作为废弃物被放置到自然环境中,有些能回收利用,如金属制品、纸制品等;有些则不能或不值得回收利用,也不易被自然环境或微生物分解,例如,含磷洗涤剂、废弃的塑料制品等。

三、常见的几种商品质量的要求

商品质量的基本要求是根据其用途、使用方法以及消费者和社会需求提出来的。由于商品种类繁多,性能各异,又有着不同的用途、特点和使用方法,因此,对不同商品的质量要求各不相同。

（一）食品的商品质量

食品是指为人体提供热量、营养，维持人体生命，调节人体生理活动，形成和修补人体各组织的物质，是人们生长发育、保证健康不可缺少的生活资料。因此，对食品质量的基本要求是：具有营养价值；具有良好的色、香、味、形；无毒无害，符合卫生安全的要求。

1. 食品的营养价值

食品能给人体提供营养物质，这是一切食品的基本特征。其功能是提供人体维持生命活动的能源，保证健康，调节代谢以及延续生命。营养价值是决定食品质量高低的重要依据，是评定食品质量优劣的关键指标。

食品的营养价值包括营养成分、可消化率和发热量三项指标。

（1）营养成分。营养成分是指食品中所含蛋白质、脂肪、碳水化合物、维生素及水分等。人们可以从各种不同的食品中获得各种营养成分。

（2）可消化率。可消化率是指食品在食用后，可消化吸收的百分率。它反映了食品中营养成分被人体消化吸收的程度。食品中营养成分只有被人们消化吸收后，才能发挥其作用。营养专家经过多年研究、实践得出结论：动物性食品的营养价值高于植物性食品的营养价值。

（3）发热量。发热量是指食品的营养成分经人体消化吸收后在人体内产生的热量，它是评价食品营养价值最基本的综合性指标。

人体对食品的需要量通常是采用能产生热量的碳水化合物、蛋白质、脂肪三种主要营养成分的发热量来表示。一克碳水化合物或一克蛋白质在体内经过消化和完全氧化后产生的热值均为4.1千卡，1克脂肪产生的热值为9.3千卡。

人们吃的主食，包括各种米、面等，是供给人体热量的主要来源；副食，包括各种蔬菜、水果、鱼肉、禽蛋、乳品及加工制品等，是热量的重要来源。一般来说，营养成分和可消化率较高，产生的热量就越多，营养价值就越高。但也不完全如此，如提高粮食加工精度，可相应提高消化率，但是营养成分却损失了。

2. 食品的色、香、味、形

食品的色、香、味、形是指食品的色泽、香气、滋味和外观形状。食品的色、香、味、形不仅能反映食品的新鲜度、成熟度、加工精度、品种风味及变质状况，同时可直接影响人们对食品营养成分的消化和吸收。食品的色、香、味、形良好，还可以刺激人产生旺盛的食欲。许多食品的色、香、味、形还是重要的质量指标。例如，评价酒、茶等商品的质量时，主要从色泽、香气、滋味等方面进行鉴定，不同的色、香、味、形，决定商品本身的档次和等级。

3. 食品的安全卫生

食品的安全卫生是指食品中不应含有或超过限量的有害物质和微生物。食品卫生关系到人们的健康与生命安全，甚至还影响子孙后代，所以食品应当格外重视安全卫生、无毒无害。影响食品安全卫生的因素，有以下几个方面。

（1）食品的生物性污染

食品的生物性污染包括微生物、寄生虫、昆虫及病毒的污染。

图 2-2 食品的色、香、味、形

① 微生物污染主要有细菌与细菌毒素、霉菌与霉菌毒素。出现在食品中的细菌除包括可引起食物中毒、人畜共患传染病等的致病菌外,还包括能引起食品腐败变质并可作为食品受到污染标志的非致病菌。

② 寄生虫污染主要是通过病人、病畜的粪便间接通过水体或土壤污染食品或直接污染食品。

③ 昆虫污染主要包括粮食中的甲虫类、螨类、蛾类昆虫以及动物食品和发酵食品中的蝇、蛆等。

④ 病毒污染主要包括禽流感病毒、肝炎病毒、脊髓灰质炎病毒和口蹄疫病毒,其他病毒不易在食品上繁殖。

图 2-3 含食品添加剂的饮料

(2) 食品的化学性污染

食品化学性污染涉及范围较广,情况也较复杂,主要包括以下几个方面。

① 来自生产、生活和环境中的污染物,如农药、兽药、有毒金属、多环芳烃化合物、N-亚硝基化合物、杂环胺、二噁英、三氯丙醇等。

② 食品容器、包装材料、运输工具等接触食品时溶入食品中的有害物质。

③ 滥用食品添加剂,掺假、制假过程中加入的物质。

食品添加剂是指用于改善食品品质、延长食品保存期、便于食品加工和增加食品营养成分的一类化学合成或天然物质。

(3) 食品的物理性污染

主要来源于复杂的多种非化学性的杂物,虽然有的污染物可能并不威胁人们的健康,但是严重影响了食品应有的感官性状和营养价值,食品质量得不到保证,主要包括以下几方面。

① 来自食品产、储、运、销的污染物,如粮食收割时混入的草籽、液体食品容器池中的杂物、食品运销过程中的灰尘等。

② 食品的掺假使假,如粮食中掺入的沙石、肉中注入的水、奶粉中掺入大量的糖等。

③ 食品的放射性污染,主要来自放射性物质的开采、冶炼、生产、应用及意外事故造成的污染。

(二) 纺织品的商品质量

纺织品是人们日常生活中不可缺少的生活资料。随着社会的发展,纺织品的款式、品种日趋新颖、丰富,其功能已不再是简单的御寒遮体。因此,对纺织品质量的最基本要求,既要耐用舒适、卫生安全,又要美观、大方、流行、具有时代风格等。主要包括以下几方面。

1. 材料选择适宜性

纺织品的基本性能及外观特征,主要由其所用的纤维材料决定。不同种类的纤维如棉、麻、毛、涤纶等,其织品的性能各有不同;即使同种纤维,由于品质不同,其织品也各有特色。因此,纺织品用途不同,所选择的纤维的种类和品质也各不相同。

2. 组织结构合理性

纺织品的组织结构主要包括织物的重量和厚度、紧度和密度、幅宽和匹长等。纺织品的组织结构影响着织物的外观和机械性能。如纺织品的厚度、紧度等可影响其透气性、保暖性等。

3. 良好的机械性能

纺织品的机械性能主要是指各种强度指标,它是衡量纺织品耐用性能的重要指标。另外,机械性能对织物的尺寸稳定性和手感及成品风格也有影响。

4. 良好的服用性

服用性主要是要求织品在穿用过程中舒适、美观、大方。要求其缩水率、刚挺性、悬垂性符合规定标准,具有良好的吸湿性、透气性、不起毛起球,花型、色泽、线条图案应大方或富有特色等。

5. 工艺性

工艺性指纺织品面料必须方便裁剪缝制,易于洗涤、熨烫、定型、染色牢固等。

(三) 日用工业品的商品质量

日用工业品包括的面很广,有玻璃制品、搪瓷器皿、铝制品、日用塑料制品、皮革制品、胶鞋、纸张、洗涤剂、化妆品、钟表、家具、电器、服装等。它是人们生活中不可缺少的生活资料。因此,对它们质量的基本要求如下所述。

1. 适用性

适用性是指日用工业品满足主要用途所必须具备的性能或质量要求。不同商品的适用性各有不同要求,如保温瓶必须保温,洗涤剂必须去污,电冰箱必须制冷,钢笔必须书写流利,手表要求走时准确,雨鞋必须防水等。适用性是构成商品使用价值的基本条件,也是评价日用工业品质量的重要指标。

2. 耐用性

耐用性是指日用工业品抵抗各种外界因素对其破坏的能力,它反映了日用工业品坚固耐用的程度和一定和使用期限、次数。例如,皮革、橡胶制品常用强度和耐磨耗等指标来评定其耐用性。电器开关可以开关多少次,手机电池可用多长时间等,这些都是通过使用寿命来反映其耐用性。提高日用工业品的坚固耐用性,就能延长商品的使用寿命,就等于不用额外消耗原料和劳动力而提高了产品的质量。所以耐用性是评价绝大多数日用工业品质量的主要依据。

3. 卫生和安全

卫生和安全是指日用工业品在使用时不能影响人体健康和人身安全的质量特性。例如,对盛放食物的器皿、化妆品、玩具等商品应要求具有无毒无害性;各种家用电器要求不漏电、无辐射、安全可靠,在使用过程中不发生危险;玻璃器皿中有毒的重金属元素应在一定的标准内。所以在评价日用品的质量时必须重视它们的卫生和安全。

4. 外观美观性

日用工业品的外观,主要是指其表面特征。一方面包括商品的外观疵点,即影响商品外观或影响质量的表面缺陷;另一方面指商品的表面装饰如造型、款式、色彩等。对商品外观总的要求是式样大方新颖、造型美观、色彩适宜,具有艺术感和时代风格,并且应无严重影响外观质量的疵点。

5. 结构合理性

日用工业品的结构,主要是指其形状、大小和部件的装配要合理,若结构不合理,不仅使人感到不舒服、不美观,而且无法穿戴,丧失了使用价值;对于那些起着美化装饰作用的日用工业品,它们的外观造型结构更具有特殊的意义。

四、商品标准的含义和分类

(一) 商品标准的含义

商品标准是对商品质量以及与质量有关的各个方面(如商品的品名、规格、性能、用途、使用方法、检验方法、包装、运输、储存等)所做的统一技术规定,是评定、监督和维护商品质量的准则和依据。

商品标准是科学技术和生产力发展水平的一种标志,它是社会生产力发展到一定程度的产物,又是推动生产力发展的一种手段。凡正式生产的各类商品,都应制定或符合相应的商品标准。商品标准由主管部门批准、发布后,就是一种技术法规,具有法律效力,同时,也具有政策性、科学性、先进性、民主性和权威性。它是生产、流通、消费等部门对商品质量出现争议时执行仲裁的依据。

(二) 商品标准的分类

商品标准分类的方法很多,常见的有以下几种。

1. 按商品标准的表达形式分为文件标准和实物标准

文件标准是以文字(包括表格、图片等)的形式对商品质量所做的统一规定。绝大多数商品标准都是文件标准。文件标准在其开本、封面、格式、字体、字号等方面都有明确的规定,应符合 GB/T 1—2009《标准化工作导则》的有关规定。

实物标准是指对某些难以用文字准确表达的质量要求(如色泽、气味、手感等),由标准化主管机构或指定部门用实物做成与文件标准规定的质量要求完全或部分相同的标准样品,作为文件标准的补充,它同样是生产、检验等有关方面共同遵守的技术依据。例如粮食、茶叶、羊毛、蚕茧等农副产品,都有分等级的实物标准。实物标准是文件标准的补充,需要经常更新。

2. 按标准的约束程度不同分为强制性标准和推荐性标准

强制性标准又称为法规性标准,是国家通过法律的形式,明确对于一些标准所规定的技术内容和要求必须严格执行,不允许以任何理由或方式加以违反、变更,这样的标准称为强制性标准。它包括强制性的国家标准、行业标准和地方标准。若违反强制性标准,将依法追究当事人的法律责任。强制性标准包括:药品标准,食品卫生标准,兽药标准,产品及产品生产、储运和使用中的安全、卫生标准,劳动安全、卫生标准,运输安全标准等。

推荐性标准又称自愿性标准,是指国家鼓励自愿采用的具有指导作用而又不宜强制执行的标准。推荐性标准所规定的技术内容和要求具有普遍的指导作用,允许使用单位结合自己的实际情况,灵活地加以选用。

实行市场经济的国家大多数实行推荐性标准,例如国际标准及美国、日本等国的大多数标准。我国从 1985 年开始实行强制性和推荐性标准相结合的标准体制。我国的标准绝大多数是强制性的,一经批准发布,有其规定范围内,有关方面都必须严格贯彻执行。

3. 按标准的成熟程度不同分为正式标准和试行标准

试行标准与正式标准具有同等效用,同样具有法律约束力。试行标准一般在试行两至三年后,经过讨论修订,再作为正式标准发布。现行标准大多数为正式标准。

4. 按商品标准的保密程度分为公开标准和内部标准

我国绝大多数标准都是公开标准。少数涉及军事技术或尖端技术机密的标准,只准在国内或有关单位内部发行,这类标准称为内部标准。

另外,商品标准还可以按性质分为产品标准、方法标准、基础标准、安全标准、卫生标准、管理标准、环保标准、其他标准等。

五、商品标准的级别

根据我国《标准化法》,按制定部门、适用范围等的不同,商品标准可划分为国家标准、行业标准、地方标准、企业标准四级。

（一）国家标准

国家标准是指对全国经济技术发展有重大意义、需要在全国范围内统一的技术要求所制定的标准。国家标准在全国范围内适用，其他各级标准不得与之相抵触。国家标准是四级标准体系中的主体。

国家标准由国务院标准化行政主管部门（国家质量技术监督局）制定，由其负责编制计划，组织草拟，统一审批、编号和发布。

国家标准代号：

"GB"——强制性国家标准代号。

"GB/T"——推荐性国家标准代号。

其编号方式为（国家标准代号）+（标准顺序号）——发布年号。

其中，发布年号的表示，1996年以后发布的标准用4位数字表示，1996年之前发布的标准用2位数字表示。

例如，GB 18168—2000表示2000年发布的第18168号强制性国家标准。又如，GB/T 12113—1996表示1996年发布的第12113号推荐性国家标准。

（二）行业标准

行业标准是指对没有国家标准而又需要在全国某个行业范围内统一的技术要求所制定的标准。行业标准是对国家标准的补充，是专业性、技术性较强的标准。行业标准由国务院有关行政主管部门负责制定和审批，并报国务院标准化行政主管部门备案。行业标准不得与国家标准相抵触，在相应国家标准批准实施之后，该项行业标准即行废止。

行业标准代号由国务院标准化主管部门即国家质量技术监督局规定。1999年发布的行业标准代号如表2-2所示。

表2-2 行业标准代号

行业标准名称	行业标准代号	行业标准名称	行业标准代号	行业标准名称	行业标准代号
农业	NY	水产	SC	水利	SL
纺织	FZ	轻工	QB	林业	LY
医药	YY	民政	MZ	教育	JY
有色冶金	YS	黑色金属	YB	烟草	YC
石油天然气	SY	化工	HG	石油化工	SH
土地管理	TD	地质矿产	DZ	建材	JC
测绘	CH	机械	JB	汽车	QC
船舶	CB	兵工民品	WJ	民用航空	MH
航空	HB	航天	QJ	核工业	EJ
劳动和劳动安全	LD	交通	JT	铁路运输	TB
电子	SJ	通信	YD	电力	DL
广播电影电视	GY	海洋	HY	金融	JR

续表

行业标准名称	行业标准代号	行业标准名称	行业标准代号	行业标准名称	行业标准代号
档案	DA	商检	SN	文化	WH
物资管理	WB	商业	SB	体育	TY
环境保护	HJ	稀土	XB	城镇建设	CJ
煤炭	MT	新闻出版	CY	建筑工业	JG
卫生	WS	公共安全	GA	包装	BB
气象	QX	旅游	LB	地震	DB
外经贸	WM	海关	HS	邮政	YZ

注：行业标准分为强制性标准和推荐性标准。表中给出的是强制性行业标准代号，推荐性行业标准代号是在强制性行业标准代号后面加"/T"，例如农业行业的推荐性行业标准代号是NY/T。

行业标准编号方式为：(行业标准代号)＋(标准顺序号)——(发布年号)

例如，NY 1234——94 表示1994年发布的第1234号强制性农业行业标准。又如SJ/T 4321——1996 表示1996年发布的第4321号推荐性电子行业标准。

（三）地方标准

地方标准是指对没有国家标准和行业标准而又需要在省、自治区、直辖市范围内统一工业产品的安全、卫生要求所制定的。地方标准在本行政区域内适用，不得与国家标准和行业标准相抵触。地方标准由省级政府标准化行政主管部门负责制定和审批，并报国务院标准化行政主管部门和国务院有关行政主管部门备案。在相应国家标准或行业标准批准实施之后，该项地方标准即行废止。

地方标准代号：

强制性地方标准代号为DB＋地区代码；

推荐性地方标准代号为DB＋地区代码/T。

其编号方式为(地方标准代号)＋(标准顺序号)——(发布年号)

其中，地区代码为各省、自治区、直辖市行政区域代码的前两位数字，如11表示北京市，12表示天津市，13表示河北省，14表示山西省等。

例如，DB11/068——1996 表示1996年发布的第068号强制性北京地方标准。又如，DB34/T166——1996 表示1996年发布的第166号推荐性安徽省地方标准。部分省、自治区、直辖市、特别行政区、计划单列市名称及代码，如表2-3所示。

表2-3 部分省、自治区、直辖市、特别行政区、经济特区、计划单列市名称及代码

名称及代码	名称及代码	名称及代码	名称及代码
北京市 110000	江苏省 320000	湖南省 430000	西藏自治区 540000
天津市 120000	南京市 320100	广东省 440000	陕西省 610000
河北省 130000	浙江省 330000	广州市 440100	西安市 610100
山西省 140000	宁波市 330200	深圳市 440300	甘肃省 620000
内蒙古自治区 150000	安徽省 340000	珠海市 440400	青海省 630000

续表

名称及代码	名称及代码	名称及代码	名称及代码
辽宁省 210000	福建省 350000	汕头市 440500	宁夏回族自治区 640000
沈阳市 210100	厦门市 350200	广西壮族自治区 450000	新疆维吾尔自治区 650000
大连市 210200	江西省 360000	海南省 460000	中国台湾省 710000
吉林省 220000	山东省 370000	重庆市 500000	中国香港特别行政区 810000
长春市 220100	青岛市 370200	四川省 510000	中国澳门特别行政区 820000
黑龙江省 230000	河南省 410000	成都市 510100	
哈尔滨市 230100	湖北省 420000	贵州省 520000	
上海市 310000	武汉市 420100	云南省 530000	

(四) 企业标准

企业标准是指企业所制定的产品标准和对在企业内需要协调、统一的技术要求和管理、工作要求所制定的标准。企业标准是企业组织生产、经营活动的依据。企业产品标准应在批准发布 30 日内向当地标准化行政主管部门和有关行政主管部门备案。企业标准不得与有关法律、法规或上一级标准相抵触。

企业标准代号由"Q"和斜线加企业代号组成。企业代号的规定分两种情况：一是凡中央所属企业的企业代号，由国务院有关行政主管部门规定；二是各地方所属企业的企业代号，则由其所在省、自治区、直辖市政府标准化主管部门规定。企业代号可用汉语拼音或阿拉伯数字或两者兼用表示。

企业标准代号编号方式为(企业标准代号)(即 Q/---)+(标准顺序号)—(发布年号)，例如，Q/EGF024—1997 表示 1997 年发布的北京市某企业的第 024 号企业标准。

由省、自治区、直辖市发布的标准，还要在其企业标准代号"Q"前加上本省、自治区、直辖市的简称汉字，如"京 Q/---""皖---"等。

六、商品标准化的含义和形式

(一) 商品标准化的含义

国家标准对标准化的定义是："在经济、技术、科学及管理等社会实践中，对重复性事物和概念通过制定、发布、实施标准，达到统一，以获得最佳秩序和社会效益的过程。"

商品标准化是指在商品生产和流通的各个环节中制定、发布以及实施商品标准的活动。推行商品标准化的最终目的是达到统一，从而获得最佳市场秩序和社会效益。商品标准化的水平是衡量一个国家或地区生产技术和管理水平的尺度，是现代化的一个重要标志。

现代化水平越高越需要商品标准化。商品标准化是现代技术经济科学体系中的一个重要组成部分，它对于发展社会生产力，促进科技进步，扩大对外经济技术交流，提高社会、经济效益等都有着重要的作用。

（二）商品标准化的形式

商品标准化的形式是标准化内容的表现方式，是商品标准化过程的表现形态，也是商品标准化的方法。商品标准化的形式有很多种，每种形式都表现不同的内容，针对不同的标准化任务，标准化的形式主要有简化、统一化、系列化、通用化、组合化五种。

1. 简化

简化是在一定范围内缩减商品的类型数目，使之在一定时间内满足一般需要的形式。简化是商品标准化的初级形式，也是实践中应用比较广泛的一种形式。它是控制商品，防止多样性自由泛滥的一种手段。通过简化确立的商品品种构成，不仅对当前的生产有指导意义，而且在一定时间、一定范围内能预防和控制不必要的复杂性发生。

2. 统一化

统一化是把同类商品两种以上的表现形式归并为一种的行为。统一化形式在商品标准化活动中内容最广泛、开展最普遍。

统一化的实质是使商品的形式、功能或其他技术特征具有一致性，并把这种一致性通过商品标准以定量化的方式确定下来。统一化着眼于取得一致性，即从个性中提炼共性，而简化着眼于精炼，即保留合理的若干品种。

3. 系列化

系列化是对同一类商品中的一组商品进行标准化的一种形式。它是标准化的高级形式。它通过对同一类商品发展规律的分析研究，对国内外商品发展趋势的预测，结合我国的生产技术条件，通过全面的技术经济比较，将商品的主要参数、型号、尺寸、基本结构等做出合理的规划安排，以协调同类商品和配套商品之间的关系。商品系列化一般包括制定商品基本参数系列、编制商品系列型谱和进行商品系列设计三个方面。

4. 通用化

通用化是在相互独立的系统中选择和确定具有功能互换性或尺寸互换性的子系统单元的标准化形式。通用化要以互换性为前提。通用化的一般方法是在商品系列设计时全面分析商品的基本系列和变型系列中零部件的共性和个性，从中选择具有共性的零部件定为通用件或标准件。在单独设计某一商品时，尽量采用已有的通用件，设计新的零部件时，以标准件为基础，重新设计新商品，要考虑能为日后的新商品所用，逐步发展为通用件或标准件。

5. 组合化

组合化是按照标准化的原则，设计并制造一系列通用性较强的单元，根据需要拼合成不同用途的商品的一种标准化形式。它的特征是通过统一化的单元组合成具有某种功能的商品体，这个商品体又能重新拆装、组成新的结构，而统一化单元可以多次重复利用。如生产厂家首先选择或设计标准单元和通用单元，同时预先制造和储存一定数量的标准组合元，根据需要组装成不同用途的商品。

学习任务3　商品检验

一、商品检验的概念

(一) 商品检验的含义

商品检验是指商品的生产方、销售方或者第三方在一定条件下,借助一定的仪器、器具、试剂或检验者的感觉器官等手段和方法,按照合同、标准,以及国内国际法律、法规,对商品的质量、规格、重量、数量以及包装等方面进行检验,并做出合格与否和等级判定的业务活动。

每一个人都是消费者,即使是任何一位生产者,也都是商品的消费者。在市场经济条件下,消费者(或顾客)拥有购买和使用质量优良的商品的权利,从这个意义上说,产销方均认为"顾客就是上帝"。商品检验就是要让符合质量标准适合消费者心理需求的商品进入到流通领域,保证消费者能购买到满意商品。同时,对那些假冒伪劣商品给予查处、曝光和严厉打击,以切实维护消费者利益。

(二) 商品检验的依据

商品检验是一项科学性、技术性、规范性较强的复杂工作,为使检验结果更具有公正性和权威性,必须根据具有法律效力的质量法规、标准及合同等开展商品检验工作。

1. 商品质量法规

国家有关商品质量的法律、法令、条例、规定、制度等,规定了国家对商品质量的要求,保障了国家和人民的合法权益,具有足够的权威性、法制性和科学性。商品质量法规是国家组织、管理、监督和指导商品生产与商品流通,调整经济关系的准绳,是各部门共同行动的准则,也是商品检验活动的重要依据。质量法规包括:商品检验管理法规、产品质量责任制法规、计量管理法规、生产许可证及产品质量认证管理法规等。

2. 技术标准

技术标准是指规定和衡量标准化对象技术特征的标准。它对产品的结构、规格、质量要求、实验检验方法、验收规则、计算方法等均做了统一规定,是生产、检验、验收、使用、洽谈贸易的技术规范,也是商品检验的主要依据,对保证检验结果的科学性和准确性,具有重要意义。

3. 购销合同

供需双方约定的质量要求,必须共同遵守。一旦发生质量纠纷,购销合同的质量要求,即为仲裁、检验的法律依据。但是,购销合同必须符合《经济合同法》的要求。

（三）商品检验的内容

1. 包装检验

包装检验是指根据购销合同、标准和其他有关规定，对进出口商品或内销商品的外包装和内包装以及包装标准进行的检验。

2. 品质检验

品质检验也称为质量检验，是运用各种检验手段，包括感官检验、化学检验、仪器分析、物理测试、微生物学检验等，对商品的品质、规格、等级等进行检验，确定其是否符合贸易合同（包括成交样品）、标准等规定。

3. 卫生检验

卫生检验主要是根据《中华人民共和国食品安全法》《化妆品卫生监督条例》《中华人民共和国药品管理法》等法规，对食品、药品、食品包装材料、化妆品、玩具、纺织品、日用器皿等进行的卫生检验，检验其是否符合卫生条件，以保障人民健康和维护国家信誉。

4. 安全性能检验

安全性能检验是根据国家规定和外贸合同、标准以及进口国的法令要求，对进出口商品有关安全性能方面的项目进行检验，如易燃、易爆、易触电等问题，以保证生产使用和生命财产的安全。

5. 数量和重量检验

商品的数量和重量是贸易双方成交商品的基本计量计价单位，是结算的依据，直接关系到双方的经济利益，也是贸易中最敏感而且容易引起争议的因素之一。商品的数量和重量检验内容包括商品的个数、件数、长度、面积、体积、重量等。

（四）商品检验的类别

1. 按检验主体和目的不同，可分为生产检验、验收检验和第三方检验

生产检验也称为第一方检验，是指商品制造商为了在竞争中得以生存和发展，为了保证商品质量，获得较好的经济效益，对企业的原材料、半成品和成品进行的检验。

验收检验也称为第二方检验，是指商品的购买方为了维护自身及消费者的利益，保证其所购商品符合合同或标准规定所进行的检验。

第三方检验是指处于交易双方利益之外的第三方，以公正、中立的身份，应有关方面的请求或指派，依据有关法律、合同或标准对商品进行的检验。

2. 按检验是否具有破损性，可分为破损性检验和非破损性检验

破损性检验是指为了对商品进行各项技术指标的测定、试验，经测定、试验后的商品会

遭受破坏,甚至再无法使用的检验,如对加工食品罐头、饮料以及茶类等的检验。

非破损性检验是指经过检验的商品仍然发挥其正常使用性能的检验,如对电器类、纺织品类、黄金首饰等的检验。

3. 按被检验商品数量的不同,可分为全数检验、抽样检验和免于检验

全数检验是对被检验商品逐一进行的检验。它适合于批量小、质量特征少且质量不稳定、较贵重的检验。此检验的特点是可以提供完全的质量信息,给人以安全可靠感。但由于它实行全部商品检验,所以检验费用昂贵,检验工作量大。

图 2-4　国家免检产品标志

抽样检验是按合同或标准中规定的抽样方案,从被检验商品中随机抽取样品,然后对样品逐一进行测试的检验形式。此检验的特点是可以节省检验时间和费用,有利于商品流转。但由于它提供的商品信息量少,可能导致检验结果和实际商品品质的偏差,所以不适用于个体质量差异大的商品。

免于检验是指对符合规定条件的产品免于政府部门实施的质量监督检查的活动。如果一家企业某种产品获得了免检资格后,在免检有效期内,一是国家、省、市、县各级政府部门在内均不得对其进行质量监督检查,二是在全国各个省均不得对其进行质量监督检查,三是无论是生产领域,还是流通领域均不得对其进行质量监督检查。鉴于石家庄三鹿集团发生重大食品质量安全事故,国家质检总局 2008 年 9 月 17 日发布公告,决定从即日起,停止所有食品类生产企业获得的国家免检产品资格。

二、商品检验的方法

虽然商品种类繁多,检验项目各异,但不管哪类商品检验,其方法主要有感官检验法和理化检验法。

(一) 感官检验法

感官检验法是以人体感觉器官作为检验器具,对商品的色、香、味、形、手感等感官质量特性做出判定和评价的检验方法。该方法操作简便、灵活易行、节省费用,特别适用于目前还不能用仪器定量评价其感官指标的商品。

现代感官检验技术更是利用心理学原理设计,并用统计学方法分析和处理一系列感官数据,同时借助计算机技术将不易确定的商品感官指标客观化、定量化,从而使感官检验更具有可靠性,成为与理化检验相辅相成的现代检验技术。感官检验的商品主要有食品、纺织品及服装、乐器等。

感官检验依据检验时所主要使用的感觉器官的不同,分为视觉检验、嗅觉检验、味觉检验、听觉检验和触觉检验。

1. 视觉检验

此种方法是利用人的视觉器官来检验商品质量的方法,通过观察商品的外形、结构、色泽、试样,以及凡是能用肉眼辨别的品质项目,评价商品质量。

在实际应用中,对商品进行感官检验,首先要进行视觉检验,看其表面特征是否正常。如果视觉检验通不过,其他指标都无考虑的必要。如某些蔬菜、水果,只要看外形和颜色,就能确定成熟度和新鲜度;对玻璃、搪瓷,其外观疵点是确定质量的先决条件。

2. 嗅觉检验

此种方法是利用人的嗅觉器官来检验商品质量的方法,主要用于有气味商品的感官检验,它是通过闻商品的气味来评价商品质量。此法可检验食品、洗涤用品、化妆品等商品。

3. 味觉检验

此种方法是利用人的味觉器官来检验商品质量的方法,主要用于食品商品的检验,它是通过品尝食品的滋味、风味来评价食品的质量和人们的嗜好。

食品的滋味和风味,是决定食品质量的重要因素。正常的食品应该具有特定的滋味和风味。食品的品种不同,其滋味和风味不同;食品的加工方法不同,其滋味和风味也不同;食品的新鲜度不同,其滋味和风味也有所不同。因此,味觉检验是食品检验的重要方法。

4. 听觉检验

此种方法是利用人的听觉器官来检验商品质量的方法,通过耳朵对商品在外力触动下发出声音来评价商品的质量。此法主要用于检验各种乐器的音质好坏;各种机械用具、家用电器等的运行是否正常,有无噪声;玻璃、搪瓷、陶瓷、金属等质量有无损伤;粮食含水的多少,西瓜是否成熟等。

5. 触觉检验

此种方法是利用人的触觉器官来检验商品质量的方法,主要是通过手触及商品时的感觉来评价商品的质量。手是人体触及商品最方便而又敏感的部位,手的皮肤表面长有密集的神经末梢和各种感应点,能对商品的冷暖感、软硬度、弹塑性、平滑程度等特征,产生一定的感觉。如通过感觉棉花的冷暖可判断其含水量,通过手感来判断纺织品的柔软性和弹性等。

上述方法各有特点,进行商品检验时,要根据商品的特点进行选择。由于商品具有多方面的性质,在对商品质量进行全面评价时,常常几种方法同时进行。

(二)理化检验法

理化检验法是在实验室一定环境条件下,利用各种仪器、器具和试剂等手段,运用物理、化学、生物学原理测试商品质量的方法。它主要用来检验商品的成分、结构、物理性质、化学性能、安全性和卫生问题等。理化检验法的显著特点是可用数据定量表示测定结果,相较于感官检验法,其结论更客观和精确。同时对检验设备、仪器和检验人员素质也有较高的要求。

理化检验方法根据其使用原理可分为物理检验法、化学检验法和生物学检验法。

1. 物理检验法

物理检验法是运用各种物理仪器、量具对商品的各种物理性能和指标进行测试检验，以确定商品质量的方法。根据测试检验的内容不同，可分为：度量衡检验、光学检验、热学检验、力学检验等。

2. 化学检验法

化学检验法是用化学试剂和仪器对商品的化学成分及其含量进行测定，从而判定商品品质的检验方法。化学检验法按检验目的可分为定性分析法和定量分析法。

3. 生物学检验法

生物学检验法主要是用于对食品、动植物及其制品、医药类商品进行的检验方法，它包括微生物学检验和生理学检验。

三、商品的品级

（一）商品品级的含义

品级是用来表示商品质量高低的等级。根据商品标准水平和实物质量指标的检验结果，将同一品种的商品相应划分为若干等级的工作称为商品的分级。商品品级是指对同一品种的商品，按其达到商品质量标准的程度所确定的等级。

商品品级是表示商品质量高低优劣的标志，也是表示商品在某种条件下其用途大小的标志，是商品鉴定的重要内容之一。它是相对的、有条件的，有时会因不同时期、不同地区、不同使用条件及不同人的个性而产生不同的质量等级和市场需求。一般来说，工业品分三个等级，而食品特别是农副产品、土特产等多为四个等级，最多达到六七个等级，如茶叶、棉花、卷烟等。

（二）划分原则

商品品级的划分原则按照国家《工业产品质量分等导则》有关规定，商品质量水平划分为优等品、一等品、合格品和不合格品四个等级。

1. 优等品

优等品是指商品的质量标准必须达到国际先进水平，且实物质量水平与国外同类产品相比达到近五年内的先进水平。

2. 一等品

一等品是指商品的质量标准必须达到国际一般水平，且实物质量水平达到国际同类产品的一般水平。

3. 合格品

合格品指按照我国一般水平标准组织生产,实物质量水平必须达到相应标准的要求。

4. 不合格品

不合格品指按照我国一般水平标准组织生产,实物质量水平未达到相应标准的要求。

商品质量等级的评定,主要依据商品的标准和实物质量指标的检测结果,由行业归口部门统一负责。优等品和一等品等级的确认,须有国家级检测中心、行业专职检验机构或受国家、行业委托的检验机构出具的实物质量水平的检验证明。合格品和不合格品的确认,由所在企业检验判定。

(三)分级方法

商品品级的划分方法很多,一般有百分法和限定法两种方法。

1. 百分法

百分法是将商品各项质量指标规定为一定的分数,重要指标占高分,次要指标占低分。如果各项指标都符合标准要求,或认为无瑕可挑的,打满分,某项指标欠缺的,则在该项中相应扣分。如白酒的评分方法,满分为 100 分。其中色占 10 分、香占 25 分、味占 50 分、风格占 15 分。

2. 限定法

限定法是对商品各种疵点规定一定的限量。其又可分为限定记分法、限定数量和程度法。

(1)限定记分法

限定记分法是指将商品各种疵点规定为一定的分数,由疵点分数总和确定商品等级的方法。疵点分数越高,则商品的等级越低。这种方法一般在日用工业品中采用。

(2)限定数量和程度法

限定数量和程度法是指在标准中规定,商品每个等级限定疵点的种类、数量和疵点程度的方法。如日用工业品中全胶鞋质量指标共有 13 个感官指标,其中,鞋面起皱或麻点在一级品中规定"稍有",二级品中规定"有",鞋面砂眼在一级品中规定"不许有"等。

四、商品质量认证

(一)商品质量认证的含义

国际标准化组织给商品质量认证下的定义是:由可以充分信任的第三方证实某一经鉴定的产品或服务符合特定标准或其他技术规范的活动,如国内的 CCC 中国强制性认证标志,国际的 SG 安全认证、UL 认证等。

我国1991年发布的《中华人民共和国产品质量认证管理条例》第二条规定:产品质量认证是依据产品标准和相应技术要求,经认证机构确认并通过颁发认证证书和认证标志来证明某一产品符合相应标准和相应技术要求的活动。

《中华人民共和国产品质量法》第十四条规定:国家根据国际通用的质量管理标准,推行企业质量体系认证制度。企业根据自愿原则可以向国务院产品质量监督部门认可的或者国务院产品质量监督部门授权的部门认可的认证机构申请企业质量体系认证。经认证合格的,由认证机构颁发企业质量体系认证证书。

(二)商品质量认证的作用

商品质量认证是为了保证产品质量,提高产品信誉,保护用户和消费者的利益,促进国际贸易和发展国际质量认证合作。其作用具体表现在以下几个方面。

(1) 通过商品质量认证标志指导消费者的购买方向。经过认证的产品,企业可以获得认证标志,并且有权在产品、包装物、产品合格证、产品使用说明书上使用认证标志,为消费者购买到满意的商品提供信誉指南和质量信息。

(2) 获准认证的产品具有较强的市场竞争力。因为获准认证的商品质量符合国家标准的严格要求,证明企业可以连续生产合格产品,自然会受到消费者的好评,更有利于企业参与激烈的市场竞争,获得较好的经济效益。

(3) 享受免检的优惠待遇。经过认证的商品,不仅在国内市场上会受到消费者的信赖,在国际市场上也会抬高身价。特别是经过国际认证的产品,能得到各个成员国的普遍认可,可以享受免检等优惠待遇。

(4) 优先参与国优产品的评定,增加企业的知名度。

(三)商品质量认证的分类

商品质量认证分为安全认证和合格认证。

1. 安全认证

凡根据安全标准进行认证或只对商品标准中有关安全的项目进行认证的,称为安全认证。它是对商品在生产、储运、使用过程中是否具备保证人身安全与避免环境遭受危害等基本性能的认证,属于强制性认证。实行安全认证的产品,必须符合《中华人民共和国标准化法》中有关强制性标准的要求。

2. 合格认证

合格认证是依据商品标准的要求,对商品的全部性能进行的综合性质量认证,一般属于自愿性认证。实行合格认证的产品,必须符合《中华人民共和国标准化法》规定的国家标准或者行业标准的要求。

(四)常见商品质量认证标志

市场上质量认证标志有很多,包括国际商品质量认证标志和国内商品质量认证标志,下面就介绍几种国内常见的商品质量认证标志。

(1) 强制性产品认证标志有四种,如图 2-5 所示。

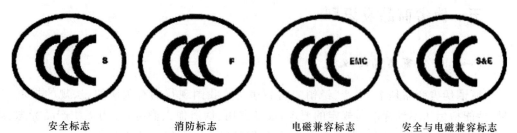

   安全标志   消防标志   电磁兼容标志 安全与电磁兼容标志

图 2-5 强制性产品认证标志

(2) "QS"生产许可标志如图 2-6 所示。

(3) 中国名牌产品标志如图 2-7 所示。

 图 2-6 "QS"生产许可标志   图 2-7 中国名牌产品标志

(4) 能源效率标识如图 2-8 所示。

(5) 绿色食品标志如图 2-9 所示。

(6) 中国质量环保产品认证如图 2-10 所示。

 图 2-8 能源效率标识 图 2-9 绿色食品标志 图 2-10 中国质量环保产品标志

五、伪劣商品及识别

(一) 伪劣商品的含义

所谓伪劣商品是指,生产、经销的商品违反了我国现行的有关法律、法规的规定,其质量、性能指标达不到标准所规定的要求,或是冒用、伪造他人商标,冒用优质产品标志、质量认证标志和生产许可证标志的商品,或是经销已经失去了使用价值的商品。

(二) 伪劣商品的特征

商品的种类很多,性能千差万别。伪劣商品的表现形式更是千奇百怪,但是既然伪劣商品是"伪"和"劣"的东西,就会暴露出其伪劣的共同特征。

1. 假冒商标

假冒商标是指商品假冒国外名牌和国内名牌的商标。它利用人们既对名牌商品有较强崇拜心理和求购欲望,又对真正名牌商品具体情况缺乏了解的实际情况,擅自制造或以不法手段从厂家套购世界名牌和国内名牌商品商标标志,贴在自己的商品上,冒充世界或国内名牌商品。

2. 仿冒商标

仿冒商标是指仿冒国外和国内名牌商品的商标标志。它不是在商品上直接采用国内外名牌商品的商标标志,而是使用与国内外名牌商品商标标志相近似的商标标志。例如,旺仔牛奶被印刷成旺子牛奶,不仔细看这个商标,很容易买到假货。

3. 假冒包装装潢

假冒包装装潢主要是指假冒国内外商品包装和装潢以及使用虚假说明。这类商品以服装、针织品和化妆品为最多,个别加工者在成批购买原料时,同时购买与被仿制商品配套的装饰物和伪装物,最终仿制成与真品非常相近的商品。

4. 假冒产地

假冒产地是指在商品包装上不印厂家名称和厂址,或在商品包装极不明显的地方印上含糊不清的厂名和厂址,冒充国外或国内受欢迎地区的商品。这类商品以家电、玩具、服装、皮鞋为多,并常利用多数消费者不识外文,追求名牌的心情,将包装全部印成英文、日文或拼音字母,有的甚至胡编乱造。

5. 假冒优质产品标志

假冒优质产品标志是指在没有获得优质产品标志的商品包装上印有该种标志。获得优质产品标志的商品,说明它已符合优质产品条件,劣质产品制造者就是利用产品的这种荣誉,来欺骗广大消费者。

6. 伪造认证标志

伪造认证标志是指没有取得认证合格的商品包装上印有该种标志。认证是由第三方权威机构对商品质量进行检验,认为符合标准要求,对企业颁发合格证书并允许在商品包装上使用认证标志。劣质商品生产者在没有获得认证合格证书时,不能在包装上面印刷认证标志。

7. 伪造生产许可证标志

伪造生产许可证标志是指对没有取得生产许可证标志的商品,伪造一个生产许可证印在商品包装上。取得生产许可证的产品,说明质量已经达到有关标准规定,企业具备保证该产品质量的能力。而没有取得生产许可证标志的企业,不能伪造一个生产许可证印在商品包装上。

8. 商品本身质量低劣

商品本身质量优劣是指商品在设计上没有科学依据,或使用不合格的原材料,或生产过程粗制滥造,最终技术指标不合格或安全性能达不到标准要求的商品。

9. 掺杂使假

掺杂使假是指违法者采用变更或减少商品的成分、材质等办法,使其不具备该商品所应达到的各项指标,且质量严重降低的商品。如仅含10%香油成分的假香油。

10. 以假充真

以假充真是指违法者生产经营的商品的全部成分或材质与该商品所标名称不符,使用或食用后果危害极大。如用老鼠肉冒充羊肉,串成肉串卖给消费者。

11. 失效变质

失效变质一般是指原合格商品经过一定时间贮存,超过规定的保质期和保存期,商品内部已发生物理、化学以及其他变化,完全失去商品原有特性,已经丧失使用价值而不能使用或食用。

12. 以旧充新

以旧充新是指经销者将已报废的商品进行一番装修或粉饰,然后仍以新商品进行出售,这种手段具有极大的欺骗性。

(三) 伪劣商品的识别

伪劣商品的特征很多,也非常复杂。然而,只要掌握一定规律,认谁商品的商标标志,认真查看商品外包装上的标记,注意商品装潢、厂名、厂址,仔细观察商品质量和商品包装,伪劣商品是一定能被识别出来的。一般来说识别方法主要有以下几方面。

1. 从产品包装上鉴别

根据《产品质量法》第二十七条规定,产品或其外包装必须具备以下标示:产品质量检验合格证;中文标明的产品名称、生产厂名和厂址;中文标明的产品规格、等级、主要成分的名称和含量;生产日期、安全使用期或失效日期;使用不当易造成产品损坏或可能危及人身、财产安全的产品,要有警示标志或中文警示说明。假冒商品的上述标识往往残缺不全,或乱用标记,有的无厂名或使用假名。

2. 从商标标识上鉴别

名优商品的外包装上都有注册商标标识,商标上打有"R"或"注"的标志,有的还粘贴了全息像素防伪商标。假冒伪劣商品有的有假商标、有的没有商标。假商标标识中,有些用废次商标标识,有些用相似或相近商标标识,有些使用旧标识或自行制版印刷,普遍存在制作粗糙、比例不符、镶贴不齐、容易脱落、颜色不正、无凹凸感、标识歪斜、有磨损痕迹等现象。

3. 注意装潢

多数名优产品的装潢,图案清晰,形象逼真,色彩鲜艳和谐,做工精致,包装用物质量好。假冒商品的装潢、色彩暗淡陈旧,图案模糊,包装物粗制滥造。

4. 注意生产厂家和售货单位

以地名为商品名称的名优产品,生产厂家很多,但正宗名优产品只有一家,因此,必须认准厂名,以防假冒。如正宗名优"镇江香醋",生产厂家是江苏镇江恒顺酱醋厂。有些高档名优商品主要在大商场或专卖店出售,因此在市场上购买此类商品时,要注意选择售货单位。

5. 仔细查看商品包装的封口处

一般情况下,绝大部分名优商品采用机器包装,不论是箱装、盒装、袋装,均严格按装订线装订,封口处平整、笔直、松紧适度。不少伪劣商品采用手工包装,封口处往往不平整,有折皱及枯迹等。

6. 检查防伪标记

有些名优商品在商品或包装上的某些特定部分做有标识。近些年来许多名优商品的厂家采用特殊材料与技术制作成一种既能证明产品的真实身份,又不容他人假冒的防伪标记。常见的防伪标记有激光信息防伪、荧光材料、水印纸、防伪油墨、条码、电码等。电码防伪是每一件产品上设置一个密码,一般为21位码,消费者可通过电话、上网或其他网络手段,将产品密码输入就可以进行防伪核对,辨别真伪。

7. 注意商品的内在质量

假冒伪劣商品内在质量低劣,如假冒自行车制造粗糙,颜色发白少光泽,烤漆遇水浸,电镀部件粗糙,火烤时会自行脱落;伪劣化妆品可使皮肤红肿、发炎,甚至造成永久性伤害。

【综合实训】

假冒名牌商标

图 2-11 显示的均为假冒名牌产品的商标。分析假冒的是哪些名牌产品？此种假冒有何特点？对自己选购商品有何启示？

图 2-11　各种假冒名牌商标

学习任务 4　商品包装

一、商品包装的概念

（一）商品包装的含义

人要穿衣服，商品要包装，包装已经成为商品的一部分。

国家标准《包装术语》中，对包装下了明确的定义："为在流通过程中保护产品，方便储运，促进销售，按一定技术方法而采用的容器、材料及辅助物等的总体名称。也指为了达到上述目的而采用容器、材料和辅助物的过程中施加一定方法等的操作活动。"可见包装的含义更加丰富了，具有两层含义：容器和技术方法。

现代商品包装概念反映了商品包装的商品性、目的性和生产活动性。首先,商品和包装共同组成了统一的商品体。商品包装是实现商品价值和使用价值的有效组成部分。绝大多数商品,只有经过包装工序以后,才算完成生产过程,包装是商品生产的最后一道工序。从这种意义上讲,商品包装不仅是一种物质形态,也是一种技术、经济活动。

(二) 商品包装的作用

商品包装的作用主要体现在以下几个方面。

1. 保护商品

保护商品是包装的重要作用之一。商品在流通过程中,可能受到各种外界因素的影响,引起商品破损、污染、渗漏或变质,使商品降低或失去使用价值。科学合理的包装,能使商品抵抗各种外界因素的破坏,从而保护商品的性能,保证商品质量和数量的完好。

2. 容纳作用

包装的第二个作用就是容纳(图2-12)。许多商品本身没有一定的集合形态,如液体、气体和粉状商品,只有依靠包装的容纳才具有一定的形态,没有包装就无法运输、销售和使用。对于一般结构的商品,包装的容纳增加了商品的保护层,有利于商品质量的稳定;对于食品、药品、化妆品、卫生用品等商品,包装的容纳还能保证商品卫生;对于结构复杂的商品,包装的容纳能使其外形整齐划一,便于组合成大型包装;对于质地疏松的商品,包装的容纳使其合理压缩,可充分利用包装,节省运输空间。

3. 促进销售

精美的商品包装,可起到美化商品、宣传商品和促进销售的作用(图2-13)。包装既能提高商品的市场竞争力,又能以其新颖独特的艺术魅力吸引顾客、指导消费,成为促进消费者购买的主导因素,是商品的无声推销员。优质包装在提高出口商品竞销力,扩大出口创汇,促进对外贸易的发展等方面均具有重要意义。

图2-12 容纳包装　　　　　图2-13 促销包装

4. 方便消费

销售包装随商品的不同,形式各种各样,包装大小适宜,便于消费者携带、保存和使用(图2-14)。包装上的绘图、商标和文字说明等,既方便消费者辨认,又介绍了商品的成分、性质、用途、使用和保管方法,起着方便与指导消费的作用。

图2-14 方便包装

二、商品包装的分类

商品包装种类繁多,根据习惯有几种分类方法:按包装形态不同分,有内包装、中包装和外包装;按运输方式不同分,有铁路货物包装、公路货物包装、船舶货物包装和航空货物包装等;按包装在流通中的作用分,有运输包装和销售包装;按包装的材料分,有木箱包装、纸包装、麻布袋包装、塑料包装、金属包装、玻璃包装、陶瓷包装等;按包装商品分,有食品包装、药品包装、液体包装、粉粒包装、危险品包装等。

下面将重点介绍最常见的两种包装分类。

(一) 按包装在流通中的作用分类

1. 运输包装

运输包装又称商品的大包装或外包装,主要功能是方便运输和储存,具有保障商品安全、方便储运装卸、加速交接和点验等作用。

运输包装的特点是容积大、结构坚固、标志清晰、搬运方便。合理的运输包装方法应做到,在不影响质量的前提下,压缩轻泡商品体积,大型货物拆装,形状相似的商品套装,并加衬垫缓冲材料等。

商品的运输包装一般有散装、裸装和包装三种形式。散装是指不需要也不必要进行包装,而直接将商品装载在运输工具内的包装方式,如石油、煤炭、原盐等均可采用这种方式。裸装是指那些自然成件,产品能抵抗外界作用,在储运过程中可以保持原状,不必包裹的包装方式,如钢板、原木等均可采用这一方式。包装是指需要外加包裹物,使商品形成包、箱、袋、桶或捆件等形状的包装方式。除了可采用散装和裸装的商品外,大多数商品都要经过包装方可运输。

2. 销售包装

销售包装又称小包装,是用于直接盛装商品并同商品一起出售给消费者的小型包装。

销售包装的特点是能够保护商品,美化商品,宣传商品,便于商品陈列展销,便于消费者识别、选购、携带和使用,是增加商品附加价值的手段。

销售包装的类型很多,一般可按其主要功能来分,有使用方便的包装方式,有便于选购、携带和陈列展销的包装方式等。具体如:收缩包装、贴体包装、速冻包装、保鲜包装、隔热包装、透明包装等。

(二) 按包装所用材料的不同分类

包装材料是商品包装的物质基础,选择包装材料必须遵循质优、体轻、面广、合理、节约、无毒、无害、无污染的原则。商品包装的材料很多,常用的有塑料、纸和纸制品、木材、金属、玻璃、复合材料、纤维织物以及其他材料等。

1. 纸

纸制包装(图 2-15)是指以纸和纸板为原料制成的包装。凡定量在 250 g/m^2 以下称为纸,其上称为纸板。包装纸板以箱板纸、黄板纸、瓦楞纸、白板纸、白卡纸为主。优点:适宜的强度、耐冲击性和耐摩擦性;密封性好,容易做到清洁卫生;优良的成型性和折叠性,便于采用各种加工方法;最佳的可印刷性,便于介绍和美化商品;价格较低,且重量轻,可以降低包装成本和运输成本;用后易于处理,可回收复用和再生,不会污染环境。缺点:难以封口、受潮后牢度下降以及气密性、防潮性、透明性差。

2. 塑料

塑料包装(图 2-16)是指各种以塑料为原料制成的包装的统称。塑料包装具有质轻、透明、不同的强度和弹性、折叠及封合方便、防水防潮、易于成型、可塑性与气密性好、防震、防压、防碰撞、耐冲击、化学稳定性能好、易着色、可印刷、成本低等优点。但塑料难于降解,易造成环境污染。其包装主要有:塑料桶、塑料软管、塑料盒、塑料瓶、塑料薄膜、塑料编织袋等。塑料包装材料中用得最广泛的是聚乙烯、聚氯乙烯、聚丙烯、聚苯乙烯、聚酯等。

图 2-15 纸包装

图 2-16 塑料包装

3. 木材

我国很早就使用木材做包装材料(图 2-17)。其优点是具有特殊的耐压、耐冲击和耐气候的能力,并有良好的加工性能,目前仍是大型和重型商品运输包装的重要材料,也用于包装那些批量小、体积小、重量大、强度要求高的商品。而缺点是易含蛀虫。木材包装主要有:木箱、木桶、木轴和木夹板、纤维板箱、托盘等。

4. 金属

金属作为包装材料历史悠久(图 2-18)。优点:良好的机械强度,牢固结实;耐碰撞,不破碎,能有效地保护内装物;密封性能优良、阻隔性好、不透气、防潮、耐光,用于食品包装能达到中长期保存;具有良好的延伸性,易于加工成型;金属表面有特殊的光泽,易于进行涂饰和印刷,可获得良好的装潢效果;易于回收再利用,不污染环境。缺点:成本高;酸性食品、含硫食品会影响铁罐材料。金属包装主要有:金属桶、金属盒、罐头听、金属软管、油桶钢瓶等。

图 2-17　木材包装

图 2-18　金属包装

5. 玻璃

玻璃容器至今仍然是最普遍采用的食品包装容器(图 2-19)。优点:化学稳定性好、强度高、外观美、可透视产品、表面光滑、易清洗、密封性优良、不透气、不透湿、有紫外线屏蔽性、可重复使用。缺点:重、易碎、经不起温度的突变、密封困难。玻璃包装容器常见有瓶、罐、缸等。

6. 复合材料

复合材料包装(图 2-20)是以两种或两种以上材料紧密复合制成的包装,主要有纸与塑料、塑料与铝箔、纸与铝箔和塑料等。这类材料具有更好的机械强度、气密性、防水、防油、耐热或耐寒、容易加工等优点,应用范围日渐广泛。如铝箔与纸、玻璃纸、聚乙烯复合后,可弥补铝箔本身易破裂、缺乏柔软性、无热黏合性等缺点,成为较理想的包装材料。

图 2-19　玻璃包装

图 2-20　复合包装

7. 纤维织物

纤维织物主要有布袋、麻袋(图 2-21)、布包等。主要适合盛装颗粒状和粉状商品。其优点是强度大、轻便、耐腐蚀、易清洗、不污染商品和环境、便于回收利用等。

8. 其他材料

用树条、竹条、柳条编的筐、篓、箱以及草编的蒲包(图 2-22)、草袋等。其优点是可就近取材、成本低廉、透气性好。适宜包装生鲜商品、土特产品和陶瓷产品等。

图 2-21 麻袋

图 2-22 蒲包

三、商品包装标志

为了便于商品的流通、销售、选购和使用,在商品包装上通常都印有某种特定的文字或图形,用以表示商品的性能、储运注意事项、质量水平等含义,这些具有特定含义的图形和文字称为商品包装标志。它的主要作用是便于识别商品,便于准确迅速地运输货物,从而避免差错,加速流转等。

(一)运输包装标志

运输包装标志是用简单的文字或图形在运输包装外面印刷特定的记号和说明事项,以便于商品的储存、运输和装卸。运输包装标志按表现形式,可分为文字标志和图形标志;按内容和作用,又可分为运输包装收发货标志、包装储运图示标志和危险品货物包装标志。

1. 运输包装收发货标志

运输包装收发货标志是运输过程中识别货物的标志,也是一般贸易合同、发货单据和运输保险文件中有关标志事项的基本部分。它包括商品分类标志、供货号、货号、品名规格、数量、重量、生产日期、生产工厂、体积、有效期限、收货地点和单位、运输号码、发运件数。

运输包装收发货标志通常印刷在外包装上,内容如表 2-4 所示。

表 2-4 运输包装收发货标志

序号	代号	项 目		含 义
		中文	英文	
1	FL	商品分类图示标志	CLASSIFICATION MARKS	表明商品类别的特定符号。见本标准第 3 章
2	GH	供货号	CONTRACT No	供应该批货物的供货清单号码(出口商品用合同号码)

续表

序号	项目			含义
	代号	中文	英文	
3	HH	货号	ART No	商品顺序编号,以便出入库、收发货登记和核定商品价格
4	PG	品名规格	SPECIFICA TIONS	商品名称或代号,标明单一商品的规格、型号、尺寸、花色等
5	SL	数量	QUANTITY	包装容器内含商品的数量
6	ZL	重量（毛重）（净重）	GBOSS WT NET WT	包装件的重量(kg)包括毛重和净重
7	CQ	生产日期	DATE OF PRODUCTION	产品生产的年、月、日
8	CC	生产工厂	MANUFACTURER	生产该产品的工厂名称
9	TJ	体积	VOLUME	包装件的外径尺寸长(cm)×宽(cm)×高(cm)=体积(m³)
10	XQ	有效期限	TERM OF VALIDITY	商品有效期至×年×月

分类标志的图形,收发货标志的字体、颜色、标志方式、标志位置等,在《运输包装收发货标志》标准中均有具体规定,如图 2-23 所示。

图 2-23　商品分类图形标志

2. 包装储运图示标志

根据不同商品对物流环境的适应能力,用醒目简洁的图形和文字标明装卸运输及储运过程中应注意的事项。包装储运图示标志如图 2-24 所示。

图 2-24　包装储运图示标志

3. 危险品货物包装标志

是用来表明化学危险品的专用标志。为了能引起人们的特别警惕,此类标志采用特殊的彩色或黑白菱形图示,如图 2-25 所示。

图 2-25　危险品货物包装标志

(二) 销售包装标志

销售包装标志一般指附属于商品销售包装的一切文字、符号、图形及其他说明。主要包括以下内容。

1. 销售包装的一般标志

一般商品销售包装标志的基本内容包括:商品名称、生产厂名和厂址、产地、商标、规格、数量或净含量、商品标准或代号、商品条形码等。

(1) 食品商品

根据 2009 年 6 月 1 日起施行的《中华人民共和国食品卫生法》的规定,食品经营者销售散装食品,应当在散装食品的容器、外包装标明食品的名称、生产日期、保质期、生产经营者名称及联系方式等内容。预包装食品的包装上应当有标签。

标签应当标明下列事项:名称、规格、净含量、生产日期;成分或者配料表;生产者的名称、地址、联系方式;保质期;产品标准代号;贮存条件;所使用的食品添加剂在国家标准中的通用名称;生产许可证编号;法律、法规或者食品安全标准规定必须标明的其他事项。专供婴幼儿和其他特定人群的主辅食品,其标签还应当标明主要营养成分及其含量。

(2) 日用工业品

日用工业品的销售包装上除基本内容外,还须标注主要成分、净含量、性能特点、用途、使用方法、保养方法、生产日期、安全使用期限或失效日期、品级、批号等。

(3) 进口商品

进口商品在每个小包装上必须用中文标注:商品名称、产地的国名和地方名、中国代理商或总经销商的名称、详细地址。对关系到人身财产安全的商品,对其标注的内容还有更详细的规定。

2. 商品的质量标志

商品的质量标志就是在商品的销售包装上一些反映商品质量的标记。其主要包括:优质产品标志、产品质量认证标志、商品质量等级标志等。

3. 使用方法及注意事项标志

商品的种类用途不同,反映使用注意事项和使用方法的标志也各有不同。如我国服装已采纳国际通用的服装洗涤保养标志。

4. 产品的性能指示标志

产品的性能指示标志是指用简单的图形、符号表示产品的主要质量性能。如电冰箱用星级符号表示其冷冻室的温度范围。

5. 销售包装的特有标志

销售包装的特有标志是指名牌商品在其商品体特定部位或包装物内,所标示的让消费者更加容易识别本品牌商品的标记。它由厂家自行设计制作,如名牌西服、衬衫、名优酒等都有独特的、精致的特有标志。

6. 产品的原材料和成分标志

产品的原材料和成分标志是指由国家专门机构经检验认定后,颁发的证明产品原材料或成分的标志。目前已实施的属于此类的标志有:绿色食品标志、纯羊毛标志、真皮标志等。

7. 使用说明

商品使用说明,是一种由文字、符号、图示、表格等分别或组合构成,向消费者传递商品信息和说明有关问题的工具。商品使用说明是交付商品的组成部分,是保护消费者利益的一种手段。

【综合实训】

就所熟悉的某一商品的销售包装,试从其色彩、图案、文字等方面进行分析,说明其成功或不足之处。

学习任务5 商品储存与养护

一、商品储存

(一)商品储存的含义

商品储存是商业部门存储保管商品的一个过程。商品储存是商品流通的一个重要环节。马克思指出:"没有商品储备就没有商品流通。"从社会观点看,只要商品没有进入生产消费或个人消费,那它就是处于商品储存的形式。商品从生产领域进入消费市场必须经过商品流通领域。因此,商品储存是商品流通中不可缺少的组成部分,维持正常的商品流通必须依赖于商品储存来调节。商品储存直接影响着商品生产和商品流通。

商品储存是指商品在流通领域中暂时滞留的存放。它是商品流通过程中的必备条件,是调节市场供求、保证市场供应、满足消费者需要的必要手段。商品储存发挥着商品"蓄水池"的作用。

(二)影响商品质量变化的因素

1. 影响商品质量变化的内在因素

(1)商品的物理性质

1)商品的吸湿性

商品吸湿性是指商品吸收和放出水分的特性。商品吸湿性的大小,吸湿速度的快慢,直接影响该商品含水量的增减,对商品质量的影响极大,是许多商品在储存期间发生质量变化的重要原因之一。商品的很多质量变化都与其含水的多少以及吸水性的大小有直接关系。

2)商品的导热性

商品的导热性是指物体传递热能的性质。商品的导热性,与其成分和组织结构有密切关系,商品结构不同,其导热性也不一样。同时商品表面的色泽与其导热性也有一定的关系。

3)商品的耐热性

商品的耐热性是指商品耐温度变化而不致被破坏或显著降低强度的性质。商品的耐热性,除与其成分、结构和不均匀性有关外,与导热性、膨胀系数也有密切关系。导热性大而膨胀系数小的商品,耐热性良好,反之则差。

4) 商品的透气性和透水性

商品能被水蒸气透过的性质,称为透气性;商品能被水透过的性质称为透水性。这两种性质在本质上都是指水的透过性能,不同的是:前者指气体水分子的透过;后者是指液体水的透过。

（2）商品的机械性质

商品的机械性质是指商品的形态、结构在外力作用下的反应。商品的这种性质与其质量的关系极为密切,是体现适用性、坚固耐久性和外观的重要内容,它包括商品的弹性、可塑性、强力、韧性等。这些商品的机械性质对商品的外形及结构变化有很大的影响。

（3）商品的化学性质

1) 商品的化学稳定性

商品的化学稳定性是指商品受外界因素作用,在一定范围内,不易发生分解、氧化或其他变化的性质。化学稳定性不高的商品容易丧失使用性能。商品的稳定性是相对的,稳定性的大小与其成分、结构及外界条件有关。

2) 商品的腐蚀性

商品的腐蚀性是指某些商品能对其他物质发生破坏性的化学性质。具有腐蚀性的商品,本身具有氧化性和吸水性,因此,不能把这类商品与棉、麻、丝、毛织品以及纸张、皮革制品等同仓储存。盐酸可以与钢铁制品作用,使其遭受破坏;烧碱能腐蚀皮革、纤维制品和人的皮肤;硫酸能吸收动植物商品中的水分,使它们碳化而变黑,漂白粉的氧化性,能破坏一些有机物;石灰有强吸水性和发热性,能灼热皮肤和刺激呼吸器官等。

3) 商品的燃烧性

有些商品性质活泼,发生剧烈化学反应时常伴有热、光同时发生的性质,这一现象称为商品的燃烧性,具有这一性质的商品被称为易燃商品。常见的易燃商品有红磷、火柴、松香、汽油、柴油、乙醇、丙酮等低分子有机物。

4) 商品的爆炸性

爆炸是物质由一种状态迅速变化为另一种状态,并在瞬息间以机械功的形式放出大量能量的现象。

（4）商品的结构

商品的外观形态多种多样,会影响商品质量的变化。商品的内部结构,即构成商品原材料的成分结构,属于商品体的分子其原子结构,是人的肉眼看不到的结构,必须借助于各种仪器来进行分析观察。

2. 影响商品品质变化的外界因素

（1）氧气

空气中约含有21％的氧气,氧气非常活泼,能和许多商品发生作用,对商品质量变化影响很大。如氧气可以加速金属商品锈蚀;氧气是好氧性微生物活动的必备条件,使有机体商品发生霉腐;氧气是害虫赖以生存的基础,是仓库害虫发育的必要条件;氧气是助燃剂,不利于危险品的安全储存;在油脂的酸败、鲜活商品的分解、变质中,氧气都是积极参与者。

(2) 日光

日光中含有热量、紫外线、红外线等,它对商品起着正反两方面的作用:一方面,日光能够加速受潮商品的水分蒸发,杀死杀伤微生物和商品中的害虫,在一定条件下,有利于商品的保护;但是另一方面,某些商品在日光的直接照射下,又发生破坏作用。如日光能使酒类挥发、油脂加速酸败、橡胶塑料制品迅速老化、纸张发黄变脆、色布褪色、药品变质、照相胶卷曝光等。

(3) 微生物和仓库害虫

微生物和害虫存在是商品霉腐、虫蛀的前提条件。微生物在生命过程中分泌一种酶,利用它把商品的蛋白质、糖类、脂肪、有机酸等物质,分解为简单的物质加以吸收利用,从而使商品受到破坏、变质、丧失其使用价值。同时,微生物异化作用中,在细胞内分解氧化营养物质产生各种腐败性物质排出体外,使商品产生腐臭味和色斑霉点,影响商品的外观,加速高分子商品的老化。

仓库害虫(以下简称仓虫)在仓库里,不仅蛀食动植物性商品包装,有些仓虫还能危害塑料、化纤等化工合成商品,此外,白蚁还会蛀蚀仓库建筑物和纤维质商品。仓虫在危害商品过程中,不仅破坏商品的组织结构,使商品发生破碎和孔洞,外观形态受损,而且在仓虫生活过程中,吐丝结茧,排泄各种代谢废物沾污商品,影响商品的质量和外观。

(4) 温度

气温是影响商品质量变化的重要因素。温度能直接影响物质微粒的运动速度;一般商品在常温或常温以下,都比较稳定,高温能够促进商品的挥发、渗漏、溶化等物理变化及各种化学变化;而低温又容易引起某些商品的冻结、沉淀等变化,温度忽高忽低,会影响到商品质量的稳定性;温度适宜时会给微生物和仓虫的生长繁殖创造有利条件,加速商品腐败变质和虫蛀。

(5) 湿度

空气的干湿程度称为空气的湿度。空气湿度的改变,能引起商品的含水量、化学成分、外形或体态结构发生变化。湿度下降将使商品因放出水分而降低含水量,减轻重量。如水果、蔬菜、肥皂等会发生萎蔫或干缩变形,纸张、皮革制品等失水过多,会发生干裂或脆损;湿度增高,商品含水量和重量相应增加,如食糖、食盐等易溶性结块、膨胀或进一步溶化,钢铁制品生锈,纺织品、竹木制品等发生霉变或被虫蛀等。

(6) 卫生条件

卫生条件是保证商品免于变质腐败的重要条件之一。卫生条件不好,不仅使灰尘、油垢、垃圾等污染商品造成某些外观疵点和感染异味,而且还为微生物、仓虫创造了活动场所。

(7) 有害气体

大气中的有害气体,主要来自燃料,如煤、石油、天然气、煤气等燃料放出的烟尘以及工业生产过程中的粉尘、废气。对空气的污染,主要有二氧化碳、二氧化硫、硫化氢、氯化氢和氮等气体。

商品储存在有害气体浓度大的空气中,其质量变化明显。如二氧化碳气体溶解度很大,溶于水中能生成亚硫酸,当它遇到含水量较大的商品时,能强烈地腐蚀商品中的有机物。

（三）储存商品的质量变化

1. 商品物理变化

（1）挥发

挥发是低沸点的液体商品或经液化的气体在空气中经汽化而散发到空气中的现象。这种挥发的速度与气温的高低、空气流动速度的快慢、液体表面接触空气面积的大小成正比关系。液体商品的挥发不仅降低有效成分，增加商品损耗，降低商品质量，有些燃点很低的商品还容易引起燃烧甚至爆炸；有些商品挥发的蒸汽有毒性或麻醉性，容易造成大气污染，对人体有害；一些商品，受到气温升高的影响体积膨胀，使包装内部压力增大，可能发生包装胀破。常见易挥发的商品如酒精、香水、化学试剂中的各种溶剂、医药中的一些试剂、部分化肥农药、杀虫剂、油漆等。

（2）溶化

溶化是指有些固体商品在保管过程中，能吸收空气或环境中的水分，当吸收数量达到一定程度时，就会溶化成液体。易溶性商品必须具有吸潮性和水溶性两种性能，常见易溶化的商品有：食糖、食盐、明矾、硼酸、氯化钙、氯化镁、尿素、硝酸铵、硫酸铵等。

商品溶化与空气温度、湿度及商品堆码高度有密切关系。在保管过程中，有一些结晶粒状或粉末状易溶化商品，在空气比较干燥的条件下，慢慢失水后结成硬块。特别是货垛底层商品，承受压力较重的部位较严重，虽然溶化后，商品本身的性质并没有发生变化，但由于形态改变，给存储、运输及销售部门带来很大的不便。

（3）熔化

熔化是指低熔点的商品受热后发生软化以至化为液体的现象。

商品的熔化，除气温高低的影响外，还与本身的熔点、商品中杂质种类和含量高低密切相关。熔点越低，越易熔化；杂质含量较高，越易熔化。

常见易熔化的商品有：百货中的香脂、发蜡、蜡烛；文化用品中的复写纸、蜡纸、打字纸和圆珠笔芯；化工商品中的松香、石蜡、硝酸锌；医药商品中的油膏、胶囊、糖衣片等。

商品熔化，有的会造成商品流失、粘连包装、沾污其他商品；有的因产生熔解热而体积膨胀，使包装胀破；有的因商品软化而使货垛倒塌。

（4）渗漏

渗漏主要是指液体商品，特别是易挥发的液体商品，由于包装容器不严密，包装质量不符合商品性能的要求，或在搬运装卸时碰撞震动破坏了包装，而使商品发生跑、冒、漏的现象。

商品渗漏，与包装材料性能、包装容器结构及包装技术优劣有关，还与仓储温度变化有关。如金属包装焊接不严，受潮锈蚀；有些包装耐腐蚀性差；有的液体商品因气温升高，体积膨胀而使包装内部压力增大胀破包装容器；有的液体商品在降温或严寒季节结冰，也会发生体积膨胀引起包装破裂而造成商品损失。

（5）串味

串味是指吸附性较强的商品吸附其他气体、异味，从而改变本来气味的变化现象。具有吸附性、易串味的商品，主要是它的成分中含有胶体物质，以及疏松、多孔性的组织结构。常见易串味的商品有：大米、面粉、木耳、食糖、饼干、茶叶、卷烟等。常见的引起其他商品串味的商品有：汽油、煤油、腌鱼、樟脑、肥皂以及农药等。

（6）沉淀

沉淀是指含有胶质和易挥发成分的商品，在低温或高温等因素影响下，引起部分物质的凝固，进而发生沉淀或膏体分离的现象。常见的商品有墨水、牙膏、雪花膏等。又如饮料、酒在仓储中，离析出纤细絮状的物质，而发生混浊沉淀现象。

（7）沾污

沾污是指商品外表沾有其他脏物，染有其他污秽的现象。商品沾污，主要是生产、储运中卫生条件差及包装不严所致。对一些外观质量要求较高的商品，如绸缎呢绒、针织品、服装等要注意防沾污，精密仪器、仪表类也要特别注意。

（8）破碎与变形

破碎与变形是常见的机械变化，指商品在外力作用下所发生的形态上的变化。

商品的破碎主要是脆性较大的商品，如玻璃、陶瓷、搪瓷制品、铝制品等因包装不良在搬运过程中，受到碰、撞、挤、压和抛掷而破碎、掉瓷、变形等。商品的变形通常是塑性较大的商品，如铝制品和皮革、塑料、橡胶等制品由于受到强烈的外力撞击或长期重压，商品丧失回弹性能，从而发生形态改变。

2. 商品的化学变化

储运商品的化学变化与物理变化有本质的区别，化学变化是构成商品的物质发生变化后，不仅改变了商品的外表形态，也改变了商品的本质，并且有新物质生成，且不能恢复原状的变化现象。商品化学变化过程即商品质变过程，严重时会使商品失去使用价值。商品在储运过程中的化学变化，主要有一般化学变化、生理生化变化和生物学变化。

（1）商品的一般化学变化

1）氧化

氧化是指商品与空气中的氧或其他能放出氧的物质，所发生的与氧相结合的变化。商品发生氧化，不仅会降低商品的质量，有时还会在氧化过程中，产生热量，发生自燃，有的甚至会发生爆炸事故。商品容易发生氧化的品种比较多，例如，某些化工原料、纤维制品、橡胶制品、油脂类商品等。如棉、麻、丝、毛等纤维织品，长期同日光接触，发生变色的现象，也是由于织品中的纤维被氧化的结果。

2）分解

分解是指某些性质不稳定的商品，在光、电、热、酸、碱及潮湿空气的作用下，由一种物质生成两种或两种以上物质的变化现象。商品发生分解反应后，不仅使其数量减少、质量降低，有的还会在反应过程中，产生一定的热量和可燃气体，而引起事故。

3）水解

水解是指某些商品在一定条件下，遇水而发生分解的现象。如硅酸盐和肥皂，其水解产物是酸和碱，这样就同原来的商品具有不同的性质。另外，在高分子有机物中的纤维素和蛋白质在相应的酶的作用下发生水解后，能使其链节断裂，强度降低。

4）化合

化合是指商品在储存期间，在外界条件的影响下，两种或两种以上的物质相互作用，而生成一种新物质的反应。此种反应,一般不是单一存在于化学反应中,而是两种反应依次先后发生。如果不了解这种情况,就会给保管和养护此类商品造成损失。

化工商品中的过氧化钠为白色粉末,其劣质品多呈黄色。如果储存在密封性好的桶里,并在低温下与空气隔绝,其性质非常稳定。但如果遇热,就会发生分解放出氧气。

5) 聚合

聚合是指某些商品,在外界条件的影响下,能使同种分子相互加成后,而结合成一种更大分子的现象。例如,桐油表面的结块、福尔马林的变性等现象,均是由于发生了聚合反应的结果。福尔马林是甲醛的水溶液(含甲醛40%),在常温下能聚合生成三聚甲醛或多聚甲醛,产生混浊沉淀,这样就改变了原来的性质。

6) 裂解

裂解是指高分子有机物(如棉、麻、丝、毛、橡胶、塑料、合成纤维等),在日光、氧、高温条件的作用下,发生了分子链断裂、分子量降低,从而使其强度降低,机械性能变差,产生发软、发黏等现象。例如,天然橡胶是以橡胶烃为基本单体成分的高分子化合物,在日光、氧和一定温度的作用下,就能发生链节断裂、分子结构被破坏,而使橡胶制品出现发软、发黏而变质同。

7) 老化

老化是指含有高分子有机物成分的商品(如橡胶、塑料、合成纤维等),强烈的日光、氧气、热等因素的作用下,性能逐渐变坏的过程。商品发生老化后,能破坏其化学结构、改变其物理性能,使机械性能降低,出现变硬发脆、变软发黏等现象,而使商品失去使用价值。

8) 曝光

曝光是指某些商品见光后,引起变质或变色的现象。例如,石碳酸(苯酚),为白色结晶体,见光即变为红色或淡红色。照相用的胶片见光后,即成为废品。漂白粉储存场所不当,在易受日光、热或二氧化碳影响的库房里,就能逐渐发生变化,而降低氯的有效成分。

9) 锈蚀

锈蚀是指金属或金属合金,同周围的介质相接触时,相互间发生了某种反应,而逐渐遭到破坏的过程。金属商品之所以会发生锈蚀,一是由于金属本身不稳定,在其组成中存在着自由电子和成分的不纯;二是由于受到水分和有害气体(SO_2、HCL 等)的作用造成的。

(2) 商品的生理生化变化

生化变化是指有生命活动的有机商品,在生长发育过程中,为了维持它的生命,本身所进行的一系列生理变化。如粮食、水果、蔬菜、鲜鱼、鲜肉等有机商品,在储运过程中,受到外界条件的影响和作用,往往会发生这样或那样的变化,这些变化的形式主要有动植物食品商品的呼吸、后熟、发芽和抽薹、僵直、自溶等。

1) 呼吸作用

呼吸作用是指有机商品生命活动过程中,不断地进行呼吸,分解体内有机物质,产生热量,维持其本身的生命活动的现象。呼吸作用可分为有氧呼吸和无氧呼吸两种类型。

不论是有氧呼吸还是无氧呼吸,都要消耗营养物质,降低食品的质量。有氧呼吸呼吸热的产生和积累,往往使食品腐败变质。特别是粮食的呼吸作用,产生的热量不易散失,如积累过多,会使粮食变质,同时由于呼吸作用,有机体分解出来的水分,又有利于有害微生物生长繁殖,加速商品的霉变。无氧呼吸,则会产生酒精积累,引起有机体细胞中毒,造成生理病害,缩短储存期间。对于一些鲜活商品,无氧呼吸往往比有氧呼吸要消耗更多的营养物质。

2) 后熟作用

后熟是指瓜果、蔬菜等类食品的脱离母株后继续其成熟过程的现象。瓜果、蔬菜等的后熟作用能改进色、香、味以及适口的硬脆等食用性能。如香蕉、柿子、西瓜和甜瓜等,只有达到后熟时,才具备良好的食用价值。但当后熟作用完成后,则容易发生腐烂变质,难以继续储藏甚至失去食用价值。

3) 发芽和抽薹

发芽和抽薹是指有机商品在适宜的条件下,冲破"休眠"状态,发生的发芽、萌发现象。发芽是蔬菜短缩茎上开始发芽生长,而抽薹则是短缩茎上生长点部位所形成的花茎生长的结果。发芽和抽薹主要发生在一些变化的根、茎、叶菜储存的后期,如马铃薯眼中休眠芽萌发,萝卜顶部抽薹等。发芽和抽薹的蔬菜,因大量的营养成分转向新生的芽或花茎,使这类食品组织细胞变得糠松、粗老或空心,失去原有的鲜嫩品质,并且不耐储存。

4) 僵直

动物死亡之后,呼吸停止,依靠血液循环的肌肉供氧也随之停止,但这时肉中的各种酶仍未失活,一些酶催化的生化反应仍在进行,此时因无氧存在,糖原、葡萄糖的分解只能以无氧酵解的方式进行,其物为乳酸。这样使肉的pH值逐渐下降,原来使肌肉呈柔软状态的成分减少,其结果造成肌肉组织收缩,失去原有弹性和柔软性,肉质变得僵硬。处于僵直阶段的肉,弹性差,保水性也差,无鲜肉自然气味,烹好时不易煮烂,熟肉的风味也差,不宜直接食用。

5) 自溶

当肉的成熟作用完成后,肉的生物学化学变化就转向自溶作用。自溶作用是肉腐坏作用的前奏。在自溶酶的作用下,肌肉中的复杂有机结合物进一步被分解为分子量低的物质过程称自溶。由于空气中的二氧化碳与肉中的肌红蛋白的相互作用,可使肉色泽变暗,弹性降低,处于自溶阶段的肉,虽尚可食用,但气味和滋味已大为逊色。而且随着自溶作用的进行,肉的pH值逐渐向中性发展,这就为各种细菌的繁衍创造了适宜的条件。实际上,肉在自溶阶段的后期,常伴随着细菌的活动,而且处于自溶阶段的肉,已不适合长期保存。

(3) 商品的生物学变化

生物学变化是指有生命活动的有机商品,受到其他生物的作用而发生的化学变化。生物学变化的形式有霉变、发酵、腐败、虫蛀、鼠咬等。

1) 霉变

商品霉变是由于霉菌在商品上生长繁殖而导致的商品变质现象。霉菌是一种低等植物,无叶绿素,菌体呈丝状,主要靠孢子进行无性繁殖。空气中含有很多的肉眼看不到的霉菌孢子,商品在生产、储运过程中,它们落到商品表面,一旦外界温度、湿度适合其生长时,商品上又有它们需要的营养物质,就会生长菌丝。菌丝集合体的形成过程,就是商品出现"长毛"或有霉味的变质现象。药材、肉类、粮食、水果、蔬菜、糕点等商品经常发生毛霉微生物,对商品的破坏性很大,霉菌中对商品危害较大的除毛霉外,还有根霉、曲霉和青霉。

2) 发酵

发酵是某些酵母和细菌所分泌的酶,作用于食品中的糖类、蛋白质而发生的分解反应。常见的这类发酵有酒精发酵、醋酸发酵、乳酸发酵和酪酸发酵等,这些微生物能在酱油、醋、葡萄酒等商品表面形成一层薄膜,不但破坏了食品中的有益成分,失去原有的品质,而且还会出现不良气味;影响这类食品的风味和质量,有的还会产生有害人体健康的物质。

3) 腐败

腐败主要是腐败细菌作用于食品中的蛋白质而发生的分解反应。尤其对含水量大和含蛋白质较多的生鲜食品最容易出现腐败。鱼、肉、蛋类就会腐败发臭,水果、蔬菜就会腐烂。无论哪种商品,只要发生腐败,就会受到不同程度的破坏,严重腐败可使商品完全失去使用价值。有些食品还会因腐败变质而产生能引起人畜中毒的有毒物质。

4) 虫蛀、鼠咬

商品在存储过程中,经常遭受仓库害虫的蛀蚀和老鼠的咬损,使商品体及其包装受到损失,它们排泄的各种代谢废物还污染了商品,影响商品质量和外观,降低商品使用价值。害虫和老鼠在生长发育和其他生命活动中,需要蛋白质、脂肪、糖类、维生素、水分及无机盐等营养物质。因此,含有这类营养物质的商品容易被蛀咬而受到破坏。一般情况下,皮毛、毛制品、皮革制品、竹木制品、纸张、纺织品、烟草等,都会受到虫鼠的蛀咬。

二、商品养护

商品尚未进入消费领域之前,为实现销售目的所出现的暂时停滞,称为商品储存。在储存过程中对商品进行保养和维护工作,称为商品养护。商品只能在一定的时期内,一定的条件下,保持其质量的稳定性。商品经过一定的时间,则会发生质量变化,这种情况在运输和储存过程中都会出现。因此,根据商品容易破碎、腐烂和爆炸的相对程度不同,在储运上需要采取不同的防治措施。商品养护是一项非常复杂的技术性工作,在商品养护过程中,应贯彻以防为主,防重于治的方针。

(一) 商品养护的含义

商品储存过程中所进行的保管和维护工作,我们称为商品养护。商品养护是保证商品质量的重要措施,是仓库保管中的一项经常性的工作。

仓库中储存的大量商品,不仅是广大劳动人民辛勤积累的社会主义财富,是社会主义商业用来供应市场、满足人民需要的物质基础,而且是社会主义扩大再生产的组成部分。因此,在商业实践中,如何进行仓储商品的养护工作,保证商品质量,降低商品损耗,对于更好地完成商业任务,扩大国家资金积累和巩固工农联盟都有着极为重要的意义。

商品养护的具体任务是:根据商品的性质和外界因素对商品的影响,确定适当的保管条件和养护措施,以防止商品的损耗和质量的降低,并积极引导某些商品发生有利的变化。

(二) 商品的养护技术

1. 仓库温度和湿度的控制与调节

在商品储存中,绝大多数商品质量的变化是由仓库的温度和湿度变化引起的。因此,在仓储工作中温度和湿度的管理十分重要。保持必要的稳定的温度和适宜的湿度,是维护商品质量的重要措施之一。

控制与调节仓库温湿度的方法很多,有密封、通风、吸湿和加湿、升温和降温等。将几种方法合理地结合使用,效果更好。

2．密封

密封是温度和湿度管理的基础,它是利用一些不透气、能隔热、隔潮的材料,把商品严密地封闭起来,以隔绝空气,降低或减小空气温度和湿度变化对商品的影响。密封也是进行通风、吸湿等方法的有效保证。

3．通风

通风是根据空气流动的规律,有计划地使库内外的空气交换,以达到调节库内温湿度的目的。通风一般用于仓库的散热及散湿。其特点是简便易行,经济节约、收效大。通风方法有自然通风和机械通风。

4．吸湿和加湿

在不能采用通风来调节湿度或需要迅速改变湿度的情况下,可采用吸湿剂、空气去湿机吸湿或用洒水、湿擦、盛水等方法增湿。在仓库储存中多数日用化工商品和纺织品要降低湿度,多数生鲜商品和鲜活商品需要增加湿度。

5．升温和降温

在不能用通风来调节温度时,可用暖气设备来提高库房温度,也可用空调设备来升温或降温。

商品发生质量变化有一个从量变到质变的过程。因此商品养护工作必须坚持以防为主,从加强仓储温湿度管理入手,同时针对不同商品的不同性质、特点,采取相应的技术措施。

6．霉腐的防治

商品防霉变、腐败就是针对商品霉腐的原因所采取的有效措施。在仓库储存中,主要是针对商品霉腐的外因,用化学药剂抑制或杀死寄生在商品上的微生物,或控制商品的储存环境条件。具体地说,商品防霉腐的方法有:化学药剂防霉腐、气相、气调、低温冷藏、干燥以及其他的方法防霉腐。

7．虫蛀的防治

仓库害虫的预防,就是采取有效措施,将害虫消灭在危害之前。通过杜绝害虫的来源,抑制或消除害虫适宜生长繁殖的条件,防止仓库害虫发生。一旦发生虫害,还可以用其他手段来消灭害虫。害虫的防治方法有物理防治和化学防治。

物理防治有高温杀虫、低温杀虫、电离辐射杀虫、灯光诱杀和微波、远红外线杀虫方法。化学防治按杀虫作用性质可分为熏蒸杀虫、胃毒杀虫和触杀虫三类。

8．锈蚀的防治

金属的防锈蚀就是防止金属与周围介质发生化学作用或电化学作用,使金属免受破坏。

在仓储中,一般采用改善仓储条件,涂油防锈。气相防锈,可剥性塑料封存,干燥空气和充氮封存等方法来防锈。

一旦出现锈蚀,可以分别采用手工、机械或化学方法除锈,然后上油防锈。

9．老化的防护

防老化是根据高分子材料的变化规律,采取各种有效措施,以减缓其老化速度,达到延长其使用寿命的目的。防老化要从两方面进行,首先从老化内因着手,在生产中采用改进聚合和成型加工工艺或改性的方法,提高商品本身的稳定性,其次,可采用添加抗氧剂、紫外光稳定剂和热稳定剂等防老剂、抑制光、氧、热等外因的作用,也可用物理防护的方法,如涂漆、涂腊、涂油、复合材料、浸渍或涂布防老剂等,使商品免受外因的作用。

10．防燃爆

易燃易爆商品在储存中,发生火灾与爆炸通常是在明火、摩擦和冲击、电火花、化学能或曝晒等外界因素作用下发生的。所以,库内绝对禁止吸烟和明火,禁止带入火种;禁止使用易因机械作用而产生火花的工具,禁止穿带铁钉的鞋入库,防止搬运中相互撞击、摩擦;必须将搬运用的电瓶车等装配防爆或封闭式电动机,平时应切断库内电器设备的电源;禁止使用能产生大量热量的吸湿剂吸潮;禁止聚集的日光照射,避免日光暴晒。

一旦发生火灾,要根据燃烧物品的性质采取相应措施进行灭火。

11．防生理生化变化

为了尽量延缓食品商品的生理生化作用以利于长期储存,必须破坏或抑制其酶的活性。通常采用低温、加热干燥、气调、辐射等储藏方法。

【综合实训】

苹果在储运过程中如何储存和养护?

【实训任务】

阅读背景材料,根据商品储存和养护的知识,完成PPT。

【背景材料】

苹果是我国四大水果之一,它果味芳香、甜酸爽口,可以增进食欲、促进消化,有非常好的保健作用。苹果还含有丰富的营养物质,它不仅含糖量高,还含有各种维生素,容易被人体吸收利用。要保证一年四季均有新鲜苹果上市,需要做好苹果储存期间的养护工作。

学习单元三 网络营销基础

学习任务1　网络营销认知

一、网络营销的定义

网络营销(On-line Marketing 或 E-Marketing)目前没有统一的、公认的、完善的定义。它是随着互联网进入商业应用而生的,尤其是万维网(WWW)、电子邮件(E-mail)、搜索引擎、社交软件等得到广泛应用之后,网络营销的价值才越来越明显。其中可以利用多种手段,如 E-mail 营销、博客与微博营销、网络广告营销、视频营销、媒体营销、竞价推广营销、SEO 优化排名营销、大学生网络营销能力秀等。总体来讲,凡是以互联网或移动互联为主要平台开展的各种营销活动,都可称之为整合网络营销。简单地说,网络营销就是以互联网为主要平台进行的,为达到一定营销目的的全面营销活动。

网络营销不是网上销售,销售是营销到一定阶段的产物,销售是结果,营销是过程;网络营销的推广手段不仅靠 Internet,传统电视、户外广告、传单亦可。一般认为网络营销不仅限于网上,一个完整的网络营销方案,除了在网上做推广外,还有必要利用传统方式进行线下推广。

二、网络营销的特点

网络营销作为一种基于互联网的全新的营销方式,除有与传统营销相通的部分性质外,还具有以下特点。

(一) 跨时空性

通过互联网能够超越时间和空间的限制进行信息交换,使得脱离时空限制达成交易成为可能,企业能有更多的时间和在更大的空间中进行营销,一年365天无间断,随时随地向客户提供全球性的营销服务。

(二) 多媒体性

互联网上可以传输文字、声音、图像、动画等多媒体信息,因此为达成交易进行的信息交换可以用多种形式进行,能够充分发挥营销人员的创造性和能动性,以多种信息形式展示商品信息,吸引消费者。

(三) 交互性

互联网不仅可以展示商品信息、链接商品信息,更重要的是可以实现和顾客互动双向沟通,收集顾客反馈的意见、建议,从而切实并有针对性地改进商品、服务,提供高效和优质的客户服务。

(四) 个性化

通过互联网可以方便地收集用户资料,从而更能够发现、满足用户的需求,通过信息提供与交互沟通,可以实现一对一的个性化服务,促销更具有针对性,更易于与用户建立长期良好的关系。

(五) 成长性

遍及全球的商务者数量飞速增长,而且其中大部分是年轻的、具有较高收入和高教育水平的群体,由于这部分群体的购买力量具有很强的市场影响力,因此,网络营销是一个极具开发潜力的市场渠道。

(六) 整合性

在互联网上开展的营销活动,可以完成从商品信息的发布到交易操作的完成和售后服务的全过程,这是一种全程的营销渠道。另外,企业可以借助互联网将不同的传播营销活动进行统一的设计规划和协调实施,通过统一的传播途径向用户传达信息,从而可以避免不同传播渠道中的不一致性产生的消极影响。

(七) 超前性

互联网兼具渠道、促销、电子交易、顾客互动服务以及市场信息分析与提供等功能,是一种功能强大的营销工具,并且它所具备的一对一营销能力,正迎合了定制营销与支付营销的未来趋势。

(八) 高效性

网络营销应用计算机储存大量的信息,所传送的信息数量远远超过其他传统媒体。同时网络营销能适应市场的需求,及时更新产品或调整商品的价格,因此能有效地了解和满足用户的需求。

(九) 经济性

网络营销使交易双方通过互联网进行信息交换,代替传统的面对面的交易方式,可以减少印刷与邮递成本,进行无店面销售而免交租金,节约水电与人工等销售成本,同时也减少了由于交易双方之间的多次交流所带来的损耗,提高了交易的效率。

(十) 技术性

网络营销是建立在高技术作为支撑的互联网基础上的,企业在实施网络营销时必须有一定的技术投入和技术支持,改变传统的组织形态,提高信息管理部门的功能,引进懂营销与计算机技术的复合型人才,才能在未来具备市场竞争优势。

三、网络营销的层次

网络营销不仅仅是一种新的技术和手段,更是一种影响企业未来生存及长远目标的选择。根据企业对网络营销作用的认识及应用能力的划分,企业网络营销可以划分为五个层次。

(一) 企业宣传

企业网络宣传是网络营销最基本的应用方式,是在把互联网作为一种新的信息传播媒体基础上开展的营销互动。

(二) 网上市场调研

调研市场信息,从中发现消费者需求动向,从而为企业细分市场提供依据,是企业开展市场营销的重要内容。

(三) 网络分销

企业传统的分销渠道仍然是企业的宝贵资源,但互联网所具有的高效及时的双向沟通功能,为加强企业与分销商的联系提供了有利的平台。

(四) 网上直接销售

数量众多的无形商城已经在互联网上开张营业,即从事网上直接销售的网站。互联网是企业和个人相互面对的乐园,是直接联系分散在广阔空间中数量众多的消费者的最短渠道。它排除了时间的限制,缩短了地理上的距离,清除了障碍,并提供了更大范围的消费选择机会和灵活的选择方式。因此,网上直接销售为上网者创造了实现消费需求的新机会。

(五)网上销售集成

互联网是一种新的市场环境,这一环境不只影响企业的某一环节和过程,还将在企业组织、运作及管理观念上产生重大影响。一些企业已经迅速融入这一环境,依靠网络与原料商、制造商、消费者建立密切联系,并通过网络收集、传递信息,从而根据消费者需求,充分利用网络伙伴的生产能力,实现产品设计、制造及销售服务的全过程,这种模式称为网上销售集成。

四、网络营销的基本功能

(一)网络营销调研

网络营销中的市场调研具有重要的商业价值。对市场和商情的准确把握,是网络营销中一种不可或缺的方法和手段,是现代商战中对市场状态和竞争对手情况的一种"电子侦察"。

(二)信息发布

发布信息是网络营销的主要方法之一,也是网络营销的一种基本职能。无论哪种营销方式,都要将一定的信息传递给目标人群。网络营销可以把信息发布到全球任何一个地点,既可以实现信息的广覆盖,又可以形成地毯式的信息发布链,既可以创造信息的轰动效应,又可以发布隐含信息。更值得一提的是,在网络营销中,网上信息发布以后,还能够进行跟踪,获得回复,然后再进行回复后的再交流和再沟通。因此,信息发布的效果极为明显。

(三)开拓销售渠道

传统经济时代的经济壁垒、地区封锁、人为屏障、交通阻隔、资金限制、语言障碍、信息封闭等,都阻挡不住网络营销信息的传播和扩散。新技术的诱惑力、新产品的展示力,图文并茂、声像俱显的昭示力,网络交互式的亲和力,地毯式发布和爆炸式增长的覆盖力,将整合为一种综合的信息进击能力,可快速打通封闭的坚冰,疏通渠道,打开进击的路线,实现和完成市场的开拓使命。

(四)建立网络品牌

网络营销为企业利用互联网建立品牌形象提供了有利的条件。通过一系列的推广措施,达到顾客和公众对企业的认知和认可,从而建立并推广企业的品牌,使企业的网下品牌在网上得以延伸和拓展。

(五)推广企业网站

通过互联网手段进行网站推广,使企业网站获得必要的访问量,是网络营销最基本的职能之一,也是网络营销取得成效的基础。企业可以利用搜索引擎、相关的网上论坛和资源以及其他网络手段进行网站推广。

(六) 管理客户关系

企业可利用FAQ(常见问题解答)、邮件列表、在线论坛和各种及时信息服务等高效的在线服务手段,为用户提供在线收听、收视、订购、交款等选择性服务,以及无假日紧急需要服务,网上选购和送货到家的上门服务等,增进与顾客之间的关系,提高顾客的满意度。

五、全面深入地理解网络营销

综上所述,网络营销的实质就是"营造网上经营环境",即基于营销导向的企业网站,综合运用网络资源、技术和手段,与顾客、网络服务商、合作伙伴、供应商、销售商等建立良好关系,从而提升品牌形象、增进与顾客的关系、改善对顾客的服务、开拓网上销售渠道,并最终扩大销售。

(一) 网络营销是手段不是目的

网络营销具有明确的目的和手段,但网络营销本身不是目的,网络营销是营造网上经营环境的过程,也就是综合利用各种网络营销的方法、工具、条件,并协调其间的相互关系,从而更加有效地实现企业营销目的的手段。

(二) 网络营销不是孤立的

网络营销是企业整体营销战略的一个组成部分,网络营销活动不可能脱离一般营销环境而独立存在,在很多情况下网络营销是传统营销在互联网环境中的应用和发展,也是互联网时代市场必不可少的内容。

(三) 网络营销不是网上销售

(1) 网络营销的效果表现在多个方面。例如,提升企业品牌价值、加强与客户之间的沟通、拓展对外信息发布的渠道、改善对顾客的服务等。

(2) 网站的推广手段通常不仅仅靠网络营销,往往还要采取许多传统的方式,如在传统媒体上做广告、召开新闻发布会、印发宣传册等。

(3) 网络营销的目的并不仅仅是为了促进网上销售,在很多情况下,网络营销活动不一定能实现网上直接销售的目的,但可能促进网下销售量的增加,并且增加顾客的忠诚度。

(4) 网络营销并不等于电子商务

网络营销本身并不是一个完整的商业交易过程,而只是促进商业交易的一种手段。电子商务主要是指交易方式的电子化,加强的是交易行为和方式。网络营销是电子商务的基础,开展电子商务离不开网络营销,但网络营销并不等于电子商务。

(5) 网络营销不是"虚拟销售"

网络营销是传统营销的一种扩展,即向互联网的延伸,所有的网络营销活动都是实实在在的。网络营销的手段也不仅限于网上,应注意网上网下相结合的营销策略。网上营销与网下营销不是相互独立的,而是一个相辅相成、互相促进的营销体系。

学习单元三　网络营销基础

学习任务 2　认知网络营销环境

任何企业都是在一定的外部环境条件下开展网络营销活动,并受到各种环境因素的影响和制约的。而企业所处的外部环境条件时刻都在发生变化,网络环境下企业所处的网络营销环境更是日新月异。一方面,它既给企业造成了新的市场机会;另一方面,它又给企业带来某种威胁。因此,网络营销环境对企业的生存和发展具有重要意义。企业若想在快速变化的网络环境中生产,就必须重视对网络营销环境的分析和研究,并根据网络营销环境的变化制定有效的网络营销战略,扬长避短、趋利避害、适应变化、抓住机会,从而实现企业网络营销的战略目标。

一、网络营销宏观环境

宏观环境是指一个国家或地区的人口、政治和法律、经济、科学技术、社会文化、自然环境等因素影响企业进行网络营销活动的宏观条件。宏观环境对企业短期的利益可能影响不大,但对企业长期的发展具有很大的影响。所以,企业一定要重视宏观环境的分析研究。宏观环境主要包括以下六个方面的因素。

(一) 人口环境

人口是构成市场的第一要素,人口的多少直接决定市场的潜在容量。人口的数量水平、年龄分布、婚姻状况、出生率、死亡率、人口密度、人口流动性及其文化教育程度等特性在一定程度上都会对市场格局产生深刻影响,并直接影响着企业的市场活动和企业的经营管理活动。因此,企业必须重视人口因素的影响,密切关注人口因素的发展动向,适时调整营销策略以适应人口因素的变化。

(二) 政治和法律环境

政治和法律环境包括国家政治体制、政治的稳定性、国际关系、法制体系等。它对企业网络营销的影响主要表现在两个方面:一是保障作用;二是规范作用。

(三) 经济环境

经济环境是影响企业网络营销活动的主要环境因素,它不仅包括经济体制、经济增长、经济周期与发展阶段以及经济政策体系等大的方面的内容,同时也包括收入水平、市场价格、利率、汇率、税收等经济参数和政府调节取向等内容。

(四) 科学技术环境

科学技术对经济社会发展的作用日益显著,科学技术的基础是教育,因此,科学技术与

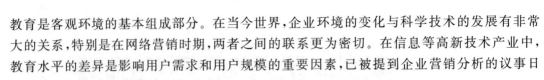

教育是客观环境的基本组成部分。在当今世界,企业环境的变化与科学技术的发展有非常大的关系,特别是在网络营销时期,两者之间的联系更为密切。在信息等高新技术产业中,教育水平的差异是影响用户需求和用户规模的重要因素,已被提到企业营销分析的议事日程上来。

(五) 社会文化环境

所谓社会文化环境,是指在一种社会形态下已经形成的信息、价值、观念、宗教信仰、道德规范、审美观念以及世代相传的风俗习惯等被社会所公认的各种行为规范。企业在进行营销活动时,必须分析和研究所在地的文化环境,针对不同的文化环境制定不同的营销策略。

(六) 自然环境

自然环境是指一个国家或地区的客观环境因素,主要包括自然资源、气候、地形地质、地理位置等。通常,企业在选择其所在地时,会综合考虑保证企业生产和运转的资源是否丰富,交通是否便利等因素。因为自然物质条件对企业而言,也是节约成本的重要途径。

二、微观环境

微观环境由企业及其周围的活动者组成,直接影响着企业为顾客服务的能力。它包括企业内部环境、供应者、营销中介、顾客、竞争者等因素。

(一) 企业内部环境

企业内部环境是指企业内部物质、文化环境的总和。包括企业资源、企业能力、企业文化等因素,也称企业内部条件。内部环境是企业经营的基础,是制定战略的出发点、依据和条件,是竞争取胜的根本。

(二) 供应者

供应者是指向企业及其竞争者提供生产经营所需原料、部件、能源、资金等生产资源的公司或个人。企业在选择自己的供应商时,应选择那些有国家权威评级机构评定的在质量和效率方面有良好信誉的供应商,企业最好与这些供应商建立长期稳定的合作关系,保证企业生产资源的质量和供应的稳定性。

(三) 营销中介

营销中介是协调企业促销和分销其产品给最终购买者的公司。主要包括商品中间商,即销售商品的企业如批发商和零售商;代理中间商(经纪人);服务商,如运输公司、仓库、金融机构等;市场营销机构,如产品代理商、市场营销咨询企业等。

在网络时代,企业可以借助网络直销与最终用户接触,从而减少中间环节,降低交易成本,提高竞争优势,这使中间商的地位受到了严峻的挑战。虽然网络营销会使企业放弃一大部分中间商,但中间商并不会完全消失,而是其功能和服务发生了变化,同时也会产生新的市场中介。

像计算机、家电、汽车等企业,规模很大,品牌集中、品牌差异很大,产品同质化程度和可定制化程度高,易于取消中间环节,实现直接销售。而且,这类企业销售渠道健全,可以把自己的服务网点或专卖店转换为配送中心。但是,那些个体差别大,如图书、软件、音响产品、服装、食品等商品,因为生产商很多,如果每个生产商都建一个网上商店,势必它们要承担相应的一系列成本,很可能比所谓"传统"的销售方式成本还要高,因此也需要平台进行集约化销售,成本肯定要低很多。

(四)顾客

顾客是企业直接或最终的营销对象,是最重要的环境因素。因此,如何通过互联网发现顾客、吸引顾客、满足顾客需求、留住顾客并与顾客建立稳定的联系等,都是网络营销活动必须认真解决的问题。

(五)竞争者

在开展网上营销的过程中,不可避免地要遇到业务与自己相同或相近的竞争对手,取长补短是克敌制胜的好方法。

竞争者的内容主要包括行业内竞争企业的数量、竞争企业的规模和能力、竞争企业对竞争产品的依赖程度、竞争企业所采取的营销策略、竞争企业供应渠道及销售渠道等。

学习任务3 分析网络消费者购买行为

学习活动1 消费者购买动机

一、消费者购买动机的形成

所谓动机,是指推动人进行活动的内部原动力(内在的驱动力),即激发人们行动的原因。网络消费者的购买动机是指在网络购买活动中,能使网络消费者产生购买行为的某些内在的驱动力。

动机是一种内在的心理状态,不容易被直接观察到或被直接测量出来,但它可根据人们长期的行为表现或自我陈述加以了解和归纳。购买动机是推动消费者进行购买的愿望和设想。消费者的购买行为总是由一定的购买动机所引起的。

对于企业促销部门来说,通过了解消费者的购买动机,就能有依据地说明和预测消费者的行为,从而采取相应的促销手段。而对于网络促销来说,购买动机的研究则更为重要。因为网络销售是一种不见面的销售,网络消费者复杂的、多层次的、交织的和多变的购买行为不能直接观察到,只能通过文字或语言的交流加以想象和体会。

二、消费者购买动机的分类

(一)生理性购买动机

生理性购买动机是指消费者为保持和延续生命有机体而引起的各种需要所产生的购买动机。如消费者为了寻求温饱安全、组织家庭、繁衍后代、增强体质与智力,需要各种商品以满足这些欲望。而这些动机都是建立在生理需求的基础上的。生理性动机又可分为维持生命的动机、保护生命的动机、延续生命的动机、发展生命的动机等种类。

由生理性因素引起的购买动机,是消费者本能的、最能促成购买的内在驱动力,其购买的商品也是生活必需品,需求弹性比较小,一般应该比较明显稳定,具有经常性、普遍性、重复性、习惯性和主导性等特点。有时生理性动机也与其他购买动机联系在一起,尤其表现在对所要购买的生活用品的外观、质量、性能和价格的选择方面。

随着生产力的提高和广大消费者物质生活、精神生活条件的改善,消费者的购买行为单纯受生理性动机驱使的情况已经不多,即使是购买食物充饥往往也混合着非生理性动机,如对食品的色、香、味、形的要求,体现了消费者的表现欲、享受欲和审美欲等。

(二)心理性购买动机

心理性购买动机是指人们由于心理需要而产生的购买动机。心理性购买动机比生理性购买动机更为复杂多样。特别是当经济发展到一定水平,社会信息传播技术越现代化,消费者与社会的联系越紧密,激起人们购买行为的心理性购买动机就越占有重要地位。从引起消费者心理性购买动机的主要因素来分析,心理性购买动机又可分为感情动机、理智动机和惠顾动机等。

(三)社会化购买动机

社会化购买动机即社会性购买动机,指由社会性因素引起的消费者购买商品的动机。因为每一个消费者都在一定的社会环境中生活,并在社会教育的影响下成长,其购买和消费商品必然受到所处地理环境、风俗习惯、科学文化、经济状况、阶层群体的影响和制约,都会产生激励其购买满足社会性需要的商品的动机。

消费者的社会性购买动机是在后天社会因素的影响下形成的,一般可分为基本的社会性动机和高级的社会性动机。由社会交往、归属、自主等意念引起的购买动机,属于基本的社会性购买动机;由成就、威望等意念引起的购买动机,属于高级的社会性购买动机。

随着社会经济的不断发展、消费者经济收入和支付能力的逐步提高,社会性购买动机对消费者购买行为的支配也逐步明显,成为对某些消费者起主导作用的购买动机。企业重视和研究消费者社会性购买动机,采取适当的营销策略,对于满足消费者需要,提高经济效益是十分重要的。

学习活动 2　认知影响消费者购买行为的主要因素

一、文化因素

不同的人有着不同的价值观念、审美观念、生活标准和行为准则。因此,文化是引起消费者需求与购买行为差异的重要因素。

文化是在人们社会实践中逐渐形成的,包括人们的审美观念、价值观念、风俗习惯、语言文字等。每个人都生活在一定的文化氛围中并深受影响,这一影响也延伸到了他们的购买行为。

(一) 亚文化

所谓亚文化是指存在于一个较大的社会群体中的一些较小的社会群体所具有的特色文化,这种特色表现为民族、宗教、种族、地理位置的不同。

(二) 社会阶层

社会阶层是指在一个社会中具有相对同质性和持久性的群体,可依据职业、收入、受教育程度、社会地位以及居住区域等因素的综合来划分。统一阶层的成员具有相似的价值观、兴趣爱好和行为方式,因此,他们的消费行为也大致相似。

二、社会因素

(一) 参照群体

一个人的消费行为受到许多参照群体的影响。直接影响的群体成为会员群体,包括家庭、朋友、邻居、同事等主要群体和宗教组织、专业组织和同业工会等次级群体。崇拜群体是另一种参考群体。

(二) 家庭

家庭由彼此有血缘、婚姻或抚养关系的人群组成。家庭对消费者购买的行为影响最大。

(三) 角色与地位

一个人一生中会加入许多团体,如家庭、单位、协会及各类俱乐部等各种组织。每个人在团体中的位置可用角色和地位来确定,不同的角色和地位会有不同的需求和购买行为。

三、个人因素

(一) 年龄和生命周期阶段

每个消费者随着年龄的增长,其生理和心理上都会产生明显的变化,在不同的年龄阶段会产生不同的需要。

（二）经济状况

消费者的经济状况决定着消费者的实际购买力。不同的消费者在各方面存在着差异，但如果缺少与需要相符合的经济收入，就不能实现其购买的欲望。

（三）生活方式

生活方式是通过一个人的日常生活起居、生活规律、兴趣、观点等表现出来的一种生活模式，不同生活方式的消费者对需求会有很大不同。

（四）个性及自我观念

个性是指一个人所有的心理特征，它具有自主性、选择性和适应性。消费者的个性类型对其购买行为具有很大的相关性。

四、心理因素

（一）动机

人的行为是由动机引起的，动机是推动一个人实行某种行为的一种愿望或念头，它是由于人的某种需求没有得到满足而产生的紧张状态所引起的，通常只有未满足的需求才形成动机，当低层次的需求得到基本满足后，人就开始追求更高一层次的需求。

（二）知觉

知觉是指人脑通过自己的五官感觉(视觉、听觉、嗅觉、味觉、触觉)对外界刺激形成的反应。消费者往往能记住自己所喜欢品牌商品的特征和优点，而忽视其他品牌商品的优点。

（三）学习

学习是指顾客在购买和使用产品过程中不断获得知识、经验和技能，不断完善其购买行为的过程。消费者的购买行为都是经验积累的结果。

（四）信念和态度

信念是人们对实物所持有的认识，消费者对产品的信念一旦建立，往往很难改变；态度是人们对事物所持有的一种具有持久性和一致性的行为倾向，态度对人们的行为有决定性的影响，消费者对产品好坏的态度，直接影响其购买行为。

学习活动 3　做出购买决策

购买决策是指消费者谨慎地评价某一产品、品牌或服务的属性并进行选择、购买能满足某一特定需要的产品的过程。它是一个系统的决策活动过程，包括需求的确定、购买动机的形成、购买方案的抉择和实施、购买后评价等环节。

一、购买行为的类型

(一) 按消费者购买目的选定程度划分

1. 确定型

指消费者在购买商品以前已经有明确的购买目的,对商品的名称、型号、规格、式样、商标以至价格的幅度都有明确的要求。

2. 半确定型

指消费者在购买商品以前,已有大致的购买目标,但具体要求还不够明确,最后购买需要经过选择比较才能完成。

3. 不确定型

指消费者在购买商品以前,没有明确的或既定的购买目标。这类消费者进入商城主要是参观游览、休闲,漫无目标地观看商品或随便了解一些商品的销售情况,可能偶尔购买感兴趣或合适的商品,也可能观后离开。

(二) 按消费者购买态度和要求划分

1. 习惯性

习惯性消费者的购买行为特点是喜欢根据过去的购买经验、使用习惯来购买商品。

2. 理智型

理智型购买行为,即消费者在走进商店之前不仅广泛搜集了所需购买商品的信息,而且还经过分析和思考后才做出购买决定。

3. 感情型

这类消费者对感情体验深刻,具有特别丰富的想象力和联想力,审美感觉也比较灵敏,因此,这类消费者在选购商品时往往容易受到外界环境因素的影响;基于审美的要求,他们对购物的环境具有一定的要求。

4. 冲动型

冲动型消费者购买行为的特点是在购物时对外界环境的刺激比较敏感,情绪不易自控,容易冲动购买;一旦接受了外界刺激后,这类消费者的心境会发生转变。

5. 经济型

购买商品时多从经济和价格等方面考虑是经济型消费者购买行为的特点。这类消费者由于各方面原因的作用,他们在购物时往往对价格、质量、效果特别敏感,因此,对商品要反复挑选。

6. 从众型

从众型消费者购买行为的特点是易受他人购买倾向的影响,对商品一般不进行仔细分析、比较,从众心理较强。这类消费者一般经济条件较好,缺乏主见。

7. 疑惑型

这类消费者对外界缺乏应有的信任,往往有过上当受骗的经历,他们在选购商品时从不冒失仓促地做出决定,挑选动作缓慢、时间长。

8. 随意型

随意型消费者购买特点是缺乏购买经验,购买心理不稳定,大多属于新购买者。

(三)按消费者购买情感反应划分

1. 沉静型

沉静型消费者购买行为的特点是在购买过程中其感情不外露,行为把握得当,对所需购买的商品有自己的主见。这类消费者在选购商品时很少受外界因素影响。

2. 谦和型

谦和型的消费者在购买过程中,愿意听取营业员相关的介绍和意见,为人谦和、友善,做出购买决定较快。这类消费者一般具有一定的文化修养,选购商品比较快,对服务也比较放心。

3. 健谈型

健谈型消费者购买行为的特点是思维比较活跃,较易接近,容易沟通。这类消费者喜欢与人交谈,在选购商品时,能很快与营业员接近,愿意与他人就所选购的商品交换意见。

4. 反抗型

反抗型消费者购买行为的特点是在购买过程中不愿听取不同意见,尤其是对营业员的介绍持有戒心。这类消费者对营业员持不信任态度,甚至有逆反心理,营业员过于详细地介绍商品其反而不想购买。

5. 激动型

激动型消费者的购买行为特点是情绪容易激动,易受个人心情和外界环境的影响。这类消费者在选购商品时以自我为中心,甚至用命令的口气提出要求;一旦要求得不到满足,就会与营业员发生争吵。

二、购买行为过程

每个消费者在购买商品时都会有一个购买决策的过程,由于每个消费者的类型不同,使得消费者的购买决策过程也不相同。典型的消费者购买决策过程一般可以分为五个阶段:确认需要、寻求信息、比较评价、决定购买、购后评价。

(一)确认需求

当消费者意识到对某种商品有需要时,购买过程就开始了。消费者需要可以由内在因素引起,也可以由外在因素引起。此阶段企业必须通过市场调研,认定促使消费者认识到需要的具体因素,营销活动应致力于做好两项工作:(1)发掘消费驱策力;(2)规划刺激、强化需求。

(二)寻求信息

在多数情况下,消费者还要考虑买什么品牌的商品,花多少钱在哪里去买等问题,需要寻求商品信息。寻求的信息一般有:产品质量、功能、价格、品牌、已经购买者的评价等。当消费者的需求被唤起后可能会去寻求更多的信息,一般消费者的信息来源可分为五种。

(1)记忆来源。如消费者过去存储在记忆中的有关产品、服务和购买的信息。

(2)个人来源。如家庭成员、朋友、同事、邻居等提供的商品信息。

(3)商业来源。指从推销员、零售商、广告、展销会、商品包装或商品说明书等方面获得的信息。

(4)公共来源。指大众传媒、消费者评价组织等提供的有关信息。

(5)经验来源。指消费者本人通过以前购买使用或当前使用中获得的感觉。

(三)比较评价

消费者进行比较评价的目的是能够识别哪一种品牌、类型的商品最适合自己的需要。消费者对商品的比价评价,是根据收集的资料,对商品属性做出的价值判断。消费者对商品属性的评价因人因时因地而异,有的评价注重价格,有的注重质量,有的注重品牌和样式等。

(四)决定购买

消费者通过可供选择的商品进行评价,并做出选择后,就形成购买意图。在正常情况下,消费者通常会购买他们最喜欢的品牌。但有时也会受他人态度和意外事件等因素的影响而改变购买决定。

(五)购后评价

消费者购买商品后,购买的决策过程还在继续,他要评价已购买的商品。营销企业应密切注意消费者购后的感受,并采取措施,消除不满,提高满意度。

学习任务4　网络营销策略

学习活动1　认知产品营销策略

所谓产品营销策略,即指企业制定经营战略时,首先要明确企业能提供什么样的产品和服务去满足消费者的要求,也就是要解决产品营销策略问题。

一、网络营销产品概念

(一) 产品的整体含义

在网络营销中,产品的整体概念可以分为五层含义:核心产品层次、有形产品层次、期望产品层次、附加产品层次和潜在产品层次。

层次	含义
核心产品层次	是指产品能够供给消费者基本效用或益处,是消费者真正想要购买的基本效用或益处
有形产品层次	是指产品在市场上出现的具体物质形态,主要表现在几个方面:品质、特征、样式、商标、包装,它们是核心利益的载体
期望产品层次	是指消费者在购买产品前,对所购产品的质量、使用方便程度、特点等方面的期望值
附加产品层次	是指由产品和生产者或经营者提供的,购买者有需求但又超出其期望之外的益处
潜在产品层次	企业提供满足客户潜在需求的产品层次,它主要是产品的一种增值服务,与延伸产品层次的主要区别是,即使没有潜在产品层次,消费者仍然可以很好地使用所需要的核心利益和服务

(二) 产品的分类

由于网络的限制,使得只有部分产品适合在网上销售,随着网络技术的发展和其他配套技术的进步,将有越来越多的产品适合在网上销售。在网上销售的产品,按照产品性质的不同,可以分为两大类:实体产品和虚拟产品。

1. 实体产品

实体产品是指具有物流形状的物质形态产品。在网络营销里,通常是指传统市场中的各种看得到摸得着的产品,如服装、食品、电器等。其营销方式主要是通过客户在线浏览和选择,然后由企业或第三方机构组织送货上门。

2. 虚拟产品

虚拟产品与实体产品的本质区别在于：虚拟产品一般是无形的，即使表现出一定的形态也是通过其载体表现出来的，但产品本身的性质和性能必须通过其他方式才能体现出来。

在网络上销售的虚拟产品可以分为软件和服务两大类。

（1）软件

软件包括计算机系统软件和应用软件。网上软件销售商常常提供一段时间的试用期，允许用户尝试使用并提出意见。

（2）服务

服务可以分为普通服务和信息咨询服务两大类。普通服务包括网络交友、计算机游戏、远程医疗、法律援助、航空/火车订票、入场券预订、饭店旅游服务预约和意愿挂号等；信息咨询服务包括股市行情分析、金融服务、医药咨询、法律咨询、资料库检索、电子新闻和电子报刊等。

（三）产品的选择

随着产品的不断标准化、支付技术和物流技术的不断进步，越来越多的商品适合在网上销售。

1. 图书

图书是最早的比较适合在网上销售的产品，由于图书相对来说比较标准，不需要更多的实物体验，网上销售节约成本，可以提供更多的折扣，深受广大消费者的喜爱。

2. 数码化产品

数码化产品就是可以电子化来传递的产品，把其内容数字化，直接在网上以电子流通的方式传递给顾客，而不再需要某种物质形式和特定的包装，从而大大节约了社会资源。

3. 电子产品及配件

由于电子产品的使用者多多少少对电子产品和相应的配件都有一定的了解，在网上销售客户可以根据自己的需要自己选择配置，直接为顾客量身定做，在网上销售计算机可以减少库存，减少中间流通环节，成本比实体店销售低很多。

4. 特色礼品

特色礼品、土特产由于地域性很强，除非大规模采购，否则很难实现异地购买，而互联网的出现为其打破了销售瓶颈。在购物网站上只要提供产品的照片和相应的文字介绍，来自四面八方的顾客都可以进行购买。

5. 家用电器

买家在购买电器时比较价格是不可避免的，因此往往会因为购买一台电视机跑遍半个城市。如果卖家把这些产品直接放到网上进行销售,再配合厂家的售后服务,商家有了竞争优势,顾客也会尝到甜头,进而实现双赢。

6. 百货日杂

百货日杂这些生活必需品已经是人们非常熟悉的产品了,只要认定品牌和规格,直接可以在网上完成下单,根本没有必要再去商店进行挑选。

以上列举的产品为目前网上销售量较大,并适合在网上销售的产品,随着技术的提升其他种类产品也有网上销售的空间和潜力。对于商家来说,最重要的是开始策划网上商务计划,并寻找最适合的伙伴进行合作。

二、产品组合策略

产品组合是指一个企业生产或经营的全部产品线和产品项目的组合方式。它包括四个变数,即产品组合的高度、长度、深度和关联度。

产品组合策略即使企业根据市场需求、竞争形式和自身能力对产品组合的宽度、长度、深度和关联度方面做出的决策。由于产品组合的宽度、长度、深度和关联度同销售业绩有密切的关系,因此,在网络营销中,确定经营哪些产品或服务,明确产品之间的相互关系,是企业产品组合策略的主要内容。

企业在制定产品组合的决策时,根据不同的情况和目标市场的不同特点,可以选择以下策略。

(一) 扩充产品组合策略

扩充产品组合策略即扩展产品组合的长度和宽度,增加产品系列或项目,扩大经营范围,以满足市场需求。该策略有利于综合利用企业资源,扩大经营规模,降低经营成本,提高企业竞争能力;有利于满足客户的多种需求,进入和占领多个细分市场。但要求企业具有多条分销渠道,采用多种促销方式,对企业资源条件要求较高。

(二) 缩减产品组合策略

缩减产品组合策略与扩充产品组合策略正好相反,是缩减产品组合的长度和宽度,减少一些产品系列或项目,集中力量经营一个系列的产品或少数产品项目,提高专业化水平,以求从经营较少的产品中获得较多的利润。该策略有利于减少企业资金占用,加速资金周转;有利于广告促销和明确分销渠道,从而提高营销效率。

(三) 产品延伸策略

产品延伸策略即全部或部分的改变企业原有的产品市场定位。具体做法有以下三种。

1. 向上延伸

向上延伸是指由原来经营低档产品,改为增加经营高档产品。向上延伸可提高企业即现有产品的声望。

2. 向下延伸

向下延伸是指由原来经营高档产品,改为增加经营低档产品。向下延伸可吸引受经济条件限制的消费者,扩大企业的市场规模。

3. 双向延伸

双向延伸即由原来经营中档产品,改为增加经营高档和低档产品。原定位于中档产品市场的企业掌握了市场优势后,采取双向延伸策略,可使企业同时获得上述两种延伸所产生的效果。

三、品牌与商标策略

(一) 品牌策略

品牌策略是一系列能够产生品牌积累的企业管理与市场营销方法,包括4P(产品、价格、渠道、推广)与品牌识别在内的所有要素,主要有:品牌化决策、品牌使用者决策、品牌名称决策、品牌战略决策、品牌再定位决策、品牌延伸策略、品牌更新。

品牌名称决策是指企业决定所有的产品使用一个或几个品牌,还是不同产品分别使用不同的品牌。可以大致有以下四种决策模式。

品牌名称。即企业决定每个产品使用不同的品牌。采用个别品牌名称,为每种产品寻求不同的市场定位,有利于增加销售额和对抗竞争者对手,还可以分散风险,使企业的整个声誉不致因某种产品表现不佳而受到影响。

所有产品。对所有产品使用共同的家族品牌名称。即企业的所有产品都使用同一品牌。对于那些享有高声誉的著名企业,全部产品采用同一品牌名称策略可以充分利用其名牌效应,使企业所有产品畅销。同时企业宣传介绍新产品的费用开支也相对较低,有利于新产品进入市场。

大类产品。各大类产品使用不同的家族品牌名称。企业使用这种策略,一般是为了区分不同大类的产品,一个产品大类下的产品再使用共同的家族品牌,以便在不同大类产品领域中树立各自的品牌形象。

企业名称。个别品牌名称与企业名称并用。即企业决定其不同类别的产品分别采取不同的品牌名称,且在品牌名称之前都加上企业的名称。企业多把这种策略用于新产品的开发。在新产品的品牌名称上加上企业名称,可以使新产品享受企业的声誉,而采用不同的品牌名称,又可使新产品显示出不同的特色。

(二) 商标策略

商标策略是指企业为实现、实施商标战略,根据商品特点、市场状况、企业自身条件而制定的商标工作与方式方法。

1. 商标的特征

（1）合法性：这是指商标的设计与使用要符合法律的有关要求与规定。例如，法律规定禁止将我国或外国的国旗、军旗等标志作为商标图案。厂商及商标设计者不应采用这些图案作为商标。

（2）新颖性：商标设计应具有独特的构思，新商标与原有商标比较有明显的区别与差异。新颖性是体现商标说明商品来源这一本质特征的必要条件。

（3）表现性：商标只有通过一定的形式才能得到表现。

2. 商标的功能

商标之所以能被企业广泛使用，并成为竞争的重要手段，是由它的内在功能所决定的，一般具有以下功能：便于消费者选购商品、表明商品的特征、装饰美化商品、宣传促销商品、维护生产经营者的利益。

3. 商标的价值

作为一种特殊商品，商标也具有价值，这集中体现在以下四个方面。

（1）商标的经济价值。商标的经济价值是由两部分组成的，一是商标制造过程所花的费用（市场调研费、设计费、印刷费、原料费等）；二是在取得商标法律保护过程中所花的费用（注册费、续展费等）。

（2）商标的信誉价值。商标信誉是指商标在市场上的声誉和知名度，其高低由商标所代表的商品市场占有率等因素决定。商标的信誉价值是企业的无形财富，它可以提高企业的竞争能力，开拓市场。

（3）商标的权利价值。商标的价值与商标专用权有密切联系。商标专用权表现为一种财产权，商标专用权转移的实质是一种财产交换关系，并由此表现出商标的权利价值。

（4）商标的艺术价值。商标是知识产品的一种，是人类脑力劳动的结晶，它的艺术价值一是表现在它能够引起消费者对商品的偏爱，扩大销售；二是它本身就是艺术产品，其艺术价值往往超过商品本身的价值。

4. 商标设计的要求

要是商标充分发挥其功能，体现出应有的价值，在商标设计时需符合以下要求。

（1）美观新颖，简单鲜明。商标美观大方，构思新颖，别致有趣，不落俗套，才能引人注目，在消费者心目中树立良好的企业形象和商品形象，激发购买欲望。简单鲜明，构思流畅，色彩明快，才便于顾客记忆和识别，留下深刻的印象。

（2）体现商品的特色。商标应能充分体现商品的性质、特点和风格，表现商品的特色，这是商标成功设计的基础。只有体现商品特色的商标，才能对顾客产生吸引力。这一特色可通过商品的结构和形状来反映，也可以间接地以它物为象征加以表达，还可以借用某种机智趣味的形象语来描述。

（3）与目标市场相适应。企业的一切活动包括商标设计在内，都是围绕目标市场运作的，因此，商品的商标需与企业的目标市场相适应，包括商品的名称、图案、色彩、发音等都要考虑目标市场的风俗习惯、审美观点、语言等方面的要求。这样设计出的商标,才能为消费者所接受,达到预期目的。

(4) 避免雷同和过分夸张。对设计巧妙的商标是应该学习和借鉴的,但不能盲目效仿,以致造成雷同。这不但会失去自己商标的特点,给人们以似曾相识的感觉,印象淡薄,还会引起顾客心理上的反感和企业间的法律纠纷。商标设计运用一定的艺术是必要的,但不能过分夸张,脱离生活实际,给人以莫名其妙的感觉,带来不良效果。

符合法律规范。国家制定的商标法是进行商标设计的重要依据。如商标法规定:商标不能使用与国家和国际组织的名称、国旗、国徽、军旗、勋章等相同或类似的文字、图形;不能使用在政治上有不良影响的文字、图案;要尊重民族风俗习惯,内容文明、健康等,都是商标设计所必须遵循的。

学习活动 2　认知价格策略

产品的销售价格是企业市场营销过程中一个十分敏感而又最难有效控制的因素,它直接关系这市场对产品的接受程度,影响着市场需求量即产品销售量的多少和企业利润的多少。

定价是管理者每天都关心的问题,是营销活动中最活跃的因素,企业不能随心所欲地给产品定价。影响企业定价的主要因素有:生产成本、商品特点、顾客需求、竞争者的产品价格,以及国家物价政策法规等。

一、企业定价目标

定价目标即企通过采取定价手段所要达到的目的。企业在为产品定价时,首先必须要有明确的目标。不同企业、不同产品、不同市场、不同时期有不同的营销目标,因而采取的定价策略也不相同。在网络营销中,企业的定价目标主要有以下几种。

(一) 以维持企业生存为目标

当企业经营不善,或由于市场竞争激烈、顾客的需求偏好突然发生变化等原因,而造成产品销路不畅、大量积压、资金周转不灵,甚至濒临破产时,企业只能为其积压了的产品定低价,以求迅速出清存货,收回资金。但这种目标只能是企业面临困难时的短期目标,长期目标还是要获得发展,否则企业终将破产。

(二) 以保持和提高市场占有率为目标

市场占有率最大化是指企业希望占领的市场份额最大化。在市场占有的份额越大,意味着企业的影响力也越大。企业通过确立市场占有率最大化的目标,采用降价等吸引消费者的策略,来维持和增加商品在市场中的比例,形成更大规模的经济效益。

(三) 以获取理想利润为目标

利润最大化目标是以追求企业长期目标的总利润最大化为定价目标。利润最大化包含两层含义：一是指长期总利润最大化。有时为达到这一目标，企业短期内还可能牺牲一定的短期利润。二是整体经营效益的最大化。企业经营多种产品时，可能会把有些品种的价格定得很低，亏本出售，以此来招揽顾客，帮助其他品种的销售。

（四）以抑制竞争为目标

有些企业为了阻止竞争者进入自己的目标市场，而将产品的价格定得很低，这种定价目标一般适用于实力雄厚的大企业。中小型企业在市场竞争激烈的情况下，一般是以市场为导向，随行就市定价，从而也可以缓和竞争、稳定市场。

（五）以树立企业形象为目标

树立企业形象为目标是指新老企业为树立一定的市场形象而确定的定价目标。企业的价格或为维护企业的重信誉、重质量的形象而定高，或为树立企业产品物美价廉的形象而定低。

二、定价方法

（一）成本导向定价法

成本导向定价法是一种最简单的定价方法，即在产品单位成本的基础上，加上其利润最为产品制定价格。采用这种定价方式，一要准确核算成本；而要确定恰当的利润百分比（即加成率）。依据核算成本的标准不同，成本加成定价法可分为两种：平均成本加成定价法和边际成本加成定价法。

成本导向定价法的优点在于：涵盖所有成本；依据目标利润制定；广泛使用的理性定价方法；易于理解和使用。其缺点在于：成本导向定价是基于提前预估成本所制定，如果实际生产发生改变则会直接导致成本发生改变；如果企业成本高于竞争者，使用此方法会造成企业竞争力不足；它忽略需求价格弹性；它对于某些企业目标，如市场渗透、对抗竞争等行为帮助有限；此方法可能会使定价策略丧失灵活性。

（二）需求导向定价法

需求导向定价法是指根据国内外市场需求强度和消费者对产品价值的理解来制定产品销售价格。这种定价方法主要是考虑顾客可以接受的价格以及在这一价格水平上的需求数量，而不是产品的成本。按照这种方法，同一产品只要需求大小不一样，就制定不同的价格。常见的需求导向定价法有两种形式：理解价值定价法和需求差别定价法。

市场导向定价法的优点在于：灵活，依据市场情况制定价格。其缺点在于：如果产品预计寿命较短，如果一个市场的流通量低于另一个市场的，有可能导致灰色市场的形成，对产品在市场中的流通量难以正确预估。

（三）竞争导向定价法

竞争导向定价法是指企业对竞争对手的价格保持密切关注，以对手的价格作为自己产品定价的主要依据。当然,这并不意味着保持一致,而是指企业可以根据对手的情况制定出高于、低于或相同的价格。常用的竞争导向定价法一般有通行价格定价法、主动竞争定价法和密封投标定价法。

竞争导向定价法的优点在于:考虑到产品价格在市场上的竞争力。其缺点在于:过分关注价格上的竞争,容易忽略其他营销组合可能造成产品差异化的竞争优势;容易引起竞争者报复,导致恶性的降价竞争,使公司毫无利润可言;竞争者价格变化难以被精确估算。

三、定价策略

(一)新产品定价策略

常见的新产品定价策略有以下三种。

(1)撇脂定价策略。是指在新产品投入市场的初期,利用消费者求新、求奇的心理,以高价销售,以便在较短的时间内获取丰厚的利润,尽快收回投资并逐步获得较高的利润。随着商品的进一步成长可逐步降低价格。采用此策略的企业商品一上市便可获得高价厚利,其做法很像从牛奶的表面撇取奶油。

(2)减去定价策略。是指企业的新产品先低价出售,等产品在市场上站位脚跟后,在慢慢提高价格。

(3)中间定价策略。是指按照本行业的平均定价水平或者按当时的市场行情来制定价格。企业制定的产品价格被消费认可,企业可以在不承担较大风险的情况下,获得比较稳定的市场;同时,价格不高不低,销售渠道成员觉得稳妥,因此保持经营的积极性;从企业自身看,可有计划地在不太长的时间收回企业的研制成本,企业因有一定的利润而乐于经营。

(二)阶段定价策略

阶段定价策略是指在对"商品经济生命周期"分析的基础上,依据商品生命周期不同阶段的特点而制定和调整价格,就是根据商品所处的经济生命周期的阶段而制定不同的价格的策略,如:试销期定价策略、畅销期定价策略、饱和期定价策略和滞销期定价策略等。

(三)折扣价格策略

折扣定价策略是指在原价基础上进行折扣来定价的。这种定价方式可以让消费在直接了解产品的降价幅度以促进消费者的购买。常见的折扣定价策略有:数量折扣、现金折扣、季节折扣、功能折扣和优惠券等。

(四)心理定价策略

每一件产品都能满足消费者某一方面的需求,其价值与消费者的心理感受有着很大的关系。这就为心理定价策略的运用提供了基础,使得企业在定价时可以利用消费者心理因素,有意识地将产品价格定得高些或低些,以满足消费者生理的和心理的、物质的和精神的多方面需求,通过消费者对企业产品的偏爱或忠诚,扩大市场销售,获得最大效益。常用的心理定价策略有:尾数定价策略、证书定价策略、声望定价策略、习惯定价策略、招徕定价策略和分档定价策略等。

(五) 相关产品定价策略

相关产品是指不同的商品在最终用途和消费购买行为等方面具有某种相互关联性。其定价策略主要有:

互补商品价格策略,互补商品是指两种(或以上)功能相互依赖、需要配套使用的商品。互补商品定价策略是企业利用价格对消费连带需求的调节功能全面扩展销售量所采取的定价方式和技巧。具体做法是:把价值高而购买频率低的主件价格定得低些,而把与之配套使用的价值低而购买频率高的易耗品价格适当定高些。

替代商品价格策略。替代商品是功能和用途基本相同,消费过程中可以相互替代的产品。替代商品价格策略是指企业为达成既定的营销目标,有意识安排本企业替代品之间的关系而采取的定价策略。

学习活动3 认知渠道策略

一、分销渠道的概念

分销渠道的含义是指某种商品和劳务从生产者向消费者转移过程中,取得这种商品和劳务的所有权或帮助所有权转移的所有企业和个人。因此,分销渠道包括商品中间商(取得了所有权)和代理中间商(未取得所有权)以及处于渠道起点和终点的生产者和最终消费者。

分销渠道的概念可以从三个要点理解。

(1) 分销渠道的起点是生产者,终点是消费者。销售渠道作为产品据以流通的途径,就必然是一端连接生产,另一端连接消费,通过销售渠道把生产者提供的产品或服务,源源不断地流向消费者。在这个流通过程中,主要包含着两种转移:商品所有权转移和商品实体转移。这两种转移,既相互联系又相互区别。商品的实体转移是以商品所有权转移为前提的,它也是实现商品所有权转移的保证。

(2) 分销渠道是一组路线,是由生产商根据产品的特性进行组织和设计的,在大多数情况下,生产商所设计的渠道策略充分考虑其参与者——中间商。

(3) 产品在由生产者向消费者转移的过程中,通常要发生两种形式的运动:第一,作为买卖结果的价值形式运动,即商流。它是产品的所有权从一个所有者转移到另一个所有者,直至到消费者手中。第二,伴随着商流所有发生的产品实体的空间移动,即物流。商流和物流通常都会围绕着产品价值的最终实现,形成从生产到消费者的一定路线或通道,这些通道从营销的角度来看,就是分销渠道。

二、分销渠道的功能(职能)

分销渠道的功能在于它是连接生产者和消费者的桥梁和纽带。企业使用分销渠道是因为在市场经济条件下,生产者和消费者之间存在的空间分离、时间分离、所有权分离、供需数量差异以及供需品种差异等方面的矛盾。具体来说。

(一) 分销渠道职能的组成

(1) 研究,即收集制订计划和进行交换时所必需的信息。

(2) 促销,即设计和传播有关商品的信息,鼓励消费者购买。

(3) 接洽,即为生产商寻找、物色潜在买主,并和买主进行沟通。

(4) 配合,即按照买主的要求调整供应的产品,包括分等、分类和包装等活动。

(5) 谈判,即代表买方或者卖方参加有关价格和其他交易条件的谈判,以促成最终协议的签订,实现产品所有权的转移。

(6) 实体分销,即储藏和运输产品。

(7) 融资,即收集和分散资金以负担分销工作所需的部分费用或全部费用。

(8) 风险承担,即承担与从事渠道工作有关的全部风险。

(二) 网络营销渠道的功能

一个相对完善的网络营销渠道,它一般需具有以下功能:提供产品信息和产品推广、提供交易平台、提供产品配送等功能。网络企业通过网络向消费者提供产品的种类、价格、性能等信息,获取消费者的需求信息以求达到供求平衡;企业可以运用网络发展和传播有关产品的富有说服力的吸引消费者报价的沟通材料等。

三、分销渠道的参与者

(一) 生产商

生产商是产品和服务的供应商,是分销渠道的起点。

(二) 中间商

中间商是指在生产者与消费者之间参与商品交易业务,促使买卖行为发生和实现的,具有法人资格的经济组织和个人。它是连接生产者与消费者的中间环节。中间商从不同的角度可以分为许多类型:按是否拥有商品所有权,可分为经销商和代理商,前者是在商品买卖过程中是拥有商品所有权的中间商;按其在流通过程中所起的不同作用,又可分为批发商和零售商,前者是不直接服务于最终消费者的中间商。此外,广义的中间商还包括银行、保险公司、运输公司、进出口商人、一切经纪人等。但是,就主要的中间商类型来看,只有代理商、批发商和零售商三种。

(三) 消费者

消费者位于整个链条的最末端,是产品和服务的最终使用者。

四、影响分销渠道的因素

(一) 市场因素

包括目标市场范围:市场范围宽广,适用长、宽渠道;反之,适用短、窄渠道。顾客的集中程度:顾客集中,适用短、窄渠道;顾客分散,适用长、宽渠道。顾客的购买量、购买频率:购买量小,购买频率高,适用长、宽渠道;相反,购买量大,购买频率低,适用短、窄渠道。消费的季节性:没有季节性的产品一般都均衡生产,多采用长渠道;反之,多采用短渠道。竞争状况:除非竞争特别激烈,通常同类产品与竞争者采用相同或相似的销售渠道。

(二) 产品因素

(1) 包括物理化学性质:体积大、较重、易腐烂、易损耗的产品适用短渠道或采用直接渠道、专用渠道;反之,适用长、宽渠道。

(2) 价格:一般地,价格高的工业品、耐用消费品适用短、窄渠道;价格低的日用消费品适用长、宽渠道。

(3) 时尚性:时尚性程度高的产品适宜短渠道;款式不易变化的产品,适宜长渠道。

(4) 标准化程度:标准化程度高、通用性强的产品适宜长、宽渠道;非标准化产品适宜短、窄渠道。

(5) 技术复杂程度:产品技术越复杂,需要的售后服务要求越高,适宜直接渠道或短渠道。

(三) 企业因素

(1) 包括财务能力:财力雄厚的企业有能力选择短渠道;财力薄弱的企业只能依赖中间商。

(2) 渠道的管理能力:渠道管理能力和经验丰富,适宜短渠道;管理能力较低的企业适宜长渠道。

(3) 控制渠道的愿望:愿望强烈,往往选择短而窄的渠道;愿望不强烈,则选择长而宽的渠道。

(四) 中间商因素

(1) 包括合作的可能性:如果中间商不愿意合作,只能选择短、窄的渠道。

(2) 费用:利用中间商分销的费用很高,只能采用短、窄的渠道。

(3) 服务:中间商提供的服务优质,企业采用长、宽渠道;反之,只有选择短、窄渠道。

(五) 竞争者因素

当市场竞争不激烈时,可采用同竞争者类似的分销渠道,反之,则采用与竞争者不同的分销渠道。

（六）环境因素

（1）经济形势：经济萧条、衰退时，企业往往采用短渠道；经济形势好，可以考虑长渠道。
（2）有关法规：如专卖制度、进出口规定、反垄断法、税法等。

五、分销渠道的模式

（一）销售渠道的基本模式

由于个人消费者与生产型用户（即生产资料市场用户）消费的主要商品不同，消费目的与购买特点等具有差异性，客观上使我国企业的销售渠道构成有两种基本模式：企业对生产型用户的销售渠道模式和企业对个人消费者的销售渠道模式。

1. 企业对生产型用户的销售渠道模式

生产者——用户

生产者——零售商——用户

生产者——批发商——用户

生产者——批发商——零售商——用户

生产者——代理商——批发商——零售商——用户

2. 企业对个人消费者的销售渠道模式

生产者——消费者

生产者——零售商——消费者

生产者——批发商——零售商——消费者

生产者——代理商——零售商——消费者

生产者——代理商——批发商——零售商——消费者

（二）销售渠道的类型

（1）直接渠道与间接渠道。直接渠道又称零级渠道，是指没有中间商参与，产品由生产者直接销售给消费者（用户）的渠道类型。直接渠道是产品分销渠道的主要类型，一般大型设备以及技术复杂、需要提供专门服务的产品，企业都采用直接渠道分销。在消费品市场，直接渠道也有扩大趋势，例如鲜活商品等。

间接渠道是指商品从生产领域到达消费者手中要经过若干中间商的营销渠道，即生产者通过若干中间商将其产品转卖给最终消费者或用户。

直接渠道与间接渠道的区别在于有无中间商。

（2）长渠道与短渠道。根据渠道的长短一般按流通环节的多少来划分，具体包括以下四层。

零级渠道：生产商——消费者。

一级渠道:生产商——零售商——消费者。
二级渠道:生产商——批发商(代理商)——零售商——消费者。
三级渠道:生产商——代理商——批发商——零售商——消费者。

(3) 促销的目的是引发、刺激消费者产生购买行为。

(4) 宽渠道与窄渠道。渠道的宽窄取决于渠道每个环节中使用同类型中间商数目的多少。企业使用的同类中间商多,产品在市场上的分销面广,称为宽渠道。如一般的日用消费品(水杯、牙膏等),由多家批发商经销,又转卖给更多的零售商,能大量接触消费者,大批量地销售产品。企业使用的同类中间商少,分销渠道窄,称为窄渠道。它一般适用于专业性强的产品,或贵重耐用的消费品。

(5) 单渠道与多渠道。如果企业全部产品都由自己直接设的销售网点销售,或全部交给批发商经销,称为单渠道。多渠道则可能是在本地区采用直接渠道,在外地则采用间接渠道;在有些地区独家经销,在另一些地区多家分销;对消费品市场用长渠道,对生产资料市场则采用短渠道。

学习活动 4 促 销 策 略

一、促销的概念及作用

(一) 促销的概念

促销就是指企业通过人员和非人员的方式,通过企业与消费者之间的信息,引发与刺激消费者的消费欲望和兴趣,使其产生购买行为的活动。

促销有以下三层含义:
(1) 促销的核心和手段是沟通信息;
(2) 促销的目的是引发、刺激消费者产生购买行为;
(3) 促销的方式有人员促销和非人员促销两大类。

(二) 促销的作用

1. 传递信息,强化认识

一方面企业介绍有关企业的现状、产品特点、价格及服务方式和内容等激起消费者的购买欲望;另一方面消费者反馈对产品价格、质量和服务内容、方式是否满意的信息,使企业改进产品、提高服务,满足需求。

2. 突出特点,诱导需求

通过促销活动宣传企业产品的特点及给消费者带来的利益,便于消费者认识同类产品,从而做出购买选择。

3. 指导消费,扩大销售

通过营销者循循善诱的产品知识介绍,在一定程度上对消费者起到了教育指导作用,从而有利于激发消费者的购买欲望,扩大产品销售。

4. 形成偏爱,稳定销售

企业通过促销活动,可使较多的消费者对本企业的产品产生偏爱,进而稳住已占领的市场,达到稳定销售的目的。

二、促销组合的概念及影响因素

(一) 促销组合的概念

促销组合是指企业根据促销的需要,对广告宣传、销售促进、公共关系与人员推销等各种促销方式进行的适当选择和配合。

所谓促销组合,主张企业运用广告、人员推销、公共宣传、营业推广四种基本促销方式组合成一个策略系统,使企业的全部促销活动互相配合、协调一致,最大限度地发挥整体效果,从而顺利实现企业目标。四种基本促销方式组合成一个策略系统,使企业的全部促销活动互相配合、协调一致,最大限度地发挥整体效果,从而顺利实现企业目标。

(二) 影响促销组合的因素

企业面临着把总的促销预算分摊到广告、人员推销、公共宣传和营业推广上。影响促销组合的因素主要有以下几点:

1. 促销目标

促销目标是影响促销组合决策的首要因素。每种促销工具——广告、人员推销和销售促进都有各自独有的特性和成本。营销人员必须根据具体的促销目标选择合适的促销工具组合。

2. 市场特点

除了考虑促销目标外,市场特点也是影响促销组合决策的重要因素。市场特点受每一地区的文化、风俗习惯、经济政治环境等的影响,促销工具在不同类型的市场上所起作用是不同的,所以我们应该综合考虑市场和促销工具的特点,选择合适的促销工具,使它们相匹配,以达到最佳的促销效果。

3. 产品性质

由于产品性质的不同,消费者具有不同的购买行为和购买习惯,因而企业所采取的促销组合也会有所差异。

4. 产品生命周期

在产品生命周期的不同阶段,促销工作具有不同效益。在导入期,投入较大的资金用于广告和公共宣传,能产生较高的知名度;促销活动也是有效的。在成长期,广告和公共宣传可以继续加强,促销活动可以减少,因为这时所需的刺激较少。在成熟期,相对广告而言,销售促进又逐渐起着重要作用。消费者已知道这一品牌,仅需要起提醒作用水平的广告。在衰退期,广告仍保持在提醒作用的水平,公共宣传已经消退,销售人员对这一产品仅给予最低限度的关注,然而销售促进要继续加强。

5. 促销费用

促销组合较大程度上受公司选择"推动"或"拉引"策略的影响。推动策略要求使用销售队伍和贸易促销,通过销售渠道推出产品。而"拉引"策略则要求在广告和消费者促销方面投入较多,以建立消费者的购买欲望。

6. 其他营销因素

影响促销组合的因素是复杂的,除上述五种因素外,本公司的营销风格,销售人员素质,整体发展战略,社会和竞争环境等不同程度地影响着促销组合的决策。营销人员应审时度势,全面考虑才能制定出有效的促销组合决策。

三、促销的基本策略

根据促销手段的出发点与作用的不同,可以分为两种促销策略。

(一) 推式策略

即以直接方式,运用人员推销手段,把产品推向销售渠道,其作用过程为:企业的推销员把产品或服务推荐给批发商,再由批发商推荐给零售商,最后由零售商推荐给最终消费者。

该策略适合的情况是:

(1) 企业经营规模小,或无足够资金用以执行完善的广告计划。
(2) 市场较集中,分销渠道短,销售队伍大。
(3) 产品具有很高的单位价值,如特殊拼、选购品等。
(4) 产品的使用、维修、保养方法需要进行示范。

(二) 拉式策略

采取间接方式,通过广告和公共宣传等措施吸引最终消费者,使消费者对企业的产品或劳务产生兴趣,从而引起需求,主动去购买商品。其作用路线为:企业将消费者引向零售商,将零售商引向批发商,将批发商引向生产企业。

该策略适用于:

(1) 市场广大,产品多属便利品。
(2) 商品信息必须以最快速度告知广大消费者。

(3) 对产品的初始需求已呈现出有力的趋势,市场需求日渐上升。

(4) 产品具有独特性能,与其他产品的区别显而易见。

(5) 能引起消费者某种特殊情感的产品。

(6) 有充分资金用于广告。

在促销竞争中,要想在"战争"前把对手"置于死地",就需要战略性的提早规划。实际上,需要从以下三方面做好准备:在战略上,应从行业研究入手,充分地分析行业竞争的根本,并根据自身实力,制定有效的促销策略,注重"推力"和"拉力"的协调配合,顺应消费者需求和渠道自然力量,以最少的投入取得更大的促销效果。在管理上,当促销职能成为营销部门的常规工作时,人们往往只记得通过促销把商品卖出去,而忘记促销是为了突显商品或服务的价值。消费者需求是多方面的,既是理性的,也是感性的,促销活动需要满足消费者的这种心理需求。促销管理也与一般管理有相通性,需要明确目的、制定计划、过程管理、结果评价。缺少一个环节,都会造成促销的浪费和无效。

学习单元四
物流基础

学习任务1　物流基本认知

一、物流的概念

在我们住所附近的市场和商店中，可以方便地买到日常所需的各种商品，如电器、洗涤剂、化妆品、服装等。而今电子商务发展迅速，在网上可以买到各种各样、形形色色的商品，但是，它们是从哪里来的呢？众所周知，商店并不能制造商品，商品的产地可能是国内或国外，商品从产地到消费地必须要通过各种渠道、使用某种运输工具，才能送达目的地。同时，这决不像我们旅游观光，是偶然为之，而是每天如此，周而复始。与此同时，诸如啤酒瓶、酸奶瓶等包装物，使用后又被厂家回收再利用，在这一回收的活动中，物流也起着重要的作用。因此，物流对生产和生活具有重要的影响。

（一）物流的含义

简而言之，物流就是"物品的流动"，但是这种说法并不准确。事实上，随着物流实践活动的深入开展，人们对物流的认识也发生着变化，其内涵也逐步得到丰富、深化和扩展。

2007年5月1日，中华人民共和国国家标准《物流术语》(GB/T 18354—2006)正式实施,其中对物流的定义是:"物品从供应地向接收地的实体流动过程。根据实际需要,将运输、储存、装卸、搬运、包装、流通加工、配送、回收、信息处理等基本功能实施有机结合。"

对物流的认识至少应该包括以下几个方面。

(1) 物流中的"物"是指一切可以进行物理性位置移动的物质资料和物流服务。物质资料主要包括原材料、半成品、产成品、回收品以及废弃物等。物流服务包括货物代理和物流网络服务。

(2) 物流中的"流"是物的实体位移,是从供应地向接收地的动静结合的流动过程。包括短距离的搬运、长距离的运输以及全球物流。

(3) 物流是物品从供应地向接收地的流动,它是一种满足社会需求的经济活动。

(4) 物流从总体上看具有多个功能要素,分别是:运输、储存、装卸、搬运、包装、流通加工、配送、回收、物流信息。

(5) 物流在运作过程中要根据实际需要对物流活动各环节进行计划、组织、领导和控制。

(二) 传统物流与现代物流的区别

传统物流一般指产品出厂后的包装、运输、装卸搬运、仓储,而现代物流由于融入了系统理论和一体化经营的理念,特别是供应链管理思想的应用,使现代物流的内涵与外延较传统物流都有了明显的变化。

传统物流与现代物流的区别主要表现在以下几个方面:

(1) 传统物流只提供简单的位移,现代物流则提供增值服务;

(2) 传统物流是被动服务,现代物流是主动服务;

(3) 传统物流实行人工控制,现代物流实施信息管理;

(4) 传统物流无统一服务标准,现代物流实施标准化服务;

(5) 传统物流侧重点到点或线到线服务,现代物流构建全球服务网络;

(6) 传统物流是单一环节运作,现代物流是整体系统优化。

(三) 物流的现状与发展趋势

1. 我国物流的现状

进入 21 世纪,物流在我国已经以一门产业的形式在国民经济生产中占据了重要的位置。物流产业的现状主要有以下几点。

(1) 物流基础设施建设初具规模

综合运输体系初具规模。物流园区(基地、中心)等物流设施发展较快。北京空港、上海西北、浙江传化、山东盖家沟、上海外高桥、苏州综合物流园区等一批重点园区显示了良好的社会经济效益。仓储、配送设施现代化水平不断提高。化工危险品库、液体库、冷藏库、期货交割库、电子商务交割库以及自动化立体仓库快速发展。

(2) 现代物流技术逐步得到应用

物流信息化加快发展,先进适用的物流技术得到推广。大多数企业建立了管理信息系统。仓储管理、运输管理、采购管理、客户关系管理系统得到普遍应用。企业资源计划和供应链管理软件应用开始普及,射频技术等物联网技术在车辆监管、物品定位管理、自动识别分拣和进出库安防系统等方面开始应用。

2. 物流业政策环境有所改善

2006年,现代物流业发展被写进"十一五"规划,终于明确了物流业在我国国民经济中的产业地位。2009年3月国务院颁布实施《物流业调整和振兴计划》,之后又于2011年6月份做了重大政策调整,出台物流"国八条",同年8月又出台"国九条",无疑是对其进一步的强化。进入2012年后,政策面更是频现利好。全国已有超过半数的省份出台了《物流业调整和振兴规划》实施细则。大部分省市建立了现代物流工作协调机制,一些省市政府还成立了主管物流工作的常设机构。许多省市制定相应的专项规划和法规,出台具体的财税扶持政策。

3. 服务能力显著提升

物流企业资产重组和资源整合步伐进一步加快,形成了一批所有制多元化、服务网络化和管理现代化的物流企业。传统运输业、仓储业加速向现代物流业转型,制造业物流、商贸物流、电子商务物流和国际物流等领域专业化、社会化服务能力显著增强,服务水平不断提升,现代物流服务体系初步建立。

4. 物流的发展趋势

在电子商务时代,由于企业销售范围的扩大、企业的销售方式及最终消费者购买方式的转变,使得送货上门等业务成为一项极为重要的服务业务,其促进了物流行业的兴起。未来的物流业会向以下几个趋势发展。

(1) 冷链物流(图4-1)

冷链物流指冷藏冷冻类食品在生产、贮藏运输、销售,到消费前的各个环节中始终处于规定的低温环境下,以保证食品质量,减少食品损耗的一项系统工程。它是随着科学技术的进步、制冷技术的发展而建立起来的,是以冷冻工艺学为基础、以制冷技术为手段的低温物流过程;是需要特别装置,需要注意运送过程、时间掌控、运输形态、物流成本所占成本比例非常高的特殊物流形式。

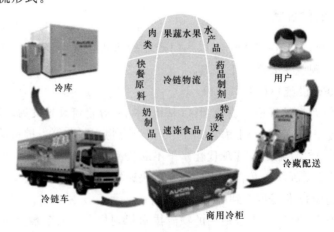

图4-1 冷链物流

(2) 敏捷物流

敏捷物流亦称敏捷供应链,多数的中国物流公司将敏捷物流称为"途途物流"。敏捷物流(途途物流)以核心物流企业为中心,运用科技手段,通过对资金流、物流、信息流的控制,将供应商、制造商、分销商、零售商及最终消费者用户整合到一个统一的、快速响应的、无缝化程度较高的功能物流网络链条之中,以形成一个极具竞争力的战略联盟。

(3) 电子物流

电子物流又称网上物流,就是基于互联网技术,旨在创造性的推动物流行业发展的新商业模式;通过互联网,物流公司能够被更大范围内的货主客户主动找到,能够在全国乃至世界范围内拓展业务;贸易公司和工厂能够更加快捷地找到性价比最适合的物流公司;网上物流致力把世界范围内最大数量的有物流需求的货主企业和提供物流服务的物流公司都吸引到一起,提供中立、诚信、自由的网上物流交易市场,帮助物流供需双方高效达成交易。已经有越来越多的客户通过网上物流交易市场找到了客户,找到了合作伙伴,找到了海外代理。电子物流是现代物流发展的必然趋势,是我国物流发展的主要方向。

(4) 绿色物流

绿色物流(图 4-2)是指在物流过程中抑制物流对环境造成危害的同时,实现对物流环境的净化,使物流资源得到最充分利用。从物流作业环节来看,包括绿色运输、绿色包装、绿色流通加工等。从物流管理过程来看,主要是从环境保护和节约资源的目标出发,改进物流体系,既要考虑正向物流环节的绿色化,又要考虑供应链上的逆向物流体系的绿色化。绿色物流的最终目标是可持续性发展,实现该目标的准则是经济利益、社会利益和环境利益的统一。

(5) 智慧物流

近年来,互联网和大数据技术推动着流通行业加速变革,随着电子商务的兴起,"智慧物流"应运而生。智慧物流是以物流互联网和物流大数据为依托,通过协同共享创新模式和人工智能先进技术,重塑产业分工,再造产业结构,转变产业发展方式的新生态。电商平台与领先物流企业纷纷积极布局智慧物流,抢占先机。在众多新兴技术中,无人机(图 4-3)、机器人与自动化、大数据等目前已相对成熟,即将商用;可穿戴设备、3D 打印、无人卡车和人工智能等技术预计在未来 10 年左右也会逐步成熟,并将广泛应用于仓储、运输、配送等各物流环节。

图 4-2 绿色物流

图 4-3 京东无人机

二、物流的分类

同一项物流活动,从不同的角度对它进行审视,可以归入不同的类型。通常,物流有以下几种分类方法。

(一) 按物流作用分类

物流按照作用可以分为供应物流、生产物流、销售物流、回收物流和废弃物物流。

1. 供应物流

供应物流是指为生产企业提供原材料、零部件或其他物品时,物品在提供者与需求者之间的实体流动,也就是物资生产者、持有者至使用者之间的物流。对于生产型企业而言,是指对于生产活动所需要的原材料、备品备件等物资的采购供应时所产生的物流活动;对于流通企业而言,是指交易活动中从买方角度出发的交易行为而发生的物流活动。

2. 生产物流

生产物流是指在生产过程中,原材料、在制品、半成品、产成品等在企业内部的实体流动。生产物流是制造产品的生产企业所特有的,它与生产流程同步,贯穿于产品生产的全过程,如果生产物流中断,生产过程也将随之停顿。

3. 销售物流

销售物流是指生产企业、流通企业在出售商品时,物品在供方与需方之间的实体流动,也就是物资的生产者或持有者到用户或消费者之间的物流。它对工厂是指卖出产品,而对于流通领域是指在交易活动中,从卖方角度出发的物流活动。

4. 回收物流

回收物流是指在商品生产和流通过程中,不合格物品的返修、退货以及周转使用的包装容器从需方返回到供方所形成的物品实体流动。回收物流的品种主要包括生产加工过程中所产生的边角余料,设备、工具报废形成的废金属,失去使用价值的辅助材料。如作为包装容器的纸箱、塑料筐、酒瓶等,建筑行业的脚手架也属于这一类物资。回收物流的品种繁多,流通渠道也不规则,且多有变化,因此管理和控制的难度较大。

5. 废弃物物流

废弃物物流是指将经济活动中失去原有使用价值的物品,根据实际需要进行收集、分类、加工、包装、搬运、储存等,并分送到专门处理场所时形成的物品实体流动。废弃物是指在生产和流通过程中产生的基本或完全失去利用价值的最终排放物,如开采矿山时产生的土石,炼钢产生的钢渣,工业废水,以及其他一些无机垃圾等,如果不妥善处理,不但没有再利用的价值,还会造成环境污染。废弃物物流没有经济效益,但具有不可忽视的社会效益。为了更好地保障生活和生产的正常秩序、更好地保护环境,研究废弃物物流是必要的。

(二)按物流活动空间范围分类

1. 国际物流

国际物流是伴随着国际间经济往来、贸易活动和其他国际交流所形成的物流活动,具体表现为不同国家(地区)之间的物流。由于近年来国际间贸易的急剧扩大,国际分工日益明显,以及世界经济逐步走向一体化,国际物流正成为现代物流系统中的重要组成部分,也是重点研究课题之一。

2. 国内物流

在同一个国家内部不同地区之间伴随经济运行和其他交流所产生的物流活动,就是国内物流。与国际物流相比,它的操作手续简单,并且具有更为统一的政策、法规及标准。

3. 区域物流

区域物流是就其地理概念而言,较国际物流的范围要小,即在某一地区范围内所进行的物流活动。由于一个经济区域内的物流处于同一法律、规章、制度之下,受相同文化和社会因素的影响,处于基本相同的科技水平和装备水平之中,因而,有其独特的区域特点。

(三)按物流系统性质分类

1. 社会物流

社会物流是指超越企业边界、以社会为范畴的物流。这种社会性很强的物流往往是由专门的物流承担人承担,其研究的范围是社会经济的大领域。当前物流科学研究的重点之一就是社会物流,因为社会物流流通网络是国民经济的命脉,流通网络的分布是否合理、渠道是否畅通对国民经济的运行有着至关重要的影响。所以必须研究如何采用先进的技术手段,进行科学管理和有效控制形成良性的社会物流体系和运行结构,形成面向社会、服务于社会、又在社会环境中运行的物流。社会物流具有一定的综合性和广泛性的特点。

2. 行业物流

同一行业中所有企业的物流总称为行业物流。同一行业中的企业是市场上的竞争对手,但是在物流领域中常常互相协作,共同促进行业物流系统的合理化。例如日本的建筑机械行业,提出行业物流系统化的具体内容有:各种运输手段的有效利用;建设共同的零部件仓库,实行共同的集中配送;建立新旧设备及零部件的共同流通中心;建立技术中心,共同培训操作人员和维修人员;统一建设机械的规格等。

3. 企业物流

企业物流是指在企业经营范围内由生产或服务活动所形成的物流系统,是具体的、微观的物流活动的典型领域。企业物流又可区分为不同典型的具体物流活动:如企业供应物流、企业生产物流、企业销售物流、企业回收物流、企业废弃物物流等。

(四) 按执行者的不同分类

1. 自营物流

自营物流是企业自身提供物流服务的业务模式。具体包括第一方物流和第二方物流两种形式。第一方物流是指生产企业或流通企业自己将产品或商品送到客户手中的物流运作,如厂方送货到商店。第二方物流是指用户企业从供应商市场购进各种物资时自己将其带回的物流运作,如批发商到工厂取货。自营物流的最大特点就是不依靠社会化的物流服务,自己完成物流运作。

2. 第三方物流

第三方物流是由供方与需方以外的物流企业提供物流服务的业务模式。第三方物流企业是专业的物流服务提供商,能够为客户提供包括物流设计规划、整体解决方案以及具体的物流业务运作等多方面的物流服务。随着社会经济的发展和社会分工的不断深化,第三方物流得到了巨大发展,日益成为重要的物流模式。

三、物流的基本特征

(一) 物流过程一体化

物流过程一体化是将系统科学的方法应用到物流领域的结果,在实施的过程中以信息控制为手段,在输入环节为供应商提供低成本的服务,在内部转化过程中将传统的垂直功能管理整合为横向管理,在输出环节为顾客提供快速优质、低货损的服务。物流一体化的一个重要表现就是供应链概念的出现。供应链把物流系统从采购开始到生产过程和货物送达服务的整个过程,看成是一条环环相扣的链条,物流管理以整个供应链为基本单位,而不再是单个的功能部门的管理。目前,大型制造业中跨国公司的经营管理在这方面表现得比较充分,其竞争不再仅仅是单个公司之间的竞争,而上升为供应链与供应链之间的竞争。

(二) 物流技术专业化

物流技术专业化表现为现代技术在物流活动中得到了广泛的应用。例如,条形码技术、EDI 技术、自动化技术、网络技术、智能化和柔性化技术等。运输、装卸搬运、仓储等也普遍采用专业化、标准化、智能化的物流设施设备。这些现代化技术和设施设备的广泛应用大大提高了物流活动的效率,扩大了物流活动的范围与领域。

(三) 物流管理信息化

物流管理信息化是整个社会信息化的必然要求。现代物流高度依赖于对大量数据及信息的采集、分析、处理和即时更新。在信息技术、网络技术高度发达的现代社会,物流信息化表现为:物流信息的商品化;物流信息收集的数据库化和代码化;物流信息处理的电子化和计算机化;物流信息传递的标准化和实时化;物流信息存储的数字化。例如,海尔公司通过采购平台,所有的供应商均可在网上接单,并通过网上查询计划与库存,及时补货,实现快速采购。货物入库后,根据看板管理2~3h送料到工位,实现快速配送,从某种意义上说,现代物流的竞争已经成为物流信息的竞争。

(四) 物流服务社会化

物流服务社会化突出表现为第三方物流与物流中心的迅猛发展。随着社会分工的深化和市场需求的日益复杂,生产经营对物流技术和物流管理的要求也越来越高。众多工商企业逐渐认识到依靠企业自身的力量不可能在每一个领域都获得竞争优势。它们更倾向于采用资源外包的方式,将本企业不擅长的物流环节交由专业物流公司,而将有限的资源集中于自己真正的优势领域。例如,在日本有160万家中小企业,其营业额占市场零售总额的58%,它们的物流业务大都委托给第三方物流企业来完成。

(五) 物流活动国际化

在产业全球化的浪潮中,跨国公司普遍采取全球战略,在全世界范围内选择原材料、零部件的来源,选择产品和服务的销售市场。因此,其物流的选择和配置也超出国界,着眼于全球大市场。大型跨国公司普遍的做法是选择一个适应全球分配的分配中心以及关键供应物的集散仓库,在获得原材料以及分配新产品时使用当地现存的物流网络,并且把这种先进的物流技术推广到新的地区市场。例如耐克公司,通过全球招标采购原材料,然后在我国台湾或东南亚生产(我国大陆地区也有生产企业),再将产品分别运送到欧洲、亚洲的几个中心仓库,然后就近销售。

四、物流的功能要素

物流系统的功能要素指的是物流系统所具有的基本能力,这些基本能力有效地组合、联结在一起,便成了物流的总功能,便能合理、有效地实现物流系统的总目的。具体包括:

(一) 运输

运输是指通过设备或工具将物品从一地向另一地运送的物流活动,其中包括集货、分配、搬运、中转、装入、卸下、分散等一系列操作。运输是物流的主要功能要素之一,具有物品转移与物品储存的功能。运输在经济上的作用是扩大了经济作用范围和在一定的经济范围内促进物价的平均化。现代化大生产的发展,社会分工越来越细,区域之间的物资交换更加频繁,促进了运输业的发展,产业的发展也同时促进了运输技术的革新和运输水平的提高。反过来说,运输手段的发达也为产业发展创造了便利条件。运输按运输设备及工具的不同,可以分为公路运输、铁路运输、航空运输、水路运输和管道运输五种运输方式。

(二) 仓储

仓储(图4-4)在物流系统中起着缓冲、调节和平衡的作用。仓储的目的是克服产品生产与消费在时间上的差异,使物资产生时间上的效果。它的内容包括储存、管理、保养、维护等活动,产品从生产领域进入消费领域之前,需要在流通领域停留一定时间,这就形成了商品储存。在生产过程中,原材料、燃料、备品备件和半成品也需要在相应的生产环节之间有一定的储备,作为生产环节之间的缓冲,以保证生产的连续进行。

图 4-4 仓储

(三) 装卸搬运

装卸搬运是指在同一地域范围内进行的、以改变物的存放状态和空间位置为主要内容和目的的活动,具体地说,包括装上、卸下、移送、拣选、分类、堆垛、入库、出库等活动。装卸搬运与运输、储存不同,运输是解决物品空间矛盾的,储存是解决时间矛盾的,装卸搬运没有改变物品的时间或空间价值,因此往往不会引起人们的重视。可是一旦忽略了装卸搬运,生产和流通领域则会发生混乱。在实际操作中,装卸与搬运活动(图 4-5)是密不可分的,是伴随在一起的。因此在物流科学中并不强调两者之间的差别,而是常常把它们作为一种活动来看待。

图 4-5 装卸搬运

(四) 包装

包装是物流系统的构成要素之一,在运输、装卸搬运、配送和仓储等环节均可发生。包装是指为在流通过程中保护产品,方便储运,促进销售,按一定技术方法而采用的容器、材料和辅助材料的总体名称。包装也包括为了达到上述目的而进行的操作活动。具体来讲,包装包含了以下两方面的含义：一是静态的含义，指能合理容纳商品，抵抗外力，保护商品，促进商品销售的物体，如包装容器等；二是动态的含义。指包裹、捆扎商品的工艺操作过程。

（五）流通加工

流通加工（图4-6）是商品流通过程中的一种特殊形式，也是物流中的重要利润源。流通加工是指物品在从生产地到使用地的过程中，根据需要施加包装、分割、计量、分拣、刷标志、拴标签、组装等简单作业的总称。企业、物资部门、商业部门为了弥补生产过程中加工的不足，更有效地满足用户或本企业的需求，更好地衔接生产与消费，经常需要借助这种流通加工活动。流通加工是调节大生产"少品种、大批量、专业化"特点与用户需求"多品种、小批量、个性化"特点之间矛盾的有效手段。

（六）配送

配送是在经济合理区域范围内，根据客户要求，对物品进行拣选、加工、包装、分割、组配等作业，并按时送达指定地点的物流活动。配送是物流中一种特殊的、综合的活动形式，是商流与物流的紧密结合，包含了物流中若干功能要素的一种物流活动。

从物流来讲，配送几乎包括了所有的物流功能要素，是物流的一个缩影或在某个小范围中物流全部活动的体现。一般的配送集装卸、包装、保管、运输于一身，通过这一系列活动完成将货物送达的目的。特殊的配送还要以加工活动为支撑，所以包含的面更广。

（七）物流信息

物流信息（图4-7）是反映各种物流活动内容的知识、资料、图像、数据和文件的总称。包括进货信息、库存信息和运输信息等。物流信息是在物流活动中产生及使用的信息，是物流活动在内容、形式、过程以及发展变化上的反映。物流与信息关系非常密切，物流从一般活动成为系统活动有赖于信息的作用，如果没有信息，物流则是一个单向的活动。只有靠信息的反馈作用，物流才能成为一个有反馈作用的，包括输入、转换、输出和反馈四大要素的现代系统。

图4-6　流通加工

图4-7　物流信息

【综合实训】

【案例】日本大和公司独创的物流服务

大和运输公司是日本最大的从事商品运输、配送的专业公司,创立于1991年。现有资金1 095亿日元,营业所2 311处,国内分公司27家及海外分公司15家。在大和运输公司的整个业务体系中,它的B2B零部件运送体系,是大和运输公司采用宅急便(即宅急送)、航空运输、摩托车运输、船运、集中运输等最佳运输手段,对应日本全国各地市场的外部委托业务。

提出问题:

1. 从大和运输公司的案例看,大和运输公司选用最佳运输方式,会用到哪些运输方式?除了这些运输方式,还有哪些运输方式?

2. 各种运输设施设备具有什么优缺点?

学习任务2 电子商务与物流

一、电子商务与物流的关系

物流是电子商务的重要组成部分,是电子商务得以顺利进行的关键。电子商务对物流的影响给物流企业带来巨大的革命,同时电子商务也提高了对物流的要求,两者相互影响、相互促进、相互制约。现代电子商务发展很快,物流作为其中的基本组成元素与电子商务的发展有着相辅相成的关系。

(一)物流对电子商务的影响

1. 物流是电子商务的重要组成部分

电子商务概念模型是对现实世界中电子商务活动的一般抽象描述,它由电子商务实体、电子市场、交易事务和信息流、商流、资金流、物流等基本要素构成。电子商务的本质是商务,商务的核心是商品交易。电子商务由网上信息传递、网上交易、网上支付、物流配送组成。

"四流"(信息流、商流、资金流、物流)是互为依存的前提条件,又是互为依存的基础。电子商务活动中的资金流、信息流和商流都可以实现完全在数据通信网络上流转,唯独物流作为电子商务的特殊组成部分,其运输、储存、配送、装卸等众多活动目前还不能完全通过网络完成周转,仍需借助相关的物理、机械工具和传统渠道。因此,物流作为一个特殊而重要的环节直接影响着电子商务活动的效率和效果。

2. 物流是电子商务的保证

"成也物流,败也物流"最好地说明了电子商务与物流的关系。控制物流就可以控制市场,这是很多以市场为主体的企业的生存之道,所以物流市场的争夺是必不可少的。

(1) 物流保障生产的顺利进行

无论在传统的贸易方式下,还是在电子商务下,生产都是商品流通之本。生产的全过程从原材料的采购开始,便要求有相应的供应链物流活动,将所采购的材料运送到位,否则,生产难以进行。在生产的各个流程之间,需要原材料,半成品的物流过程,即所谓的生产物流;对部分余料或可回收利用的物资进行回收则需要回收物流;对废弃物的处理需要废弃物流。可见,整个生产过程实际上包含了系列化的物流活动。合理化、现代化的物流,能通过降低费用从而降低成本、优化库存结构、减少资金占压、缩短生产周期,保障了现代化生产的高效运行。相反,缺少了现代化的物流,生产将难以顺利进行,无论电子商务是多么便捷的贸易形式,仍将是无米之炊。

(2) 物流服务于商流

在电子商务条件下,消费者完成了网上购物即商品所有权的交易过程,这个过程就称为商流过程。而电子商务活动并没有结束,它的结束标志为商品和服务真正地转移到消费者手中,而这个过程是要靠现代物流来完成的。

(3) 物流是实现"以顾客为中心"理念的根本保证

电子商务的出现,在最大程度上方便了最终消费者。他们不必到拥挤的商业街挑选自己所需的商品,而只要坐在家里上网挑选,就可以完成购物活动。但试想,他们所购商品迟迟不能到货,或商家送货非自己所购,那消费者还会上网购物吗?物流的周到服务保障了货物的准时送达,将正确的货物送到正确的消费者手中,这样才能真正地使消费者享受到快捷满意的服务,从而更好地留住老顾客吸引新顾客。现代物流保障了电子商务购物的方便快捷,吸引了更多的顾客以电子商务方式购物,从而促进了电子商务的发展。

物流在电子商务中具有不可替代的重要地位,它的成功与否直接关系到电子商务的成败,它的实施与运作效率将直接影响网络所带来的经济价值。

(二) 电子商务对物流的影响

电子商务改变了人们传统的物流观念

电子商务作为一个新兴的商务活动,它为物流创造了一个虚拟性的运动空间。在电子商务的状态下,人们在进行物流活动时,物流的各种职能及功能可以通过虚拟化的方式表现出来,在这种虚拟化的过程中,人们可以通过各种组合方式,寻求物流的合理化,使商品实体在实际的运动过程中,达到效率最高、费用最省、距离最短、时间最少的功能。

(三) 电子商务改变了物流的运作方式

1. 电子商务使物流实现网络的实时控制

传统的物流活动在其运作过程中,不管是以生产为中心,还是以成本或利润为中心,其实质都是以商流为中心,从属于商流活动,因而物流的运作方式是紧紧伴随着商流来运动。而在电子商务环境下,物流的运作是以信息为中心的,信息不仅决定了物流的运动方向,而且也决定着物流的运作方式。在实际运作过程中,通过网络上的信息传递,可以有效地实现对物流的控制,实现物流的合理化。

2. 网络对物流的实时控制是以整体物流来进行的

在传统的物流活动中,虽然也有依据计算机对物流实时控制,但这种控制都是以单个的运作方式来进行的。比如,在实施计算机管理的物流中心或仓储企业中,所实施的计算机管理信息系统,大都是以企业自身为中心来管理物流的。而在电子商务时代,网络全球化的特点,可使物流在全球范围内实施整体的实时控制。

3. 电子商务改变了物流企业的经营形态

在电子商务环境下,消费者在网上的虚拟商店里购物,并在网上支付,送货的功能则由物流公司承担。也就是说,现实的商店没有了,银行没有了,而物流公司非但不能省,反而任务加重了。物流公司不仅将虚拟商店的货物送到消费者手里,还要从各生产企业及时进货,存放到物流仓库中。物流公司既是生产企业的仓库,又是用户的实物供应者。此外,电子商务要求物流以社会的角度来实行系统的组织和管理,以打破传统物流分散的状态。这就要求企业在组织物流的过程中,不仅要考虑本企业的物流组织和管理,而且更重要的是要考虑全社会的整体系统。同时,在电子商务时代,物流企业之间也存在激烈的竞争,这就要求物流企业应相互联合起来,形成一种协同竞争的状态,以实现物流高效化、专业化、合理化、系统化。

(四)电子商务促进了物流基础设施的改善和物流技术与管理水平的提高

(1)电子商务促进物流基础设施的改善。电子商务高效率和全球性的特点,要求物流也必须达到这一目标。而物流要达到这一目标,良好的交通运输网络、通信网络等基础设施则是最基本的保证。

(2)电子商务促进物流技术的进步。物流技术主要包括物流硬技术和软技术。物流硬技术是指在组织物流过程中所需的各种材料、机械和设施等;物流软技术是指组织高效率的物流所需的计划、管理、评价等方面的技术和管理方法。从物流环节来考察,物流技术包括运输技术、保管技术、装卸技术、包装技术等。物流技术水平的高低是实现物流效率高低的一个重要因素,要建立一个适应电子商务运作的高效率的物流系统,加快提高物流的技术水平则有着重要的作用。

(3)电子商务促进物流管理水平的提高。物流管理水平的高低直接决定和影响着物流效率的高低,也影响着电子商务高效率优势的实现问题。只有提高物流的管理水平,建立科学合理的管理制度,将科学的管理手段和方法应用于物流管理当中,才能确保物流的畅通进行,实现物流的合理化和高效化,促进电子商务的发展。

(五)电子商务对物流人才提出了更高的要求

电子商务不仅要求物流管理人员既具有较高的物流管理水平,还要具有较高的电子商务知识,并在实际的运作过程中,能有效地将两者有机地结合在一起。电子商务物流人才是一种复合型的高级人才。这种人才既懂电子商务,又懂物流;既懂技术,又懂管理。因此,电子商务企业一方面要引进电子商务物流人才;另一方面,也可以把有潜力的人才送出去学习。

二、电子商务环境下的物流模式

随着互联网不断地深入到人们的生活当中,越来越多的人倾向于在网上购物,网购量和网络成交额也逐年攀升。对于电子商务企业而言,到底应该选择自营物流、第三方物流,还是选择物流联盟的模式变得越加重要。

(一) 自营物流

1. 自营物流的含义

所谓自营物流,即企业自身投资建设物流的运输工具、储存仓库等基础设施硬件,经营管理企业的整个物流运作过程。我国传统物流基本上都是以自营物流为主,不过,近年来,发展迅速的第三方物流,已经成为现代物流的重要发展趋势。但是,无论是自营物流,还是第三方物流,都各有特点,都是现代物流的重要组成部分。

目前采取自营物流的电子商务企业主要有两类。

第一类为传统的大型制造企业或批发企业经营的电子商务网站。由于其自身在长期的传统商务中已经建立起初具规模营销网络和物流配送体系,在开展电子商务时只需将其加以改进、完善,就可以满足电子商务条件下物流配送系统的要求。如上海梅林正广和,依托原传统商务模式下完善的送水网络,通过85818网站开展B2C电子商务,实现了上海市24小时全天候无盲区配送服务。

第二类是资金实力雄厚且业务规模较大的电子商务公司。电子商务在我国兴起的时候,国内第三方物流的服务水平远不能满足当时电子商务公司的要求,而这些公司手中持有大量的外国风险投资资金,为了抢占市场的制高点,不惜动用大量资金,在一定的区域甚至在全国范围内建立自己的物流配送系统。例如,2010年京东投资2 000万元成立了物流公司,2011年在上海嘉定购买了260亩土地打造亚洲最大的现代化物流中心。关于如何在提高配送时效和控制配送成本之间寻求一个平衡点的问题,始终困扰着所有电子商务公司。

自营物流体系的核心是建立集物流、商流、信息流于一体的现代化新型物流配送中心,而电子商务企业在自建物流配送中心时,应广泛地利用条形码技术(Barcode)、数据库技术(Database)、电子订货系统(EOS)、电子数据交换(EDI)、快速反应(QR)以及有效的客户反应(ECR)等信息技术和先进的自动化设施,以使物流中心能够满足电子商务对物流配送提出的各种新要求。

2. 自营物流的优劣势分析

(1) 优势分析

综合来看,与第三方物流相较而言,自营物流具有以下两个方面的优势。

电商基础

图 4-8　京东商城

1）反应快速、灵活

与第三方物流相比，自营物流由于整个物流体系属于企业内部的一个组成部分，与企业经营部门关系密切，以服务于本企业的生产经营为主要目标，能够更好地满足企业在物流业务上的时间、空间要求，特别是要求物流配送较频繁的企业，自营物流能更快速、灵活地满足企业要求。

2）企业拥有对物流系统运作过程的有效控制权

在自营物流的情况下，企业可以通过内部行政权力控制自营物流运作的各个环节，对供应链较强的控制能力容易与其他业务环节密切配合，可以使企业的供应链更好地保持协调、稳定，提高物流运作效率。

（2）劣势分析

1）一次性投资大、成本高

虽然自营物流具有自身的优势，但是由于物流体系涉及运输、仓储、包装等多个环节，建立物流系统的一次性投资较大，占用资金较多，对于资金有限的企业来说，物流系统建设投资是一个很大的负担。又由于企业自营物流一般只服务于自身，依据企业自身物流量的大小而建立。而单个企业物流量一般较小，企业物流系统的规模也较小，这就导致物流成本较高。如 e 国网自建物流体系，推行的"e 国一小时"物流计划曾使其一度处于亏损的境地，运营的前 6 个月共亏损 1 000 万元。

2）需要较强的物流管理能力

自营物流的运营，需要企业工作人员具有专业化的物流管理能力，否则仅有好的硬件，也是无法高效运营的。目前我国的物流人才培养严重滞后，导致了我国物流人才的严重短缺，企业内部从事物流管理人员的综合素质也不高，面对复杂多样的物流问题，经常是凭借经验或者说是主观的考虑来解决，成为了企业自营物流一个亟待解决的问题。

一些企业通过自营物流系统，既服务于本企业，又为其他企业提供物流服务，实质上是一种业务上的多元化，其物流系统的性质已发生了一定的变化，与自营物流的本来定义已经不同了。

（二）第三方物流

1. 第三方物流概述

第三方物流（Third-Party Logistics，3PL 或 TPL）是由相对"第一方"发货人和"第二方"收货人而言的第三方专业企业来承担企业物流活动的一种物流形态。中华人民共和国国家标准 GB/T 18354—2006《物流术语》中，第三方物流定义为"独立于供需双方为客户提供专项或全面的物流系统设计或系统运营的物流服务模式"。由于 3PL 是以签订合同的方式，在一定期限内将部分或全部物流委托给专业物流企业来完成，因此又称为合同物流或契约物流、外包物流。

将物流外包给第三方物流公司是跨国公司管理物流的通行做法。按照供应链的理论，将不是自己核心业务外包给从事该业务的专业公司来做，这样从原材料供应到生产，再到产品的销售各个环节的各种职能，都在由某一领域具有专长或核心竞争力的专业公司互相协调或配合来完成，这样所形成的供应链具有最大的竞争力。因此，戴尔将物流外包给联邦快递；亚马逊对于美国市场以外的业务也外包给 UPS 等专业物流公司。中国国内如当当网的配送业务都委托给了第三方，当当网的模式集中于后台物流管理，力求满足顾客的需求；淘宝网的商户也都使用第三方，可以自由选择物流服务商，既可以使用推荐物流，也可以自由寻找其他物流服务商。

图 4-9　淘宝网

2. 第三方物流的优劣势分析

（1）优势分析

在当今竞争日趋白热化和社会分工日益细化的大背景下，第三方物流具有明显的优势，具体表现在以下几个方面。

1）企业集中精力于核心业务

由于任何企业的资源都是有限的，很难成为业务上面面俱到的专家，为此，企业应把自己的主要资源集中于自己擅长的主要业务,而把物流等辅助功能留给物流公司。这可以使企业集中资源,培育其核心能力,大力发展核心主要业务,把主要业务做大、做强,走集约化的道路。

2) 降低运营成本

将物流外包给第三方物流公司,会降低经营成本,这主要是通过以下两个方面来实现的。

一是减少了固定资产的投资,加速资金周转。企业自营物流需要投入大量的资金购买物流设备,建设仓库和信息网络等专业物流设备。这些资源对于资金短缺的企业特别是中小企业是个沉重的负担。而如果使用第三方物流公司不仅减少了设施的投资,还解放了仓库和车队方面的资金占用,加速了资金周转。

二是发挥规模优势、专业化优势、信息化优势,降低库存与成本。第三方物流对物流系统的精心设计与计划,可以最大限度地减少库存,发送企业的现金流量,实现成本优势;第三方物流大多是对客户运作,所形成的规模优势将大大提高资源设备的利用率,提高专业化水平和工作效率,降低成本;第三方物流所具备的高水平专业化的技术能力及完善强大的信息服务优势会大大提高物流管理效率,从而降低物流成本。

3) 提供灵活多样的顾客服务,为顾客创造更多的价值

专业化的第三方物流企业会利用其健全的物流网络、先进的物流设施和专业的运作能力给顾客提供更灵活多样的高品质服务,创造更高的顾客让渡价值。

(2) 劣势分析

当然,与自营物流相比较,第三方物流在为企业提供上述便利的同时,也会给企业带来诸多不利。主要有以下两个方面。

1) 企业不能直接控制物流职能

企业将物流业务外包给第三方物流企业时,就意味着不能像自营物流那样可以对物流各环节的活动进行自如的控制,物流的服务质量与效率不一定得到完全的控制与保证;在供应链中,由于过分依赖供应链伙伴,容易受制于人,处于被动地位,供应链的控制能力差。此时,外包企业对第三方物流企业的依赖相对更强一点,因为,物流的服务质量与效率决定于第三方物流企业,对企业的正常生产经营活动会产生严重影响,物流公司往往利用这种有利的地位欺诈对方,在必要时会提高价格,并转向那些能满足他们利益的客户,产生种种机会主义行为;如不按合同规定的时间配送、装卸搬运过程中故意要挟等。

2) 遇到大型节假日及特殊日子,不能有效满足客户需求

对于一些大型节假日如春节,或者某些特殊日子,第三方物流企业会有放假安排或者人手不够的情况出现,只能造成物流速度的减缓,快递可能堆在仓库数天都还没有发出;顾客的投诉也随之上升,整个服务的质量就下降了。

另外,外包物流不能保证顾客服务的质量和维护与顾客的长期关系,同时也意味着外包放弃了物流专业技术的开发,还可能造成第三方物流企业通过与顾客的直接接触提升了在顾客心目中的整体形象,从而取代了外包方的地位等。

(三) 物流联盟

1. 物流联盟概述

物流联盟是介于独立的企业与市场交易关系之间的一种组织形态,是企业间由于自身

某些方面发展的需要而形成的相对稳定的、长期的契约关系。

物流联盟是以物流为合作基础的企业战略联盟,它是指两个或多个企业之间,为了实现自己物流战略目标,通过各种协议、契约而结成的优势互补、风险共担、利益共享的松散型网络组织。

在现代物流中,是否组建物流联盟,作为企业物流战略的决策之一,其重要性是不言而喻的。在我国,物流水平还处于初级阶段,组建联盟便显得尤为重要。

2. 物流联盟的组建方式

企业间物流联盟主要有以下几种组建方式。

(1) 纵向一体化物流联盟

该方式是指上游企业和下游企业发挥各自的核心能力,发展良好的合作关系,从原材料采购到产品销售的全过程实施一体化合作,形成物流战略联盟。

(2) 横向一体化物流联盟

该方式是由处于平行位置的几个物流企业结成联盟。目前,国内真正能提供物流全方位服务的大型物流企业尚不存在,因此,横向一体化物流联盟能够弥补现有物流市场条块分割的现状。

(3) 混合模式

该方式是以一家物流企业为核心,联合一家或几家处于平行位置的物流企业和处于上下游位置的中小物流企业加盟组成。这些物流企业通过签订联盟契约,共同采购,共同配送,构筑物流市场,形成相互信任、共担风险、共享收益的集约化物流伙伴关系。物流联盟在国外的发展不过六七年而已,在国内出现时间更短,目前尽管国内外的物流联盟在组织构成上存在着显著的不同,但却都显示出了强大的生命力。从国内外物流联盟形成特点及其运作方式来看,它是物流企业间为实现运作效率的提高而在职能分工的基础上进行优势互补的一种融合,是一种基于各自不同的核心竞争力的物流资源整合。

(4) 以项目为管理联盟模式

利用项目为中心,由各个物流企业进行合作,形成一个联盟。

(5) 基于 web 的动态联盟

由于市场经济条件下的激烈的竞争,为了占据市场的领导地位,供应链应成为一个动态的网络结构,以适应市场变化、柔性、速度、革新、知识的需要,不能适应供应链需求的企业将从中淘汰,并从外部选择优秀的企业进入供应链。

3. 物流联盟优劣势分析

(1) 优势分析

① 从建立物流联盟安排的角度看,物流联盟的建立最明显的效果就是在物流合作伙伴之间减少了相关交易费用。由于物流合作伙伴之间经常沟通与合作,可使得搜寻交易对象信息方面的费用大为降低;提供个性化的物流服务建立起来的相互信任与承诺,可减少各种履约的风险;物流契约一般签约时间较长,可通过协商来减少在服务过程中产生的冲突。

② 从构建物流联盟的过程看,联盟企业可以寻找合适的合作伙伴,能够有效地维持物流联盟的稳定性。双方出于自身的利益选择有效的长期合作是最优策略,进而双方可以充

分依靠建立联盟机制协调形成的内部环境,减少交易的不确定性和交易频率,降低交易费用,实现共同利益最大化。

③ 从建立物流联盟的绩效看,一个稳定、长期的合作会激励双方把共同的利润做大,获得稳定的利润率。从物流发展的角度看,物流联盟是企业与专业物流服务商建立的一种现代物流合作形式。在物流联盟中,随着物流组织的发展,供应链中的联系会进一步加深,同时,也会通过协作加深用户的物流需求,双方开展持续、诚信的合作,可以相互学到对方的优点如技术优势、丰富的经验等。

(2) 劣势分析

物流联盟虽然有以上优势,但同样有自身的劣势存在,主要劣势如下。

1) 人员储备不足

由于物流是一个囊括了采购、仓储、运输、包装、国际贸易、计算机等方方面面功能的管理性工作,高级物流人才不但要懂得物流专业知识,还要对所在岗位所涉及的其他专业技能有深刻的运用才能较好地胜任物流工作。在物流联盟公司里所缺的人才主要是专门的管理人才,管理所有联盟公司的物流活动。

2) 制度不规范

不够规范化的制度,管理制度对企业的作用和意义而言是毋庸置疑的,成功的企业在企业管理制度实施方面具有共同的特点,那就是编制管理程序和执行实施程序都规范化,但目前国内企业管理制度建设普遍欠缺系统性和规范性。

薪酬制度不合理,在联盟物流公司薪酬制度不合理主要是体现在公司高管的工资管理上,在联盟物流公司高管参加管理工作,但并不发放工资,而是按股份分发红利,这样就在一定的程度上打击了高管的积极性从而影响他们的工作。物流资源的利用不合理,不充分,企业内部物流资源的充分利用与否,对存货的经济采购量、仓储量和存货的仓储成本有着直接的影响。

【综合实训】

【案例】淘宝网"推荐物流"策略

身为电子商务企业的淘宝网,虽然没有自己的物流体系,但淘宝也探索自己的物流模式——推荐物流,即淘宝与物流公司签约,签约的物流公司进入淘宝的推荐物流企业行列,这些物流企业便可直接通过与淘宝对接的信息平台上接受其用户的订单。

使用"推荐物流"加强了淘宝对物流的控制力,可以对相应物流供应的配送进行监督,也可以向用户提供更好的服务和更优惠的价格。而且一旦出现差错,淘宝接到投诉后,便会监督物流公司和理赔情况,这样也会降低淘宝索赔难度。进入淘宝"推荐物流"的企业,也必须和淘宝签订相关协议,约定服务价格、内容和方式,以及非常优惠的赔偿条款,并规定由淘宝监控和督促物流公司对于投诉和索赔的处理。

同时,淘宝与推荐物流公司之间的信息平台对接已初步完成。用户在淘宝网上达成交易后,如果使用"推荐物流",便可以直接在线发送订单,经确认后,物流公司就会上门取货,而且买家和卖家还可以随时跟踪订单。

提出问题:淘宝的物流模式有何特点?

学习任务 3　常用物流信息技术

学习活动 1　条码技术

　　物流信息技术是 IT 技术在物流各环节中的应用,使企业能够把其应用在订单处理、库存控制、仓储运输等这些日常经营活动上,提高了物流管理的效率及物流部门成员之间的沟通,增加了原材料到成品直至最终顾客的整条通道的可见度,有效地保证了货畅其流的实现。常用的物流信息技术包括条码技术、POS 技术、RFID 技术和 GPS/GIS 技术。

一、条码技术简介

(一) 条码的含义

　　条形码简称条码,条码是由一组规则排列的条、空及其对应字符组成的标记,用以表示一定的信息。"条"指对光线反射率较低的部分,"空"指对光线反射率较高的部分。

　　若将条码定位、印刷在不同的商品或包装上,通过光电扫描输入计算机,便能在数秒内得知不同商品的产地、制造厂商、产品属性、生产日期、价格等一系列信息。同时,条码对提高商品的档次、打开销路、促进销售起着重要的作用。目前,条码已经成为产品流通和销售的"通行证"。

　　随着零售业和消费市场的飞速扩大和发展,也促进了中国条码标签业务的增长。因为越来越多的地方需要用到标签和条码。其实早在 20 世纪 70 年代,条码已经在全球零售业得到了小范围的应用,而现如今,条码依然在全球范围发挥着至关重要的作用,每天需要运用到条码扫描的次数已经超过 1 亿次,其应用范围也涉及各个领域和行业。

　　比如在物流业,物流中的货物分类、库位的分配、库位的查询、进出库信息、产品查询等,如果是用人力去做这些事,不仅浪费时间、人力、物力、财力等,还常常伴随着非常大的出错率,给大多数商家乃至整个物流业的自身发展都带来了颇多的困扰,所以可以说,没有条码的物流过程将会是多么的杂乱无章,其后果往往不堪设想。而条码对物流业的优势也是显而易见的,既能精确管理,又实用,对于大部分的现代化仓库管理的需求都能满足。操作方便简单,维护亦不需费心,仓库的管理员经过简单的培训都能快速上岗进行操作。而且还能大大减少居高不下的人为出错率。把种类烦琐的工作瞬间简化,查询货物的时候特别方便,不需再耗费很多的人力去翻查种类繁多的进出货单据,只需在计算机上轻轻一扫,所需的货物型号、经销商、进出货日期、经办人等具体详细资料都即可显示出来,并且可以打印出来。而且这部分数据还可以备份,不会因为死机或者计算机中病毒而担心数据的丢失。

(二)条码技术的含义

条形码技术是现代物流系统中非常重要的大量、快速采集信息的高科技信息技术,能适应物流大批量和高速度的要求,有效提高物流作业的效率。条形码技术包括条形码的编码技术、条形符号设计技术、快速识别技术和计算机管理技术,是实现计算机管理和电子数据交换必不可少的重要技术手段。

由于不同颜色的物体,其反射的可见光的波长不同,白色物体能反射各种波长的可见光,黑色物体则吸收各种波长的可见光,所以当条码扫描器光源发出的光束照在条码上时,光电检测器根据光束从条形码上反射回来的光强度作为回应。

当扫描光点扫到白纸面上或处于两条黑线之间的空白处时,反射光强,检测器输出大电流;当扫描至黑线条中时,反射光弱,检测器输出小电流。根据白条、黑条的宽度不同,相应的电信号持续时间长短也不同,随着条码明暗的变化转变为大小不同的电流信号。

译码器将整形电路的脉冲数字信号译成数字、字符信息。这样便得到了被识读的条码符号的条和空的数目及相应的宽度和所用码制。根据码制所对应的编码规则,便可将条形符号转换成相应的数字、字符信息,通过接口电路送给计算机系统进行数据处理与管理,便完成了条码识读的全过程。

(三)条码的类型

目前,国际广泛使用的条形码种类有 EAN、UPC 码(商品条码,用于在世界范围内唯一标识的一种商品。我们在超市中最常见的就是这种条码)、Code39 码、ITF25 码(在物流管理中应用较多)、Codebar 码(多用于医疗、图书领域)、Code93 码、Code128 码等。其中,EAN 码是当今世界上广为使用的一维条码,已成为电子数据交换的基础。而二维条码现在使用范围也越来越广,也成为一种新型的潮流。

1. 按组成的方式分类

(1) 一维条码

一维条码(图 4-10)自问世来,很快得到了普及和广泛应用。目前市面上的条码大多是一维条码,结构比较简单,但是一维条码的信息容量很小,如商品上的一维条码仅能容纳 13 位阿拉伯数字,更多描述商品的信息只能依赖数据库的支持,离开了预先建立的数据库,这种条码就变成了无源之水,因而一维条码的应用范围受到了一定的限制。

图 4-10 一维条码

常用的一维条码有 EAN 码(欧洲物品编码)、UPC 码(通用产品编码)、39 码和库德巴码等。

1) 39 码

39 码(图 4-11)是在 1975 年被研制出的一种码制。它双向可读、非定长、非连续、具有自校验功能,其字符集包括数字 0~9、26 个英文字母及一些特殊字符等。由于误读率较低,39 码首先应用于美国国防部。目前其已广泛应用于物流、汽车、医疗卫生、图书信息、工业生产、经济管理等多个领域。

图 4-11　39 码

2) 库德巴码

库德巴码(图 4-12)在 1972 年被研制出来,广泛应用于医疗卫生、图书馆及邮政快递。它是双向可读、非定长、具有自校验功能的非连续型条码,它的字符集包括数字 0~9、4 个英文字母(ABCD)及一些特殊字符。其中 A、B、C、D 只用作起始符和终止符。

图 4-12　库德巴码

(2) 二维条码

美国 SYMBOL 公司于 1991 年正式推出名为 PDF417 的二维条码(图 4-13),简称 PDF417 条码,即"便携式数据文件"。

常用的二维条码有 PDF417 码、Code49 码、Code16K 码、Data Matrix 码、Maxi Code 码等。

1) PDF417 码

PDF417 码(图 4-14)是行排式二维条码,是目前应用最为广泛的二维条码,主要应用于身份识别、货运代理及珠宝玉石管理。这是一种非定长、高容量、高纠错性能的二维条码。

图 4-13　二维条码

图 4-14　PDF417 码

2) Code49 码

Code49 码是一种多层、连续型、非定长的行排式二维条码,它的符号中层与层之间由一个层分隔条分开,每层包含一个层标识符。

(3) 复合码

复合码(图 4-15)是由一维条形码与二维条形码叠加在一起而构成的一种新的码制,能够在读取商品的单品识别信息时,获取更多的描述商品物流特征的信息。

如下图这个复合码,就表示"有效日期:2001 年 6 月 15 日、批号:A123456"这个信息。

图 4-15　复合码

2. 按使用目的不同分类

(1) 商品条码

商品条码是由国际物品编码协会(EAN)和统一代码委员会(UCC)制定的,用于在世界范围内唯一表示商品标识代码的条形码。它以直接向消费者销售的商品为对象,以单个商品为单位使用。商品条形码主要包括 EAN 商品条形码和 UPC 商品条形码。

1) EAN 码

EAN 码是国际物品编码协会制定的一种商品用条码,通用于全世界。EAN 码有两种版本——标准版和缩短版。

EAN-13 条码既可用于销售包装,又可用于储运包装。这种条码由 13 位数字的字符代码组成,也称 EAN 标准版条码,其结构如图 4-16 所示。

图 4-16 EAN-13 码

前缀码由 2～3 位数字组成,EAN 已将"690"～"695"分配给中国物品编码中心使用,"978"是图书的前缀码,"977"是期刊的前缀码。厂商识别代码由 7～9 位数字组成,由中国物品编码中心负责分配和管理。商品项目代码由 3～5 位数字组成,由厂商负责编制。EAN 的结构种类有三种,如表 4-1 所示。

表 4-1 EAN 的三种结构

结构	厂商识别代码	商品项目代码	校验
结构一	$X_{13}X_{12}X_{11}X_{10}X_9X_8X_7$	$X_6X_5X_4X_3X_2$	X_1
结构二	$X_{13}X_{12}X_{11}X_{10}X_9X_8X_7X_6$	$X_5X_4X_3X_2$	X_1
结构三	$X_{13}X_{12}X_{11}X_{10}X_9X_8X_7X_6X_5$	$X_4X_3X_2$	X_1

EAN-8 条码只用于商品销售包装。当商品包装上没有足够的面积印刷标准版条码时,可将商品编成 8 位数字代码。这种条码也称为缩短版条码,其结构如图 4-17 所示。

图 4-17 EAN-8 码

2) UPC 码

UPC-A 条码左侧 6 个条码字符均由 A 子集的条码字符组成,右侧数据符及校验符均由 C 子集的条码字符组成,如图 4-18 所示。

图 4-18 UPC-A 码

UPC-E 条码它仅直接表示 6 个数据字符,条码符号本身没有中间分隔符,终止符也与 UPC-A 不同,如图 4-19 所示。

图 4-19 UPC-E 码

(2) 物流条码

物流条码是由国际物品编码协会(EAN)和统一代码委员会(UCC)规定的,用于货运单元唯一识别的条形码。它是物流过程中以商品为对象、以包装商品为单位使用的条形码。国际上常见的物流条码有 EAN-13 码、ITF-14 条形码、UCC/EAN-128 条形码、交叉二五条形码和库德巴码等。

1) ITF-14 条形码

ITF 条码是一种连续型、定长、具有自校验功能,并且条、空都表示信息的双向条码。ITF-14 条码的条码字符集、条码字符的组成与交叉二五码相同。它由矩形保护框、左侧空白区、条码字符、右侧空白区组成,ITF-14 条码用于标识非零售的商品。ITF-14 条码对印刷精度要求不高,比较适合直接印制(热转换或喷墨)于表面不够光滑、受力后尺寸易变形的包装材料,如瓦楞纸或纤维板上。

学习单元四 物流基础

图 4-20 ITF-14 码

2）EAN-128 条形码

在物流配送过程中，如果需要将生产日期、重量、体积、尺寸、送达地址等重要信息条码化，以便扫描输入，就要使用贸易单元 128 条码（EAN-128）。它是物流条码实施的关键，其样式如图 4-21 所示。

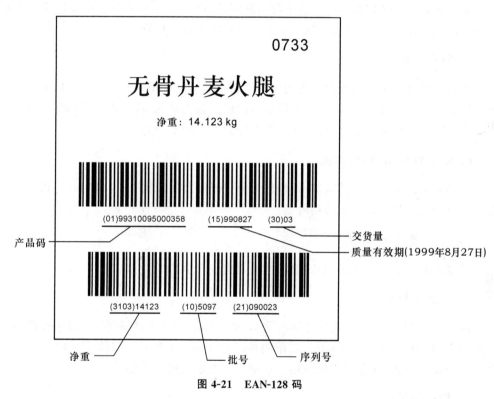

图 4-21 EAN-128 码

二、条码技术的特点

（一）一维码的特点

1. 信息采集速度快

一个打字员每分钟打 90 个字符，相当于在 8 s 内即可输入 12 个字符，而使用条码扫描录入的方式则只需要 0.3 s。条码技术在扫描识读环境及人员操作技能方面没有很高要求，从而保证了采集的高速化。

2. 可靠性高

键盘输入数据，误码率为三百分之一，而利用光学字符识别技术，误码率约为万分之一。采用条码扫描录入方式，误码率仅为百万分之一，且通过一次扫描即可正确录入的比例在98%以上。

3. 采集信息量大

利用条码扫描识读，一次可以采集录入几十位字符的信息，而且可以根据需要选择不同码制的条码来增加字符密度，使录入的信息量成倍增加。

4. 灵活实用

条码标识既可以作为一种识别手段单独使用，也可以与有关识别设备组成一个系统实现自动化识别，还可以与其他控制设备连接起来实现自动化管理。

5. 自由度大

识别装置与条码标签相对位置的自由度要比光学字符识别大得多。条码通常只在一维方向上表示信息，而同一条码符号上所表示的信息是连续的，这样即使是标签上的条码符号在条的方向上有部分残缺，仍可以从正常部分识读正确的信息。

6. 设备结构简单、成本低

条码符号识别设备的结构简单，操作容易，无须专门训练。与其他自动化识别技术相比较，推广应用条码技术，所需费用较低。

（二）二维码的特点

二维码除了具有一维码的特点以外，还具有一些其他的特点。

1. 信息容量大

根据不同的条空比例，每平方英寸可以容纳250～1 100个字符，在国际标准的证卡有效面积上（约为76 mm×25 mm），二维码可以容纳1 848个字母字符或2 729个数字字符，约500个汉字信息，这种二维码的信息容量比普通条码高几十倍。

2. 编码范围广

二维码可以将照片、指纹、掌纹、签字、声音、文字等可数字化的信息进行编码。

3. 保密、防伪性能好

二维码具有多重防伪特性，它可以采用密码防伪、软件加密及利用所包含的信息进行防伪，因此具有较强的保密防伪性能。

4. 修正错误能力强

二维码采用了世界上最先进的数字纠错理论，如果破损面积不超过15%，条码由于沾污、破损等原因所丢失的信息也可以照常被破译出来。

5. 条码符号的形状可变

同样的信息量,二维码的形状可以根据载体面积及美工设计等进行调整。

三、二维条码在电商中的应用

商家通过二维码平台给下单的客户发送一个二维码电子凭证,作为一个消费凭证。一些不能够通过快递来运输的服务性行业,也可以在网上售卖服务项目,发送二维码电子凭证给消费者,作为购买依据,消费者可以凭借手机上的二维码电子凭证到店消费,享受服务。这样一种模式,现在称为 O2O 电子商务新模式,主要是针对线下卖家和线上买家的一个无缝对接。二维码也可以用来进行数据的统计和营销效果的评估。目前很多二维码企业都与淘宝签署了合作协议,共同打造电子商务新模式。

(一) 电子折扣券

电子折扣券主要用于商品促销,二维码可复制、转发,商家希望进行"病毒式"传播,用户凭二维码可享受折扣或减价优惠。如:麦当劳电子二维码折扣券如图 4-22 所示。

图 4-22　麦当劳折扣券

(二) 电子有价券

电子有价券主要是进行手机支付后产生的有金额价值的电子二维码券,具有客户唯一性,用户凭该券可以领取商品或享受服务。如:电子二维码电影票如图 4-23 所示。

(三) 电子凭证

电子凭证主要是通过电子二维码识别验证可享受尊贵服务或专项服务的证据,具有客户唯一性,主要为电子二维码会员卡如图 4-24 所示。如:移动大客户电子二维码金卡/钻石卡、医院电子二维码教授优先号。

图 4-23　电子二维码电影票

(四) 电子消费回执

电子消费回执(图 4-25)主要是用户完成手机支付后通过电子渠道收到的收据,用户凭借该电子二维码收据可索取发票或享受售后服务。如:电子二维码小额保险单据。

图 4-24　电子二维码会员卡

图 4-25　电子消费回执

【综合实训】

条码技术的应用

每位同学利用条码编制软件分别制作一维条码和二维条码。制作完成后,讨论一下一维条码和二维条码的区别。

学习活动 2　POS 技术

一、POS 技术简介

(一) POS 的概念

POS 称为销售时点信息系统(Point of Sale),是指以商业环境为中心的进货、销货、存货和内部调配货物的信息管理系统。由于 POS 系统能够使商业零售企业的经营更为高效、准确、迅速,所以它已逐渐成为现代商业零售企业加强企业管理、提高企业效率的工具。POS 机外观图如图 4-26 所示。

商业电子收银机如愿以偿地满足了全世界商店经营者的心愿,它在会计业务上的高准确性、销售统计上的高效率性、商品管理上的高实事性,使得商业经营者投资不大,但却可以迅速、准确地掌握商品流通过程中的全部数据,使得经营者在市场调查、内部管理、决策咨询、雇员部门考评方面更为精准,并大规模地降低了经营成本。可以说,离开了商业电子收银机,就谈不上商业自动化,也就没有商业现代化。在当今社会中,没有商业电子收银机的帮助,经营者将在市场竞争中处于绝对的劣势。

(二) POS 系统的组成

POS 系统最初概念比较简单,只针对销售的具体环节,即卖出的是什么、由谁卖出、怎么卖出的,收集和积累这些数据并进行汇总、报告等。随着计算

图 4-26 POS 机外观图

机的不断发展与更新,商业自动化技术发生了变革,对 POS 系统的概念赋予了新的意义,增加了广泛的外延。目前 POS 系统是深入一线的便民服务系统,它包含前台 POS 系统和后台 MIS(Management Information System)系统两个基本部分。

1. 前台 POS 系统

前台 POS 系统是通过自动读取设备(如收银机)在销售商品时直接读取商品销售信息,以实现前后销售业务的自动化,对商品交易进行实时服务和管理,并通过通信网络和计算机系统传送到后台,通过 MIS 系统的计算、分析和汇总等掌握商品销售的各种信息,为企业分析经营成果、制定经营方针提供依据,以提高经营效率的系统。

前台 POS 销售软件应具有的功能如下:日常销售,完成日常的售货收款工作,记录每笔交易的时间、数量、金额,进行销售输入操作。如果遇到条形码不识读等现象,系统应允许采用价格或手工输入条形码号进行查询。交班结算,进行收款员交班时的收款小结、大结等管理工作,计算并显示出本班交班时的现金及销售情况,统计并打印收款机全天的销售金额及每位售货员的销售额。退货功能是日常销售的逆操作。为了提高商场的商业信誉,更好地为顾客服务,在顾客发现商品出现问题时,允许顾客退货。此功能记录退货时的商品种类、数量、金额等,便于结算管理。支持各种付款方式,可支持现金、借记卡、信用卡等不同的付款方式,以方便不同顾客的要求。即时纠错,在销售过程中出现的错误能够立即修改更正,保证销售数据和记录的准确性。

2. 后台 MIS 系统

后台 MIS 系统又称管理信息系统,它负责整个商场进、销、调、存系统的管理以及财务管理、库存管理、考勤管理等。它可以根据商品进货信息对厂商进行管理,也可以根据前台 POS 系统提供的销售数据,控制进货量,合理周转资金,还可以分析统计各种销售报表,快速准确地计算成本与毛利,也可以对员工业绩进行考核。

后台 MIS 软件的功能如下：商品入库管理，对入库的商品进行输入登录，建立商品数据库，以实现对库存的查询、修改、报表及商品入库验收单的打印等功能。商品调价管理，由于有些商品的价格随季节和市场等情况会发生变动，本系统应能提供对这些商品所进行的调价管理功能。商品销售管理，根据商品的销售记录，实现商品的销售、查询、统计、报表等管理，并能对各收款机、收款员、售货员等进行分类统计管理。单据票证管理，实现商品的内部调拨、残损报告、变价调动、仓库验收、盘点报表等各类单据票证的管理。报表打印管理，打印内容包括：时段销售信息表、营业员销售信息报表、部门销售统计表、退货信息表等。实现商品销售过程中各类报表的分类管理功能。完善的分析功能，POS 系统的后台管理软件应能提供完善的分析功能，分析内容涵盖进、销、调、存过程中的所有主要指标，同时以图形和表格方式提供给管理者。数据维护管理，完成对商品资料、营业员资料等数据的编辑工作，如商品资料的编号、名称、进价、进货数量、核定售价等内容的增加、删除、修改。营业员资料的编号、姓名、部门等内容的编码、口令管理，支持各类权限控制。具有对本系统所涉及的各类数据进行备份，交易断点的恢复功能。销售预测，包括畅销商品分析、滞销商品分析、某种商品销售预测及分析、某类商品销售预测及分析等。

二、POS 技术的特点

（一）数据量少、速度低、实时性要求高

前台 POS 系统产生的每笔销售记录数据量少，速度不一定是实时的，从前台 POS 系统到后台 MIS 系统传输过程有延误。目前很多银行和第三方合作，POS 系统需要实时到账，而银联的 POS 机因为中间需要经过银联的清算，所以并不能实时到账。但是商家需要根据这些数据进行详细正确的分析，为商品的补货和管理提供依据，所以对 POS 技术要求的实时性要求高。

（二）覆盖面广、应用广泛

POS 技术既可以提供每天的销售数据，还可以分析统计各种销售报表。所以它不仅在采购、仓库、零售和财务各个环节应用，也在商场、餐饮、医院、学校各个领域中应用，POS 技术的应用面积比较广泛。

（三）传输质量高

虽然 POS 系统传输数据信息有延误，但是只要从前台 POS 机传到后台 MIS 系统当中，数据信息准确无误，可以方便后面商家根据这些信息做详细地分析和预测。

（四）保密性、安全性高

从前台 POS 机向后台 MIS 系统传统过程中，可以设置密码，增加它的安全性，而且前台 POS 机刷各种银联卡的时候，也都有密码保护，只有银行的工作人员才有权看到。

三、POS 技术的应用

(一) 采购环节

利用 POS 系统,可以了解商品的库存状况,清楚地核算库内的商品数目,一旦库存不足的时候,会向供应商发出信号,供应商收到信息以后,准备货源,及时地向各种门店配送,等同于 POS 技术可以完成采购工作。

(二) 仓库环节

对于店铺陈列的商品以最小类别逐一把握销售动向,过去的商品管理员只能针对大类,而利用 POS 系统对商品信息的把握可以精细到具体厂家的品种规格,从而为准确把握每一种商品的销售动向,及时了解畅销品、滞销品及销售的时间分布提供了充足的信息。

每销售一笔,POS 系统数据库就适时减少该商品的库存记录,每到月底,根据实物盘点数据,生成门店盘点单,并自动完成该商品的盘点。直营店与直营店之间互调货物的业务操作,形成商店横调单。可以查询门店明细库存数据,来分析商品库存的账目,从而有效地实施库存管理。

(三) 零售环节

前台利用 POS 机完成日常销售录入,简化了超市收银的工作。每天下班前通过日结核对手工账,日结后自动生成零售销货单,通过验收零售销货单,削减库存,总部系统查询。日结后自动生成零售退货单,通过验收零售退货单,削减库存,总部系统查询。可以利用 POS 机查询某个时间段的零售数据。

门店借助 POS 系统(图 4-27),可记录销售过程中的每一笔交易,每售出一件商品,POS 系统会完成该商品的库存记录,商家通过比较 POS 系统生成的盘盈、盘亏表,能轻易测定出销售目标的实现程度,便于准确把握畅销商品、滞销商品的信息,从而实现商品单品管理,大大提高了销售能力。

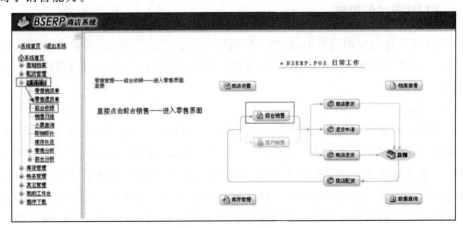

图 4-27　POS 系统平台

(四)财务环节

当POS系统结账时,通过POS机自动读取零售商发行的顾客ID卡,从而把握住每位顾客的消费额。而且利用POS系统终端发过来的数据,可以清楚地看到每天的消费额,一月一汇总,方便财务上面的记账。经POS系统收集的财务信息,可实时或批次传到店铺或总部的计算机中,再将其他部门传送过来的信息,进行综合处理、统计、分析,制作成各种有用的财务报表。同时销售人员可根据柜台销售额,适时调整商品价格,做到灵活经营,为实时控制经营活动提供了帮助。

学习任务4　RFID技术

一、RFID技术简介

(一)RFID技术的含义

RFID(Radio Frequency Identification)技术,即射频识别。射频识别技术是一种利用射频信号通过空间耦合实现无接触信息传递,并通过所传递的信息达到识别目的的技术。简单地说,RFID技术是利用无线电波进行数据信息读写的一种自动识别技术或无线电技术在自动识别领域的应用。RFID技术可广泛应用于诸如物流管理、交通运输、医疗卫生、商品防伪、资产管理以及国防军事等领域,被公认为21世纪十大重要技术之一。

(二)RFID技术的工作原理

1. RFID技术的组成

RFID在具体的应用过程中,根据不同的应用目的和应用环境,其系统的组成会有所不同,但从射频识别系统的工作原理来看,系统一般都由信号发射机、信号接收机、编程器、天线组成。

(1)信号发射机

在射频识别系统中,信号发射机为了不同的应用目的,会以不同的形式存在,典型的形式是标签。它由耦合元件及芯片组成,每个标签具有唯一的电子编码,附着在物体上标识目标对象。电子标签按工作方式分为无源(不带电池供电)和有源两种。无源电子标签工作的能量是由读写器发出的射频脉冲提供的。电子标签按读写方式可分为只读标签与可读可写标签。只读标签的信息可以在标签制造过程中由制造商写入,也可以在标签开始使用时由使用者根据特定的应用目的写入。其只能是一次写入,多次读出。可读可写标签可以实现对原有数据的擦除以及数据的重新写入。条码技术中标准码制的号码或者混合编码都可以存储在标签中。电子标签如图 4-28 所示。

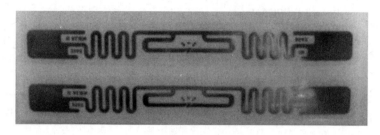

图 4-28　电子标签

（2）信号接收机

在射频识别系统中，信号接收机一般也称为阅读器。根据支持标签类型的不同与完成功能的不同，阅读器的复杂程度是显著不同的。阅读器是读取或写入电子标签信息的设备，可设计为手持式或固定式两种。

（3）编程器

只有可读可写标签系统才需要编程器。编程器是向标签写入数据的装置。编程器写入数据一般来说是离线完成的，也就是预先在标签中写入数据，等到开始应用时直接把标签粘附在被标识项目上。也有一些 RFID 应用系统，写数据是在线完成的，尤其是在生产环境中作为交互式便携数据文件来处理时。

（4）天线

发射接收天线是标签与阅读器之间传输数据的发射、接收装置。发射接收天线在标签和阅读器间传递射频信号。在实际应用中，除了系统功率，发射接收天线的形状和相对位置也会影响数据的发射和接收，故需要专业人员对系统的发射接收天线进行设计、安装。

2. RFID 技术的工作流程（图 4-29）

发射器与接收器之间的数据传输是通过空气介质以无线电波的形式进行的。

（1）编程器预先将数据信息写入发射器。

（2）接收器将设定数据的无线电载波信号经过发射天线向外发射。

（3）当 RFID 标签进入发射天线的工作区时，RFID 标签被激活后将自身信息代码经天线发射出去。

（4）系统的接收天线接收到 RFID 标签发出的载波信号，经天线的调制器传给接收器。接收器对接到的信号进行解调解码，送后台计算机控制器。

（5）计算机控制器根据逻辑运算判断该 RFID 标签的合法性，针对不同的设定做出相应处理和控制，发出指令信号控制执行机构的动作。

（6）执行机构按计算机的指令动作。

（7）通过计算机通信网络将各个监控点联结起来，构成总控信息平台，根据不同的项目设计不同的软件来完成要达到的功能。

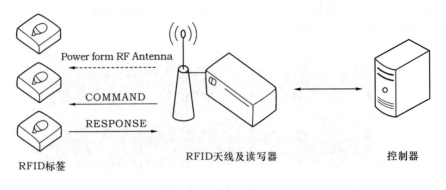

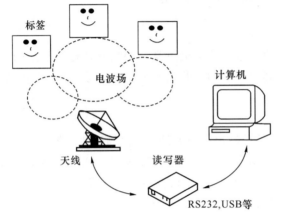

图 4-29　RFID 工作流程

二、RFID 的特点

RFID 凭借其自动数据采集、高度的数据集成、支持可读写工作模式等优势,已成为新一代的自动识别技术。RFID 的特点包括 RFID 的优点和 RFID 的缺点。

(一) RFID 的优点

RFID 技术能够得到广泛的应用,是因为它具有以下突出的优点。

(1) 不需要光源,可以透过外部材料(如包装的箱子或容器等)读取数据。

(2) 信息容量大,能容纳上百亿个字符,可对产品进行详细的描述。

(3) 可重复使用,使用寿命长(可以达到 10 年以上),能在恶劣的环境下工作。

(4) 能够轻易嵌入或者附着在不同形状、类型的产品上。

(5) 穿透性强,读取距离远(可达数 10 m),且能无障碍阅读。

(6) 可以写入存取数据,写入时间比打印条形码短。

(7) 标签的内容可以动态改变。

(8) 能够同时处理多个标签(200 个以上)。

(9) 标签的数据存储有密码保护,安全性高。

(10) 可以对 RFID 标签所附着的物体进行跟踪定位。

（二）RFID 的缺点

虽然 RFID 技术优势众多，但是面对市场日新月异的变化，也有其不符合市场规律的缺点的，RFID 技术缺点主要表现在下面几个方面。

1. 成本高

RFID 电子标签相对于普通条码标签价格较高，为普通条码标签的几十倍，如果使用量大的话，就会造成 RFID 成本太高，再加上 RFID 发射机、接收机、编码器及天线，在很大程度上降低了市场使用 RFID 系统的积极性。

2. 安全性不够强

RFID 标签一旦接近接收机，就会无条件自动发出信息，无法辨认该 RFID 接收机是否合法。RFID 技术面临的安全性问题主要表现为 RFID 电子标签信息被非法读取和恶意篡改。

3. 技术尚未成熟

RFID 技术出现时间较短，在技术上还不是非常成熟。由于超高频 RFID 电子标签具有反向反射性特点，使得其在含有金属、水分的环境中应用比较困难，会对 RFID 产生干扰。所以 RFID 标签平时也要远离金属物品和潮湿的环境。

4. 技术标准不统一

RFID 技术目前还没有形成统一的标准，而且市场上多种标准并存，致使不同企业产品的 RFID 标签互不兼容，进而在一定程度上造成 RFID 技术的应用的混乱。

虽然 RFID 技术面临的问题很多，但是在现代市场发展规律中，RFID 的成功还是符合市场发展的，利大于弊，相信 RFID 技术会越来越好，应用也会越来越广的。

三、RFID 在物流业中的应用

随着芯片技术的不断进步，标签成本的降低、读写距离的提高，存储容量的增大，处理时间的缩短将成为可能，射频识别产品的种类将越来越丰富，应用也越来越广泛。可以预计，在未来的几年中，射频识别技术将持续保持高速发展，并将带来一场巨大的变革。射频识别技术在国外的发展非常迅速，我国的射频识别技术起步较晚，射频识别技术应用状况还处于初级阶段，但市场前景非常广阔。下面介绍一些 RFID 的应用领域。

（一）生产环节

RFID 技术应用于生产环节中的生产线上，能够实现生产线的自动化和原料、产品的识别定位，这将大大减少人工识读成本和出错率，同时也大大提高了生产的效率和质量。RFID 技术还能够对产品进行信息的收集、处理，帮助生产人员轻松地掌握整个生产线的运作情况和产品的生产进度。

射频识别技术因其具有抗恶劣环境能力强、可非接触识别等特点,在生产过程控制中有很多应用。通过在生产流水线上使用射频识别技术(图4-30),实现了物料跟踪和生产过程的自动控制和监视,提高了生产率,改进了生产方式,节约了成本。

(二) 运输环节

1. 高速公路的交通管理

高速公路自动收费系统是RFID技术最成功的应用之一(图4-31)。射频识别技术应用在高速公路自动收费上,充分体现了非接触、长距离识别的优势。在车辆高速通过收费站的同时自动完成缴费,解决了许多车辆在收费口要停车排队,导致交通阻塞等交通的瓶颈问题,避免了拥堵,提高了收费计算效率。同时可以解决收费员贪污路费的问题。

图4-30　流水线的RFID设备　　　　图4-31　RFID在高速收费口的应用

2. 车辆的自动识别及防盗

通过建立采用射频识别技术的自动车号识别系统,能够随时了解车辆的运行情况,不仅实现了车辆的自动跟踪管理,还可以大大减少发生事故的可能性。并且可以通过射频识别技术对车辆的主人进行有效验证,防止发生车辆偷盗,如果车辆丢失,可以有效地寻找丢失的车辆。

(三) 仓储环节

在仓库里,射频技术广泛应用于存取货物与库存盘点,当贴有RFID标签的货物进入仓储中心时,入口的RFID读写器将自动识别标签并完成库存盘点。在整个仓库管理中,将系统制定的收货、取货、装运等实际功能与RFID技术相结合,能够高效地完成各种业务操作,如指定堆放区域、上架取货与补货等。将RFID系统用于智能仓库货物管理(图4-32),能有效地解决与货物流动有关的信息管理,不但增加了处理货物的速度,还可监视货物的一切信息。

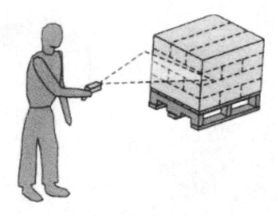

图 4-32　RFID 在仓储中的应用

(四) 配送环节

当物品或邮包在中转站或到达目的地时,往往需要进行费时费力且容易出错的识别和分拣工作。在配送环节,利用射频技术这种非接触、非视线传输的特点,可以充分发挥它远距离识别、多标签同时处理的特点,提高了物品分拣能力。当多个目标同时进入识别区域时,可以同时识别,大大加快配送的速度,提高拣选的效率与准确率,并能减少人工、降低配送成本。如果到达中央配送中心的所有商品都贴有 RFID 标签,在进入中央配送中心时,托盘通过一个阅读器,读取托盘上所有货箱上的标签内容。系统将这些信息与发货记录进行核对,以检测出可能的错误,然后将 RFID 标签更新为最新的商品存放地点和状态。

(五) 零售环节

1. 防止失窃

RFID 系统改变以往"人盯人""人看货"的方式,它以高科技手段赋予商品一种自卫能力,使安全措施落实到每一件商品,商品上面都贴有射频卡,在商店出口处放着读写器,从而有效地解决商品失窃问题。调查显示,安装有 RFID 系统的商家的失窃率比没有安装 RFID 系统的商家低 70%。

2. 产品防伪

条码标签既容易被撕掉,又影响了商品的外形美观,或是遮盖了部分商品信息等,在包装销售过程中带来很多不便。而射频卡本身有内存,可以储存、修改与产品有关的数据,利于销售商使用,体积十分小,便于产品封装。所以射频卡可做成隐形的,如将防伪标签做在服装的吊牌、价格标签中,顾客和店内员工都看不出标签的位置,别的商家不能造假,起到了产品防伪的功能(图 4-33)。

可以预见,RFID 技术在物流业中的应用将是其所有应用领域中最为广泛和深入的应用,同时也是技术难度最大,最难实现的实用。因为要在所有的商品上都贴上一个电子标签,这不仅对电子标签的成本要求很高,而且也需要复杂的后台数据管理的软件和流程。

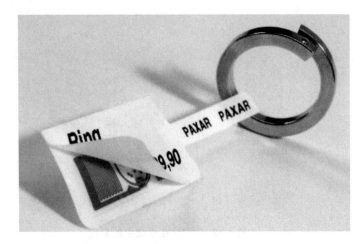

图 4-33 防伪标签

【综合实训】

RFID 的应用

利用射频扫描设备扫描商品以获取信息,根据使用情况,分组讨论 RFID 和条码的区别。

学习任务 5　GPS/GIS 技术

一、GPS/GIS 技术简介

信息追踪定位技术,就是全球定位系统技术 GPS(Global Positioning System)与地理信息系统技术 GIS(Gegraphic Information System)的总称。下面分别介绍一下 GPS 和 GIS。

(一) GPS 含义

GPS 是一种可以授时和测距的空间交汇定点的导航系统,可向全球用户提供连续、实时、高精度的三维位置、三维速度和时间信息。简言之,就是指利用导航卫星进行测时和测距,使在地球上任何地方的用户,都能测定出他们所处的方位的定位系统。

GPS 是美国国防部发射的 24 颗卫星组成的全球定位、导航及授时系统。这 24 颗卫星分布在高度为 2 万公里的 6 个轨道上绕地球飞行,每条轨道上拥有 4 颗卫星,在地球上的任何一点,任何时刻都可以同时接收来自 4 颗卫星的信号。也就是说,GPS 的卫星所发射的空间轨道信息是覆盖全球的。GPS 从 20 世纪 70 年代开始研制,历时 20 年,耗资 200 亿美元,于 1994 年全面建成。它利用导航卫星进行测时和测距,是具有在海、陆、空进行全方位实时三维导航与定位能力的新一代卫星导航与定位系统,是继阿波罗登月计划和航空飞机后的美国第三大航天工程。如今 GPS 已经成为当今世界上最实用,也是应用最广泛的全球精密导航、指挥和调度系统。

(二) GIS 含义

GIS 是地理信息系统,有时又称为"地学信息系统"。它是一种特定的十分重要的空间信息系统。它是在计算机硬、软件系统支持下,对整个或部分地球表层(包括大气层)空间中的有关地理分布数据进行采集、储存、管理、运算、分析、显示和描述的技术系统。目前 GIS 已与卫星遥感技术相结合,应用于全球化的研究与检测。它与数据库、信息处理、通信技术等一样,已成为信息技术的重要组成部分。

(三) GPS 系统的组成和工作原理

1. GPS 系统的组成

GPS 系统包括三个部分:空间部分—GPS 卫星星座;地面控制部分—地面监控系统;用户设备部分—GPS 信号接收机。

(1) GPS 卫星星座。由 21 颗工作卫星和 3 颗在轨备用卫星组成 GPS 卫星星座,记作(21+3)GPS 星座。24 颗卫星均匀分布在 6 个轨道平面内,轨道倾角为 55°,各个轨道平面之间相距 60°,每个轨道平面内各颗卫星之间的升交角距相差 90°,以保证全球均匀覆盖。

(2) 地面监控系统。对于导航定位来说,GPS 卫星是动态的已知点。卫星的位置是依据卫星发射的星历——描述卫星运动及其轨道的参数算得的。每颗 GPS 卫星所播发的星历是由地面监控系统提供的。卫星上的各种设备是否正常工作以及卫星是否一直沿着预定轨道运行都要由地面设备进行监测和控制。地面监控系统另一个重要作用是保持各颗卫星处于同一时间标准——GPS 时间系统。这就需要地面站监测各颗卫星的时间求出钟差。然后由地面注入站发给卫星,再由导航电文发给用户设备。GPS 工作卫星的地面监控系统包括 1 个主控站、3 个注入站和 5 个监测站。

(3) GPS 信号接收机。GPS 信号接收机的任务是:捕获到按一定卫星高度截止角所选择的待测卫星的信号,并跟踪这些卫星的运行,对所接收到的 GPS 信号进行变换、放大和处理,以便测量出 GPS 信号从卫星到接收机天线的传播时间,解译出 GPS 卫星所发送的导航电文,实时地计算出测站的三维位置,甚至三维速度和时间。

2. GPS 系统的工作原理

GPS 系统的基本定位原理是:卫星不间断地发送自身的星历参数和时间信息,用户接收到那些信息后,经过计算得出接收机的三维位置、三维方向及运动速度和时间信息。

(四) GIS 系统的组成和工作原理

1. GIS 系统的组成

(1) 系统硬件

它的基本作用是用以存储、处理、传输和显示地理或空间数据;它主要包括数据输入设备(卫星遥感影像接收机、GPS、扫描仪、数字化仪等)、数据处理设备(PC或工作站、服务器或大型机)、数据输出设备(绘图仪、打印机、大屏幕)。

(2) 系统软件

系统软件是整个系统的核心,用于执行地理信息系统功能的各种操作;它包括数据输入、处理、数据库管理、空间分析和数据输出等,一个完整的地理信息系统有很多软件协同作用。

(3) 空间数据

地理信息系统的操作对象是地理数据,它描述地理现象的空间特征和属性特征。地理数据包含:①空间数据,描述空间位置及其相互关系的数据;②属性数据,描述地理现象的名称、类型和数量的数据;③时态数据,描述对象的时空变化的状态、特点和过程。

(4) 应用人员

地理信息系统应用人员,包括系统开发人员和地理信息系统的最终用户。他们的业务素质和专业知识是地理信息系统工程及其应用成败的关键。

(5) 应用模型

GIS是为某一特定的实际工作而建立的运用地理信息系统的解决方案,其构建和选择也是系统应用成败至关重要的因素。例如,选址模型、洪水预测模型、人口扩散模型、森林增长模型、水土流失模型、最优化模型和影响模型。

2. GIS系统的工作原理

GIS系统的工作原理分几个部分:第一,空间模型。GIS将现实世界抽象为相互联结不同特征层面的组合。第二,地理参考系。空间数据包括绝对位置信息,如经纬度坐标以及相对位置信息,包括地址、编码、统计调查值等,GIS的地理坐标系可有效帮助用户在地球表面任意空间定位。第三,矢量和栅格数据结构。GIS数据包括矢量和栅格两种基本模式。矢量数据以点、线、面方式编码并以(X,Y)坐标串储存管理,是表现离散空间特征的最佳方式;栅格数据(扫描图像或照片)是通过一系列风格单元表达连续地理特征。GIS软件中矢量、栅格数据结合使用,取长补短。

二、GPS/GIS技术的特点

(一) GPS技术特点

GPS的出现标志着电子导航技术发展到了一个更加辉煌的时代。GPS系统与其他导航系统相比,其主要特点如下。

1. 全球地面连续覆盖

由于GPS卫星数目较多且分布合理,所以在地球上任何地点均可连续同步地观测到至少4颗卫星,从而保障了全球、全天候连续实时导航与定位的需要。

2. 自动化程度高

用GPS接收机测量时,只要将天线精确安置在测站上,主机可安放在测站不远处,也可放在室内,通过专用的通信线和天线连接,接通电源,启动接收机,仪器就自动开始工作。结束测量时,仅需关闭电源,取下接收机,便完成野外数据采集任务。

3. 观测速度快、精度高

目前,20 km 以内相对静态定位仅需 15～20 分钟。在 300～1 500 m 工程精密定位中,观测 1 小时以上,解算平面位置误差小于 1 mm。

4. 抗干扰性能好、保密性强

由于 GPS 采用了伪码扩频技术,因而 GPS 卫星所发送的信号具有良好的抗干扰性和保密性。

(二) GIS 技术特点

GIS 是以地理空间数据库为基础,采用地理模型分析方法,适时提供多种空间的和动态的地理信息,为地理研究和地理决策服务的计算机技术系统。它有以下三方面的特点。

(1) 具有采集、管理、分析和输出多种地理空间信息的能力,具有空间性和动态性。

(2) 以地理研究和地理决策为目的,以地理模型方法为手段,具有区域空间分析、多要素综合分析和动态预测能力,可产生高层次的地理信息。

(3) 由计算机系统支持进行空间地理数据管理,并由计算机程序模拟常规的或专门的地理分析方法,作用于空间数据,产生有用信息,完成人类难以完成的任务。

三、GPS/GIS 技术在物流中的应用

近年来,随着企业电子商务的崛起,分销渠道的进一步整合和供应链管理的出现,物流需求也出现了新的变化,物流服务空间在不断拓展。信息追踪定位技术的 GPS/GIS 技术在现代物流系统中的应用已成为大势所趋并有广阔的前景。

(一) GPS 技术在物流中的应用

GPS 可广泛应用于军事、民用等众多领域。

1. 基于 GPS 技术的车辆监控管理系统

该系统是将 GPS 技术、地理信息技术和现代通信技术综合在一起的高科技系统。其主要功能是将任何装有 GPS 接收机的移动目标的动态位置、时间、状态等信息,实时地通过无线通信网传至监控中心,然后在具有强大地理信息处理、查询功能的电子地图上进行移动目标运动轨迹的显示,并能对目标的准确位置、速度、运动方向、车辆状态等用户感兴趣的参数进行监控和查询,以确保车辆的安全,方便高度管理,提高运营效率。

2. 基于 GPS 技术的智能车辆导航仪

它是安装在车辆上的一种导航设备。它以电子地图为监控平台,通过 GPS 接收机实时获得车辆的位置信息,并在电子地图上显示出车辆的运动轨迹,当接近路口、立交桥、隧道等

特殊路段时可进行语音提示。借助导航仪,司机无论是在熟悉或不熟悉的地域都可按照规定的行进路线迅速到达目的地。该装置还设有最佳行进路线选择及路线偏离报警等多项辅助功能。GPS 导航,如图 4-34 所示。

图 4-34　GPS 导航

3. 利用 GPS 技术实现货物跟踪管理

货物跟踪是指物流运输企业利用现代信息技术及时获取有关货物运输状态的信息(如货物品种、数量、在途情况、交货期间、发货地和到达地、货主、送货责任车辆和人等),提高物流运输服务的方法。具体地说,就是说物流运输企业的工作人员在进行物流作业时,利用扫描仪自动读取货物包装或货物发票上的物流条码等货物信息,通过计算机通信网络把货物的信息传送到总部的中心计算机进行汇总整理,这样所有被运送货物在物流全过程的各种信息都集中在中心计算机里,从而可以随时查询货物的位置及状态。

4. 用于军事物流

全球卫星定位系统首先是因为军事目的而建立的,在军事物流中,如后勤装备的保障等方面应用相当普遍,尤其是在美国,其在世界各地驻扎的大量军队无论是在战时还是在平时,都会对后勤补给提出很高的需求,在战争中,如果不依赖 GPS,美国的后勤补给就会变得一团糟。

(二) GIS 技术在物流中的应用

GIS 的用途十分广泛,可用于交通、能源、农林、水利、测绘、地矿、环境、航空、国土资源综合利用和物流等方面。GIS 技术在物流领域中的应用,主要有以下几个方面。

1. 物流分析

一个完整的 GIS 物流分析软件集成了车辆路线模型、最短路径模型、网络物流模型、分配集合模型和设施定位模型等。利用 GIS 为物流分析提供专门分析的工具软件，可实现对车辆路线、最短路径、物流网络、设施选址等方面的分析，以便从中找出最优方案。上海市燃气管网 GIS 系统，如图 4-35 所示。

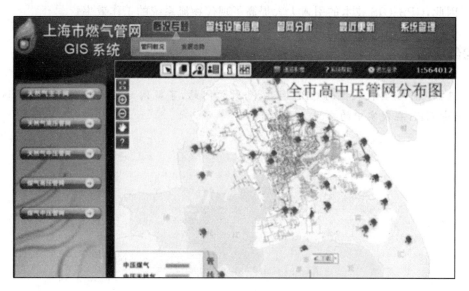

图 4-35　上海市燃气管网 GIS 系统

2. 运输工具的定位

通过 GIS 信息系统，在计算机屏幕上可以实时显示车辆或船舶的速度信息、运动方向信息、地理位置信息等，而且显示精度比较高，基本上能准确地对运输工具进行定位。

3. 环境分析及动态预测

货物运输是动态的，它们与外界环境密切相关，并随着周围环境的不断变化而变化。在物流过程中需要考虑地理因素的影响，地理信息系统可以通过地理编码功能，将相关数据与地图建立联系，用户只要单击地图上的任意对象，就可以同时看到与该对象相关联的所有数据。

4. 信息数据的采集

运用 GIS 系统可以实时生成和采集物流过程中的各种信息数据。通过这些信息数据可以来进行物流技术分析，诸如车辆路线确定、客户定位、分配集合、设施定位等物流活动。

5. 仓库规划

仓库 GIS 作为仓库管理信息系统中的一个子系统，它用地理坐标、图标的方式更直观地反映仓库的基本情况，如仓库建筑情况、仓库附近公路和铁路情况、仓库物资储备情况等。

GPS/GIS 系统的应用充分利用了现代化技术，提高了物流硬件技术水平，全程监控物流车辆的行踪,保证货物的安全运输。集成 GPS 和 GIS 技术实现的物流系统,不仅使地图由传统的静态记录变为信息丰富多样的动态电子地图,实现了时空数据可视化。集成 GPS 和 GIS 技术的物流配送方式使商品流通较传统的物流配送方式更容易实现信息化、自动化。因此,GPS/GIS 技术的引入大大提高了现代物流系统的工作效率。

【综合实训】

　　选择一个较具代表性的 GPS 网站,登录该网站,了解网站的大致面貌和其所具有的功能,思考 GPS 在现实中的应用。

学习单元五 计算机基础

学习任务1　计算机系统构成

一、计算机硬件系统组成

计算机系统组成包括硬件系统和软件系统两大部分。硬件系统是计算机的物质基础，软件系统是发挥计算机功能的关键，两者缺一不可。

硬件系统是构成计算机的物理部件，是指在计算机中看得见、摸得着的有形实体。

计算机的硬件由主机和外围设备组成，主机是计算机硬件系统的核心，它由 CPU、主板、内存储器等组成，外围设备由外存储器、输入设备、输出设备等组成，如图 5-1 所示。

（一）主机

主机是计算机系统的核心，就如同人的大脑，结构复杂。主要由主板、CPU、内存储器等构成。

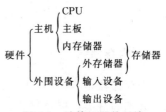

图 5-1　计算机硬件系统

1. 主板

主板又称主机板、系统板或母板，是计算机最重要的部件之一,配有组成计算机的主要电路系统、几乎与主机内所有的设备都有连接,其功能就是计算机的五大功能部件(控制器、运算器、存储器、输入设备和输出设备)等有机连接在一起,协调工作,完成数据的输入、运算、存储和输出。主板常见品牌有华硕、英特尔、昂达等,如图 5-2 所示。

图 5-2　常见的主板

2. CPU(中央处理器)

CPU(Central Processing Unit),又称中央处理器或微处理器,其功能是执行系统指令,进行算术运算和逻辑运算、进行数据传输以及数据的输入和输出,是整个系统的核心。常见生产 CPU 的公司有 Intel 公司、IBM 公司、AMD 公司等,如图 5-3 所示。

图 5-3　常见的 CPU

3. 内存储器

内存储器是直接与 CPU 相联系的存储设备,是计算机工作的基础,位于主板上,按工作方式不同分为只读存储器和随机存储器(又称读写存储器)。其特点是数据传输速率快、容量小,且数据无法在内存中长期保存,如图 5-4 所示。

图 5-4 常见的内存存储器

(1) 只读存储器(Read Only Memory,ROM)是只能从中读出数据,而不能往里写数据的存储器。ROM 中的数据是由设计者和制造商事先编制好的,并固化在里面,使用者只能读,不能随意更改。其特点是计算机断电后,存储器中的数据仍然存在。

(2) 随机存储器(Random Access Memory,RAM)是既能从该设备中读数据,又可以往里面写数据。它在工作时,直接从 RAM 中读数据,而 RAM 中的数据来自外存储器,随着计算机的工作随时变化。其特点:一是存储器中的数据可以反复使用、写入、更新;二是 RAM 中的信息随着计算机的断电而自然消失。

(二) 外围设备

1. 外存储器

外存储器即外存,其主要作用是长期存放计算机工作所需要的系统文件、应用程序、文档和数据等。其特点存储容量大、可靠性高、价格低,而且可以永久保存数据。

常见的外存储器有硬盘、光盘、优盘(U 盘)等。

2. 输入设备

输入设备是将外界的各种信息(如程序、数据、命令等)送入到计算机内部的设备。常用的输入设备有键盘、鼠标、扫描仪、数码相机、数码摄像机等。

(1) 键盘

键盘是计算机最常用的输入设备之一。其作用是向计算机输入命令、数据和程序,如图 5-5 所示。

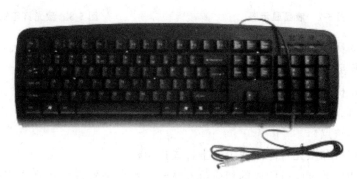

图 5-5 键盘

(2) 鼠标

鼠标是一种输入设备。由于它使用方便,几乎取得了和键盘同等重要的地位。根据工作原理,鼠标分为机械鼠标、光电鼠标、无线鼠标等。鼠标一般有左右两个按键,两键中间有

电商基础

图 5-6 鼠标

一个滚轮。也有一些鼠标没有中间的滚轮,而是在中间增加了一个按键。目前,还有一些厂家在鼠标上增加了一些辅助按键,方便用户使用。各按键的功能可以由所使用的软件来定义,在不同的软件中使用鼠标,其按键的作用可能不同,如图 5-6 所示。

3. 输出设备

输出设备是将计算机处理后的信息以人们能够识别的形式(如文字、图形、数值、声音等)进行显示和输出的设备。常用的输出设备有显示器、打印机等。

(1)显示器。显示器是计算机中最重要、最常用的输出设备。显示器主要分为 CRT(显像管)显示器和液晶显示器两种,随着技术的发展,CRT 显示器由于有体积大、质量大、能耗高等缺点,目前已被液晶显示器所取代,如图 5-7 所示。显示器的尺寸一般用其屏幕的对角线长度来表示,单位常用 in(英寸),目前常见的有 17 in、19 in、20 in、22 in、24 in 等。

(2)打印机。打印机能将计算机的信息以单色或彩色字符、汉字、表格、图像等形式打印在纸上,其外形如图 5-8 所示。

图 5-7 液晶显示器

图 5-8 激光打印机

打印机的种类很多,市面上较常见的打印机大致分为针式打印机、喷墨打印机和激光打印机。按工作原理,可将打印机分为击打式和非击打式两大类。

针式打印机即属于击打式打印机。针式打印机的特点是:结构简单、技术成熟、性价比高、打印成本低,并可打印多层打印纸,但存在噪声较高、分辨率较低、打印针易损坏、打印汉字的速度低等缺点。

喷墨打印机和激光打印机属于非击打式打印机。

喷墨打印机通过向打印机的相应位置喷射墨水点来实现图像和文字的输出,其特点是体积小、噪声低、设备价格便宜,但打印速度较激光打印机慢,且耗材价格较高。

激光打印机利用电子成像技术进行打印,它的特点是速度快、噪声低、分辨率高,但设备价格(尤其是彩色激光打印机的价格)较高。

喷墨打印机和激光打印机的输出质量都比较高。

二、系统软件简介

系统软件是指管理、控制和维护计算机系统资源的程序整合,这些资源包括硬件资源与软件资源。系统软件可以对 CPU、内存、打印机进行分配与管理;对磁盘进行维护与管理;对系统程序文件与应用程序文件进行组织和管理等。常用的系统软件有操作系统、语言处理系统和数据库管理系统。

1. 操作系统

操作系统用于管理和控制计算机硬件和软件资源,是由一系列程序组成的,操作系统是直接运行在裸机上的最基本的系统软件,是系统软件的核心,任何其他软件必须在操作系统的支持下才能运行。

2. 语言处理系统

程序是计算机语言的具体体现,是用某种计算机程序设计语言按问题的要求编写而成的,随着计算机语言的进化,程序也越来越趋近于人类语言而脱离机器语言。用高级语言编写的程序,计算机是不能直接识别和执行的,需要将其通过语言处理程序翻译成计算机能识别和执行的二进制机器指令,然后供计算机执行。

3. 数据库管理系统

数据库管理系统的作用就是管理数据库,具有建立、编辑、维护、访问数据库的功能,并提供数据独立、完整、安全保障。根据数据模型的不同,数据库管理系统可分为层次型、网状型和关系型 3 种类型。如 FoxPro、Oracle、Access 等都是典型的关系型数据库管理系统。

三、应用软件简介

应用软件是为了利用计算机解决各类问题而编写的程序。如计算机辅助绘图软件 Auto CAD、办公软件 Microsoft Office、图形图像处理软件 Photoshop、动画制作软件 Flash、网络下载软件迅雷 Thunder 等。

(一)办公软件

办公软件是指可以进行文字处理、表格制作、幻灯片制作、简单数据库的处理等方面工作的软件。目前办公软件朝着操作简单化、功能细化等方向发展。

(二)图形图像软件

图像处理软件是用于处理图像信息的各种应用软件的总称,主要应用于广告制作、平面设计、影视后期制作等领域。常见的专业图像处理软件有 Adobe 的 Photo Shop 系列;基于应用的处理管理软件 Picasa 等,还有国内很实用的大众型软件彩影、美图秀秀、光影魔术手等软件。

(三) 其他应用软件

随着计算机应用领域越来越广,辅助各行各业的应用开发软件层出不穷,如多媒体制作软件、财务管理软件、客户管理软件、仓库管理软件等各种各样的管理信息系统,这些应用软件不需要用户学习计算机编程,可直接使用。

学习任务2 计算机常见故障检修

目前计算机已非常普及,使用的人多了,也难免会遇到各种各样的计算机故障,一般很多情况的计算机故障都只是小问题,只要了解一些计算机故障的解决技巧,很多时候都可以自己解决。现将计算机常见故障产生的原因及检修方法汇总如下。

一、计算机常见故障产生原因

(一) 电源插座、开关

很多外围设备都是独立供电的,运行计算机时只打开计算机主机电源是不够的。例如:显示器电源开关未打开,会造成"黑屏"和"死机"的假象;外置式Modem电源开关未打开或电源插头未插好则不能拨号、上网、传送文件,而且连Modem都不能被识别。打印机、扫描仪等都是独立供电设备,碰到独立供电的外设故障现象时,首先应检查设备电源是否正常、电源插头/插座是否接触良好、电源开关是否打开。

(二) 连线问题

外设跟计算机之间是通过数据线连接的,数据线脱落、接触不良均会导致该外设工作异常。如:显示器接头松动会导致屏幕偏色、无法显示等故障;又如:打印机放在计算机旁,并不意味着打印机连接到了计算机上,应亲自检查各设备间的线缆连接是否正确。

(三) 设置问题

常见问题有显示器无法显示很可能是行频调乱、宽度被压缩,甚至只是亮度被调至最暗;音箱放不出声音也许只是音量开关被关掉;硬盘不被识别也许只是主、从盘跳线位置不对……详细了解该外设的设置情况,并动手试一下,有助于发现一些原本以为非更换零件才能解决的问题。

(四) 系统新特性

很多"故障"现象其实是硬件设备或操作系统的新特性。如:带节能功能的主机,在间隔一段时间无人使用计算机或无程序运行后会自动关闭显示器、硬盘的电源,在你敲一下键盘后就能恢复正常。如果你不知道这一特征,就可能会认为显示器、硬盘出了毛病。再如 Windows、NC(Numerical Control,数字控制)的屏幕保护程序常让人误以为病毒发作……多了解计算机、外设、应用软件的新特性、多向专家请教,有助于增加知识、减少无谓的恐慌。

二、计算机常见故障检修方法

(一)清洁法

对于机房使用环境较差,或使用较长时间的机器,应首先进行清洁。可用毛刷轻轻刷去主板、外设上的灰尘,如果灰尘已清扫掉,或无灰尘,就进行下一步的检查。另外,由于板卡上一些插卡或芯片采用插脚形式,震动、灰尘等其他原因,常会造成引脚氧化,接触不良。可用橡皮擦擦去表面氧化层,重新插接好后开机检查故障是否排除。

(二)拔插法

PC系统产生故障的原因很多,主板自身故障、I/O总线故障、各种插卡故障均可导致系统运行不正常。采用拔插维修法是确定故障在主板或I/O设备的简捷方法。该方法就是关机将插件板逐块拔出,每拔出一块板就开机观察机器运行状态,一旦拔出某块后主板运行正常,那么故障原因就是该插件板故障或相应I/O总线插槽及负载电路故障。若拔出所有插件板后系统启动仍不正常,则故障很可能就在主板上。拔插法的另一含义是:一些芯片、板卡与插槽接触不良,将这些芯片、板卡拔出后在重新正确插入可以解决因安装接触不当引起的计算机部件故障。

(三)替换法

将同型号插件板、总线方式一致、功能相同的插件板或同型号芯片相互交换,根据故障现象的变化情况判断故障所在。此法多用于易拔插的维修环境,例如内存自检出错,可交换相同的内存芯片或内存条来判断故障部位,无故障芯片之间进行交换,故障现象依旧,若交换后故障现象变化,则说明交换的芯片中有一块是坏的,可进一步通过逐块交换而确定部位。如果能找到相同型号的计算机部件或外设,使用交换法可以快速判定是否是元件本身的质量问题。交换法也可以用于以下情况:没有相同型号的计算机部件或外设,但有相同类型的计算机主机,则可以把计算机部件或外设插接到该同型号的主机上判断其是否正常。

(四)比较法

运行两台或多台相同或相类似的计算机,根据正常计算机与故障计算机在执行相同操作时的不同表现可以初步判断故障产生的部位。

(五)振动敲击法

用手指轻轻敲击机箱外壳,有可能解决因接触不良或虚焊造成的故障问题。然后可进一步检查故障点的位置并排除之。

学习任务3　Windows的安装与使用

一、Windows的安装

Windows 7是微软公司推出的计算机操作系统,供个人、家庭及商业使用,一般安装于笔记本电脑、平板电脑、多媒体中心等。其特点更易用、更快速、更简单、更安全、更低的成本、更好的连接。常见的安装方法有光盘安装Windows 7法、模拟光驱/虚拟光驱安装Windows 7法、Windows 7硬盘安装法、Windows 7 U盘安装法和软件引导安装Windows 7法。

(一) Windows安装前的准备

准备内有正版Windows 7安装文件U盘。
(1) 计算机。
(2) U盘(建议存储空间2 GB以上)。
(3) 下载好的Windows镜像文件(内有GHO文件)。
(4) 制作U盘启动工具。

(二) Windows的安装步骤

Windows 7 U盘安装法操作步骤如下。
(1) 将制作好的U盘启动盘连接计算机,开机快速连续按F12热键打开U盘启动设置窗口,选择所在的U盘名称,按Enter键。
(2) 进入U启动主菜单界面,选择"U启动Win8pe标准版(新机器)"选项,按Enter键。
(3) 在弹出的U启动PE装机工具中,选择Win7.gho镜像文件安装在C盘中,单击"确定"按钮。
(4) 弹出程序将执行还原操作提示框,直接单击"确定"按钮。
(5) Windows 7 ghost的还原过程,慢慢等待还原结束。
(6) 还原好之后会重启计算机,然后开始程序安装过程,安装过程有点慢,静候,直至安装结束。

二、Windows的使用

(一) Windows 7的窗口界面

Windows 7以"窗口"(图5-9)的形式来区分各个程序的工作区域,用户打开计算机、磁盘驱动器、文件夹,或是一个应用程序,系统会打开一个窗口,用于执行相应的工作。这些窗口的组成大同小异,以"计算机"窗口为例,对窗口的组成作如下说明。

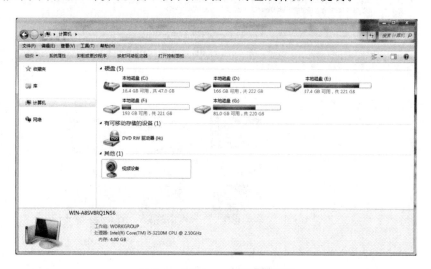

图 5-9　Windows 7 的窗口界面

（1）标题栏:位于窗口最上方,通过标题栏可以进行移动窗口、改变窗口的大小和关闭窗口操作,标题栏最右端显示"最小化""最大化""关闭"3 个按钮。

（2）地址栏:位于标题栏下方,用于显示和输入当前浏览位置的详细路径信息。

（3）搜索栏:位于地址栏右边,用于在计算机中搜索各种文件或文件夹。

工具栏位于地址、标题栏下方,相当于 Windows XP 系统里的菜单栏和工具栏的结合。前边（左边）是菜单,后边是（右边）一些基本工具。

（4）工作区域:位于工具栏下方,在窗口中所占的比例最大,左侧是导航窗格,导航窗格给用户提供了树状结构文件夹列表,从而方便用户快速定位所需的目标,其主要分成收藏夹、库、计算机、网络等四大类。右侧是窗口工作区,用于显示主要的内容,如多个不同的文件夹、磁盘驱动等。它是窗口中最主要的组成部分。

（5）详细信息窗格/状态栏:位于窗口的最下方,用于显示当前操作的状态及提示信息,或当前用户选定对象的详细信息。

（二）Windows 的系统设置

1. 桌面设置

（1）在桌面空白处单击鼠标右键,在快捷菜单中选择"个性化"命令,弹出"个性化"窗口,如图 5-10 所示。

（2）单击"桌面背景"选项,单击"浏览"按钮,选择自己喜欢的图片位置、根据图片大小,选择适合的方式,单击"保存修改"按钮即可,如图 5-11 所示。

（3）单击"窗口颜色"选项,在弹出的窗口颜色和外观窗口中,可更改窗口边框、"开始"菜单和任务栏的颜色,透明效果。单击"高级外观设置"选项可进一步进行设置。设置完成后,单击"保存修改"按钮即可。

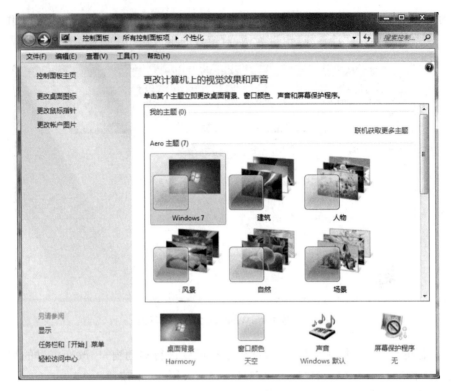

图 5-10 "个性化"窗口

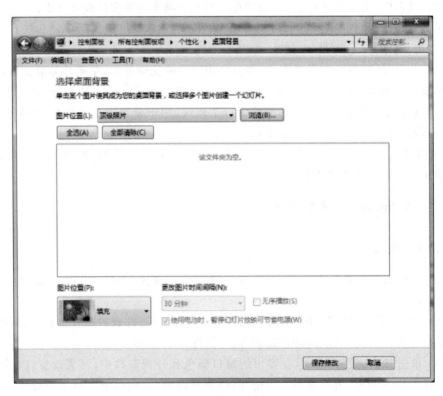

图 5-11 "设置桌面背景"窗口

学习单元五　计算机基础

（4）单击"屏幕保护程序"选项，在弹出的"屏幕保护程序设置"对话框中可选择自己喜欢的"屏幕保护程序"，在"等待"后设置时间，以确定用户多长时间不操作计算机后启动屏幕保护程序。设置完成后，单击"确定"按钮即可，如图5-12所示。

图5-12　"屏幕保护程序"对话框

2．时间和日期设置

（1）在桌面上"计算机"图标，打开其对话框，单击工具栏上的"打开控制面板"选项，在弹出"所用控制面板项"窗口中选择单击"日期和时间"选项，弹出"日期和时间"对话框，如图5-13所示。

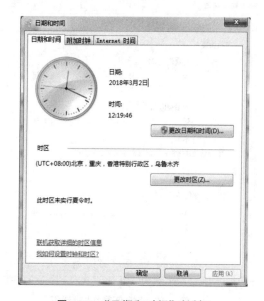

图5-13　"日期和时间"对话框

（2）单击"更改日期和时间"选项，在弹出"日期和时间设置"对话框中，在"日期"中选择日期、月份和年；在时间中的文本框中设定时间，如图 5-14 所示。

图 5-14　"日期和时间设置"对话框

（3）设置完成后，单击"确定"按钮即可。

3．键盘设置

（1）在桌面上"计算机"图标，打开其对话框，单击工具栏上的"打开控制面板"选项，在弹出"所用控制面板项"窗口中选择单击"键盘"选项，弹出"键盘属性"对话框，如图 5-15 所示。

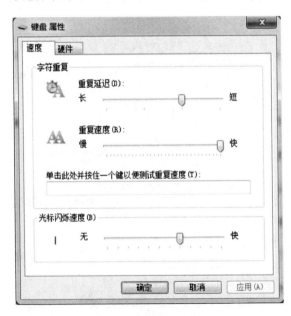

图 5-15　"键盘属性"对话框

（2）在"键盘属性"对话框中，可根据用户使用习惯，在"字符重复"中设置重复延迟的长短、重复速度快慢；在"光标闪烁速度"中调整光标闪烁快慢。

（3）设置完成后，单击"确定"按钮即可。

4．鼠标设置

（1）在桌面上"计算机"图标，打开其对话框，单击工具栏上的"打开控制面板"选项，在弹出"所用控制面板项"窗口中选择单击"鼠标"选项，弹出"鼠标属性"对话框，如图 5-16 所示。

图 5-16 "鼠标属性"对话框

（2）单击"按钮"选项卡，设置鼠标的样式、鼠标左右手使用切换、鼠标双击速度等。

（3）单击"指针"选项卡，设置鼠标指针方案，和"自定义"选项中设置指针形状，如图 5-17 所示。

图 5-17 "鼠标属性"指针选项卡

（4）单击"指针选项"选项卡，设置鼠标移动速度、对齐方式、可见性等，如图 5-18 所示。

图 5-18　设置鼠标移动速度、对齐方式、可见性等

（5）单击"滑轮"选项卡，设置垂直滚动行数和水平滚动字符数，如图 5-19 所示。

图 5-19　设置垂直滚动行数和水平滚动字符数

（6）单击"硬件"选项卡，可查看当前设备驱动信息，一般不动，如图 5-20 所示。

图 5-20　查看当前设备驱动信息

（三）Windows 7 的基本操作

1. Windows 7 的启动

打开要使用的外部设备（显示器、打印机、音箱，等）电源开关，按下计算机主机电源开关，系统开始检测内存、硬盘等设备，然后自动进入 Windows 7 的启动过程。若计算机设置了多个用户，会出现多用户欢迎界面。根据屏幕提示输入某用户名及密码，进入到 Windows 7 的桌面。若为单用户，则直接进入到 Windows 7 的桌面。

2. Windows 7 的退出

关闭所有打开的应用程序窗口。单击任务栏左边"开始"菜单，在弹出的菜单中单击"关机"命令，计算机将自动关机。也可以单击"关机"命令右边的三角按钮选择其他的系统命令，例如切换用户、注销、重新启动等实现相应操作，如图 5-21 所示。

3. 任务栏属性设置

（1）向任务栏中添加工具

右键单击任务栏空白处，在弹出的快捷菜单中选择"工具栏"，然后选择要添加的工具或单击"新建工具栏"以选择某个项目添加到任务栏中。

（2）锁定及解锁"任务栏"中的快速启动程序图标

选定某应用程序图标，直接拖到任务栏的快速启动区域，释放鼠标；如果程序正在运行，则右键单击"任务栏"中的程序图标，单击"将此程序锁定到任务栏"即可。如果需要去掉某个快速启动图标，则右击该图标，在弹出的快捷菜单中选择"将此程序从任务栏解锁"命令。

图 5-21　Windows"开始"菜单

（3）调整任务栏高度

鼠标指向任务栏上边界,鼠标指针变成双向箭头时,上下拖动鼠标,即可改变任务栏的高度。如果鼠标指向任务栏边界时,指针未出现形状,表示任务栏已锁定,可右键单击任务栏,在弹出的快捷菜单中单击"锁定任务栏"命令,然后再调整任务栏高度。

（4）改变任务栏位置

将鼠标指向任务栏的空白处,拖动任务栏到屏幕的上部、左部或右部,再释放鼠标。若任务栏被锁定,此操作无效。可右键单击任务栏,在弹出的快捷菜单中单击"锁定任务栏"命令,然后可实现此操作。

（5）任务栏外观设置

① 右键单击桌面左下角的"开始"菜单,在弹出的快捷菜单中单击"属性"命令,或右键单击任务栏空白处,在弹出的快捷菜单中选择"属性"选项,弹出任务栏和开始菜单属性对话框,如图 5-22 所示。

② 在"任务栏"选项卡中,选择"自动隐藏任务栏",则任务栏被隐藏,但鼠标指向任务栏在屏幕上所处区域,即可再次显示任务栏;选择"锁定任务栏",则用户不能调整任务栏;选择"使用小图标",任务栏的应用程序图标将缩小显示。在"任务栏"选项卡中,单击"自定义"按钮,出现如图 5-23 所示的"自定义"窗口。可以隐藏或显示任务栏右侧应用程序的图标。

③ 设置完成后单击"确定"按钮。

4. 窗口的操作

鼠标双击桌面的"计算机"图标,弹出如图 5-24 所示的窗口。

（1）窗口信息的浏览

在窗口中双击 C 盘图标,浏览其中的信息,双击其中要浏览的文件或文件夹,如双击文件夹"windows",可浏览该文件夹中的所有资源;单击工具栏中的 按钮,可返回到前一次浏览的文件夹或磁盘。单击工具栏中的 按钮，可返回到后一次选择的文件夹或磁盘；单击地址栏中的三角按钮，可选择同级目录。单击地址栏中的任一目录，可定位对应目录。

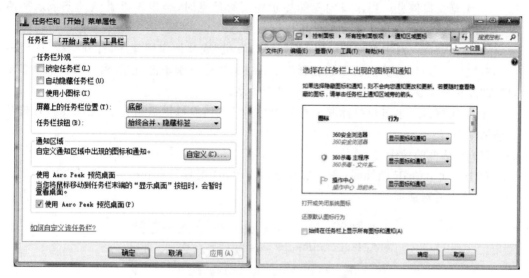

图5-22　任务栏和"开始"菜单属性对话框　　　图5-23　任务栏"自定义"窗口

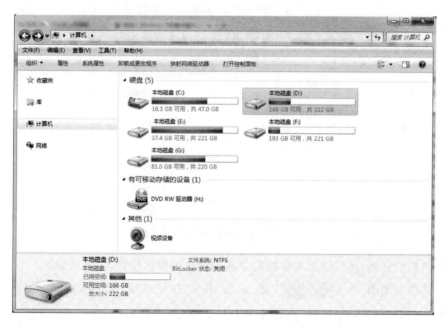

图5-24　"计算机"窗口

（2）窗口的基本操作

① 调整窗口大小。分别单击标题栏右侧的最大化按钮或最小化按钮，观察窗口显示效果。将鼠标指针指向窗口边框或窗口角，待鼠标指针变成↔、↕、↘、↗时，按住左键拖动鼠标，可调整窗口的大小；当窗口最大化后，最大化按钮变成还原按钮 ，单击还原按钮可还原窗口，单击关闭按钮关闭窗口。

② 移动窗口。将鼠标指针指向标题栏,然后按住鼠标左键将窗口拖动到合适位置释放。当拖动到桌面顶部边缘时,窗口自动变为全屏最大化。

③ 浏览窗口信息。当窗口内不能显示完所有信息时,会出现垂直滚动条或水平滚动条,此时拖动滚动条或单击滚动按钮可以浏览信息。

④ 排列窗口。双击桌面图标"回收站""计算机"或其他应用程序,打开至少三个窗口。鼠标右键单击任务栏的空白区域,在弹出的快捷菜单中分别单击"层叠窗口"或"堆叠显示窗口"或"并排显示窗口",观察多个窗口的排列关系。

⑤ 关闭窗口。单击窗口标题栏右侧的"关闭"按钮或按键盘组合键 Alt+F4,直接关闭当前活动窗口。

(3) 对话框的操作

双击桌面上的 IE 图标,打开浏览器窗口。单击"工具"→"Internet 选项"命令,出现如图 5-25 所示的对话框。

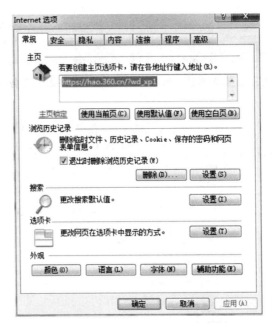

图 5-25　Internet 选项对话框

对话框的移动:将鼠标指向标题栏并拖动鼠标到目标位置,再释放鼠标。

对话框的关闭:单击　　　按钮,单击"确定"按钮或"取消"按钮。

帮助信息:单击　　按钮,将打开 Windows 帮助中心。

对话框中各参数的设置。单选按钮和复选框:单选按钮形如　　或　　,前者为没有选中,后者为选中。复选框形如　　或　　,前者为没有选中,后者为选中。文本框显示为一个矩形框,可输入文字或数字。命令按钮以圆角矩形显示且带有文字说明的按钮,如　　　　。单击命令按钮会立即执行一个命令。列表框以矩形框形式显示列出可供选择的选项。下拉列表框与列表框类似,只是将选项折叠起来,右侧有一个下三角按钮,单击此按钮后会弹出所有的选项。数值框用于输入或选中一个数值,由文本框和微调按钮组成,如 2.54 厘米 。可以直接在数值框中输入数值,也可以通过后面的按钮设置数值。

(4) 创建快捷方式

桌面上那些五颜六色的图标不全是系统自带的,有一些是某个文件或文件夹的快捷方式,快捷方式图标上一般带有一个箭头。这个箭头就是用来表明该图标是一个快捷方式。快捷方式的使用很简单,只需要双击它就可以打开相对应的文件或文件夹。有了快捷方式后,用户不需要记忆那些烦琐的路径,只需用鼠标双击就可以了。常见创建快捷方式有以下几种。

① 右击桌面空白处,在弹出的快捷菜单的"新建"子菜单下的"快捷方式"命令,打开"创建快捷方式"对话框,如图 5-26 所示。用户只需输入相应文件或文件夹的路径即可,也可以单击"浏览"按钮找到相应的位置。

② 在想要创建快捷方式的文件或文件夹上,单击鼠标右键,选择"发送到"中的"桌面快捷方式"命令即可。

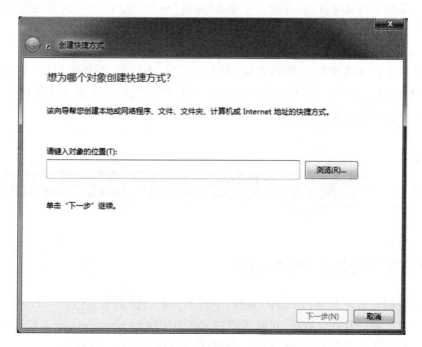

图 5-26 创建快捷方式对话框

(5) 文件和文件夹

计算机文件属于文件的一种,与普通文件载体不同,计算机文件是以计算机硬盘为载体存储在计算机上的信息集合。文件通常具有 3 个字母的文件扩展名,用于区分文件类型。文件可以是文本文档、图片、程序等。

文件夹是用来协助用户管理计算机文件的,每一个文件夹对应一块磁盘空间,它提供了指向对应空间的地址,它没有扩展名,也就不像文件的格式用扩展名来标识。但它有几种类型,如:文档、图片、相册、音乐、音乐集等。

1) 新建文件和文件夹

在窗口菜单中选择"文件"→"新建"→"文件夹"或"文件"命令即可。

2) 重命名文件和文件夹

用鼠标单击选定要重命名的文件或文件夹,单击窗口中"文件"→"重命名"命令或单击鼠标右键,在弹出的快捷菜单中选择"重命名"命令,即可重命名文件或文件夹。

3) 删除文件和文件

用鼠标单击选定要删除的文件或文件夹,在窗口中单击"文件"→"删除"命令或单击鼠标右键,在弹出的快捷菜单中选择"删除"命令,即可删除文件或文件夹。

4) 选定文件和文件夹

选定单个文件或文件夹:把鼠标移到该文件或文件夹的上方,用鼠标单击即可选定。

选定多个连续的文件或文件夹:用鼠标单击要选定连续文件或文件夹的第一个文件或文件夹后,再按住键盘上的 Shift 键,用鼠标单击最后一个文件或文件夹即可。

选定多个不连续的文件或文件夹:用鼠标单击选定第一个文件或文件夹后,再按住键盘上的 Ctrl 键不放,用鼠标依次单击要选定的文件或文件夹即可。

选定全部文件或文件夹:在窗口中单击"编辑"→"全选"命令或同时按键盘上的 Ctrl+A 键即可选定全部文件或文件夹。

5) 文件和文件夹的查看方式

文件和文件夹的查看方式有:图标(超大、大、中、小)、列表、详细信息、平铺和内容。用户可在窗口中单击"查看"下拉列表中或单击工具栏上右侧的查看方式按钮,任意选择一种方式即可更改查看方式。

学习任务 4　文字处理软件的安装与使用

一、文字处理软件的安装

(1) 在浏览器搜索 Word 2010 软件,下载 Word 2010 的安装包。

(2) 将下载好软件包解压,在解压后的文件夹中找到 Setup.exe 安装程序。

(3) 双击文件夹里的 setup.exe 安装程序,开始安装 Word 2010。

(4) 开始安装后,会出现许可协议界面,勾选"我接受此协议的条款",并单击"继续",进行安装。

(5) 在选择所需的安装界面,可以选择立即安装,也可以选择自定义安装,自定义安装的好处是可以去掉用户不需要安装的软件项目,并自己选择软件的安装位置,以自定义安装为例继续安装。

(6) 选择自定义安装后,会进入安装选项界面,用户可以将不需要的软件项目去掉,只保留需要的软件项目。

(7) 在安装选项旁边有个"文件位置"模块,用户可以在该处选择软件的安装位置。

(8) 在自定义完成,用户单击立即安装,软件就开始自行安装。

(9) 等待一段时间后,Word 2010,安装完成。

二、文字处理软件的基本操作

(一) Word 2010 的启动

(1) 双击 Word 程序图标。双击桌面上的 Microsoft Word 2010 图标即可。

(2) 通过"开始"菜单启动。单击"开始"→"所有程序"→"Microsoft Office"→"Microsoft Word 2010"命令,即可启动。

(二) 文字处理软件窗口的组成

Word 2010 的窗口主要由标题栏、快速访问工具栏、功能区、文档编辑区、状态栏、滚动条等组成。

(1) 标题栏:位于 Word 2010 操作界面的顶端,从左至右分别显示:窗口控制菜单图标、快速访问工具栏、标题显示区、窗口控制按钮。

(2) 快速访问工具栏:单击该工具栏右侧的下拉按钮,可在弹出的下拉列表中选择需要添加到快速访问工具栏的按钮。

(3) 功能区:Word 2010 功能区由 8 个功能选项卡组成,分别是"开始""插入""页面布局""引用""邮件""审阅""视图"和"加载项"。每个选项卡有根据功能分为若干设置组,每组中的命令按钮都可以执行一项命令或显示各命令菜单。

(4) 文档编辑区:文档编辑区是输入、编辑文本、表格、图形的工作区域。

(5) 状态栏:位于操作界面的最底部,显示当前文档的相关信息。

(6) 滚动条:可用于更改正在编辑的文档的显示位置。

(三) 文本的录入与编辑

1. 文本的录入

(1) 新建文档

启动 Word 2010 后,系统创建一个新文档,默认文档名是"文档 1.doc"。如果在启动 Word 2010 后,需要建立另一个文档,可用以下两种方法。

① 选择"文件"→"新建"命令,选择"空白文档",选项,单击"创建"按钮即可建立一个新文档。

② 按 Ctrl+N,即可创建新文档。

(2) 录入文档

文档启动后屏幕显示一个空白文档用户输入内容,此时,文本编辑区左上角有一个闪烁竖条,指明了文本插入的位置,称为插入点。在输入过程中要注意以下几点。

① 各段文字的输入应从首列开始,这样可以保证格式统一,同时还能提高输入效率,并且为以后排版提供方便,不要通过按空格键来实现缩进 2 字符。

② 输入到各行结尾时,不要按 Enter 键换行,想要继续输入直至文档自动换行。按 Enter 键会形成一个回车符,标明一个段落结束,需要输入新的段落。

③ 在输入过程中出现输入错误,可单击"快速访问工具栏"栏中的"撤销"和"恢复"按钮。

④ 在键盘上无法直接输入的字符时,如☎、📖、★、🎔,要单击"插入"→"符号"选项组下的"符号"按钮进行输入。

2. 文本的编辑

编辑文本是文字处理的一项最基本的操作。在输入文本过程中,经常会出现错别字及错误的标点符号等,因此,在输入文本后需要对文本进行修改,文本的修改操作过程就称为编辑文档。主要有文本的删除、插入、复制和查找等基本编辑操作。

(1) 选定文本

在文档文本编辑操作中要循序"先选定,后操作"的原则,选定文本的方法有以下几种。

① 选定一行。用鼠标单击该行左侧的选定栏。

② 选定一段。用鼠标双击该段左侧的选定栏。

③ 选定整篇文档。用鼠标三击该文档左侧的选定栏或单击"开始"→"编辑"选项组下的"选定"按钮,在列表中选择"全选"命令或按 Ctrl+A 组合键。

(2) 插入文本

在文本的编辑过程中,经常需要在原有文本的基础上插入新的内容,以便使原来的内容更加充实。移动光标到需要插入的位置,输入文本即可完成插入操作。

Word 2010 提供许多特殊符号,如希腊字母,标号、符号、公式等,如果要插入这些,可单击"插入"→"符号"选项组下的选项即可。

(3) 删除文本

① 按 Backspace 键删除光标左侧的一个汉字或一个字符。

② 按 Delete 键删除光标右侧的一个汉字或一个字符。

(4) 复制、移动文本

① 复制文本。选定要复制的文本,单击"开始"→"剪贴板"选项组下的"复制"命令,在移动鼠标到插入的位置,单击"粘贴"命令,即可完成文本的复制。

② 移动文本。选定要移动的文本,单击"开始"→"剪贴板"选项组下的"剪切"命令,在移动鼠标到插入的位置,单击"粘贴"命令,即可完成文本的移动。

(5) 撤销与恢复

① 撤销。在文档进行编辑操作时,如果对前面的操作感到不满意,可利用"撤销"操作恢复到原来的状态,可单击"快速访问工具栏"中的"撤销"按钮或组合键 Ctrl+Z 即可撤销刚才执行的操作。

② 恢复。恢复操作能够恢复已撤销的操作,可单击"快速访问工具栏"中的"恢复"按钮或组合键 Ctrl+Y 即可恢复刚才执行撤销的操作。

(6) 查找与替换

① 查找。查找操作作用是在长文档中查找特定内容,并且快速将插入点移到该位置。单击"开始"→"编辑"选项组下的"查找"命令,打开对话框,在"查找内容"文本框中输入要查找的文本,单击"查找下一处"按钮开始查找。查到的字符会"反白"显示。

② 替换。替换操作作用于当前文本中搜索指定文本,并用其他文本将其替换。单击

"开始"→"编辑"选项组下的"查找替换"命令,打开对话框,在"查找内容"文本框中输入要查找的文本,在"替换"文本框中输入要替换的新内容,单击"替换"或"全部替换"按钮即可。若查找的内容或替换的内容都有格式的要求,则需要用到格式设置。

(四) 文档的保存

在文档编辑后,保存工作簿的方法有以下几种:
(1) 单击"快速访问工具栏"上的"保存"按钮;
(2) 单击"文件"菜单中的"保存"命令;
(3) 单击"文件"菜单中的"另存为"命令;
(4) 使用快捷键"Ctrl + S"。

(五) 文字处理软件的退出

在完成对所有文档的编辑后,要关闭文件,退出 Word 2010,方法有以下几种:
(1) 单击"文件"菜单中的"退出"命令;
(2) 单击窗口右上角的"关闭"按钮 ;
(3) 双击窗口左上角的控制图标 ,或单击控制图标,在控制菜单中选择"关闭";
(4) 按组合键 Alt+F4。

三、文档的编排与设置

在 Word 2010 中,输入的文档格式默认为常规、宋体、五号字,段落文本默认两端对齐。但这些往往不能符合用户的要求,需要对文档的格式重新进行编排、设置,使文档变得美观。Word 2010 提供了强大的字符格式和段落格式及文档页面设置的功能,以满足用户的要求。

(一) 字符格式的设置

在 Word 2010 中,用户可以为字符设置多种格式,其中包括字体、字号、字形、字体颜色等。字符的格式化是一项简单的工作,但对文本的外观影响极大。

1. 设置字体

新建文档后,系统默认字体为宋体、五号字。但 Word 2010 提供了多种字体,常见有宋体、仿宋、楷体、黑体、隶书等,可根据需要进行设置,具体操作步骤如下:
(1) 选定需要设置字体的文本;
(2) 单击"开始"→"字体"选项组中的"字体"按钮 宋体(中文正 ,在下拉列表中选择需要的字体即可。

2. 设置字号

字号是指字符的大小,通常中文字号和英制字号两种表示方法,中文表示法,如"一号、

二号"等,字号越大对应的字符就越大,而英制字号以磅为单位,如 5、10 等,数字越大字符也就越大。具体操作步骤如下:

(1) 选定需要设置字符的文本;

(2) 单击"开始"→"字体"选项组中的"字号"按钮 五号 ▼,在下拉列表中选择适合的字号即可。

3. 设置字形

字形设置可以是文本更加醒目。一般系统默认字形是常规,此外还有加粗、倾斜和加粗倾斜。具体操作步骤如下:

(1) 选定需要设置字形的文本;

(2) 单击"开始"→"字体"选项组中的"加粗"按钮 **B**,选定文本变成粗体;单击"字体"选项组中的"倾斜"按钮 *I*,选定文本变成斜体;同时选择加粗倾斜按钮,选定文本变成倾斜的粗体倾斜。

4. 设置字体颜色

(1) 选定需要设置字体颜色的文本。

(2) 单击"开始"→"字体"选项组中的"字体颜色"按钮 **A** ▼,在下拉列表中选择适合的字体颜色即可。

5. 添加下划线

(1) 选定需要添加下划线的文本;

(2) 单击"开始"→"字体"选项组中的"下划线"按钮 U ▼,在下拉列表中选择适合的下划线样式和颜色即可。

6. 其他设置

除对选定文本设置字体、字号、字形、字体颜色、下划线外,还可用同样的方法对字符的上标、下标、删除线、字符底纹进行设置。这些设置都是用"字体"选项组上的按钮实现的。但实际上有些要求是无法用它来解决的,需要"字体"对话框中通过不同的选项卡来解决,具体操作步骤如下:

(1) 选定需要设置的文本;

(2) 单击"开始"→"字体"选项组中右下角的斜箭头 ,即可弹出"字体"对话框,如图 5-27 所示。

(3) 在弹出的"字体"对话框中,可以执行以下操作。

在"字体"选项卡中,可以一次性对所需设置的文本进行逐项进行设置。

在"高级"选项卡中,可以对字符的缩放、间距及位置进行设置。"缩放"是指字符的宽度,以百分数来表示,例如:100%表示字符的宽度和高度相等(默认 100%);"间距"是指相邻字符间的距离。列表中有"标准""加宽""紧缩"三个选项,此外还可以在"磅值"文本框中输入具体要设置的磅值;"位置"列表中有"标准""提升""降低"三个选项,也可在"磅值"文本框中输入具体要设置的磅值,如图 5-28 所示。

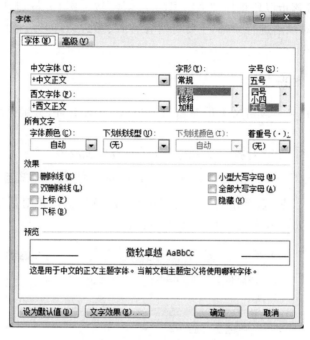

图 5-27 "字体"对话框

图 5-28 "高级"选项卡

(4) 设置完后,单击"确定"按钮即可。

(二)段落格式的设置

Word 中的段落指以段落标记为结尾的文本块,按一次 Enter 键产生一个段落标记。段落格式的设置是对段落进行编排,主要有对齐方式、缩进、行间距、段间距、项目符号与编号等进行设置。

1. 设置段落对齐方式

段落对齐方式是指段落文本的左右对齐方式,共有五种,分别是两端对齐、左对齐、居中、右对齐和分散对齐。

(1)选定要进行设置对齐的段落或将插入点放置该段中;

(2)单击"开始"→"段落"选项组下的"对齐"按钮,即可看到设置效果;或单击"开始"→"段落"选项组右下角的斜箭头,弹出的段落对话框,如图 5-29 所示,在常规选项中选择"对齐方式",单击"确定"按钮即可。

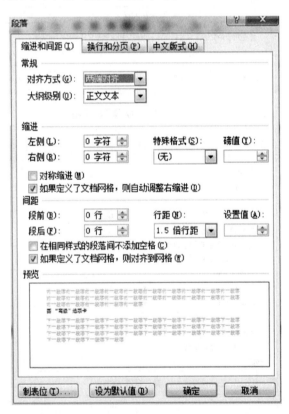

图 5-29 "段落"对话框

2. 设置行间距

行间距是指段落中行与行之间的距离。Word 中提供了 6 种,分别是单倍行距、1.5 倍行距、2 倍行距、最小值、固定值和多倍行距。

(1)选定要进行设置行间距的段落或将插入点放置该段中;

(2)单击"开始"→"段落"选项组下的"行和段间距"按钮,在下拉列表中选择即可;或单击"开始"→"段落"选项组下右下角的斜箭头,弹出的段落对话框,如图5-29所示,单击"行距"下拉列表,在列表中出现了6种选择。根据实际需要进行选择,若选择了后3种中的一种,还需要在"设置值"数值框中输入相应的数值。设置完成后,单击"确定"按钮即可。

3. 设置段落间距

段落间距是指段落与段落之间的距离,包括段前和段后两种距离。
(1)选定要进行设置段落间距的段落或将插入点放置该段中;
(2)单击"开始"→"段落"选项组下的"行和段间距"按钮;在列表中选择"行距选项"命令,或单击"开始"→"段落"选项组下右下角的斜箭头,弹出的段落对话框,如图5-29所示。根据实际需要,在"段前"和"段后"数值框中输入相应的数值或单击增减箭头,设置完成后,单击"确定"按钮即可。

4. 设置段落缩进

段落缩进是指段落各行相对于左右页边距的位置,共4种,分别是左缩进、右缩进、首行缩进和悬挂缩进。
(1)选定要进行设置段落缩进的段落或将插入点放置该段中;
(2)单击"开始"→"段落"选项组下的"行和段间距"按钮,在列表中选择"行距选项"命令,或单击"开始"→"段落"选项组下右下角的斜箭头,弹出的段落对话框,如图5-29所示。在"缩进"栏中输入左右缩进量;在"特殊格式"列表中选择"首行缩进"或"悬挂缩进",在"度量值"数值框中输入相应缩进量,设置完成后,单击"确定"按钮即可。

5. 设置项目符号和编号

(1)项目符号。用于对一系列重要的项目或论点的标注,可以是文档条理清楚,重点突出,提高文档编辑速度,提高工作效率。具体操作方法及步骤如下。

使用功能区命令添加:选中要添加项目符号的段落,在"开始"→"段落"选项组中单击"项目符号"按钮,在下拉列表中,选中所需的项目符号,即可完成符号的添加。

① 自定义项目符号:在"开始"→"段落"选项组中单击"项目符号"按钮,在列表中选择"定义新项目符号"命令,弹出"定义新项目符号"对话框中,单击"符号"按钮。在打开的"符号"对话框中,选择合适的符号样式,单击"确定"按钮。在"定义新项目符号"对话框中,可查看到刚定义的新符号,然后设置好符号的对齐方式,单击"确定"按钮。再次单击"项目符号"按钮,在列表中会显示出新符号。

② 批量删除项目符号:若想删除项目符号,先选中带符号的文本内容,单击"项目符号"按钮,在弹出的列表中,选择"无"选项,即可批量删除。

(2)项目编号。编号主要是为了表示段落之间的逻辑关系。具体操作方法及步骤如下。

① 使用功能区命令添加:选中要添加项目符号的段落,在"开始"→"段落"选项组中单

击"编号"按钮，在列表中，选中所需的编号，即可完成符号的添加。

② 自定义项目符号：在"开始"→"段落"选项组中单击"编号"按钮，在列表中选择"定义新编号格式"命令，弹出"定义新编号格式"对话框中，单击"编号样式"按钮，选择新样式。单击"字体"按钮，在弹出的"字体"对话框中对当前字体进行设置。在"编号格式"文本框中输入编号的格式，例如添加括号。单击"对齐方式"按钮，选择"居中"选项，即可更改编号的位置。设置完成后，单击"确定"按钮返回。再次单击功能区"编号"按钮时，可查看到新编号样式，选择该编号，即可将其添加至文本中。

③ 批量删除项目符号：若想删除编号，先选中带编号的文本内容，单击"编号"按钮，在弹出的列表中，选择"无"选项，即可批量删除。

6. 设置首字下沉

首字下沉式报刊中常见的一种文本修饰方式，使用该方式可以很好地改善文档的外观，使文档看起来活泼，引人注目。具体操作步骤如下。

(1) 将插入点定位在需要设置首字下沉的段落中。

(2) 单击"插入"→"文本"选项组中的"首字下沉"按钮，在列表中选择下沉方式即可；若想对"首字下沉"进一步设置，单击"首字下沉选项"命令，弹出"首字下沉"对话框，如图 5-30 所示。在"位置"栏中，选择"下沉"方式；在"选项"栏中，指定字体、下沉行数和距正文的参数。单击"确定"按钮即可。

图 5-30 "首字下沉"对话框

(三) 文档页面的设置

1. 设置纸张

(1) 单击"页面布局"→"页面设置"选项组中的"纸张大小"按钮，在列表中选择纸张类型即可。或单击列表中的"其他页面大小"命令，弹出"页面设置"对话框。

(2) 在"纸张大小"栏中，选择纸张大小。如果选择"自定义"纸张大小，可在"宽度"和"高度"数值框中设置数值。在"应用于"列表按钮中选择页面设置使用的范围。

(3) 设置完成后，单击"确定"按钮即可。

2. 页边距

页边距是页面的边线到文字的距离。

(1) 单击"页面布局"→"页面设置"选项组中的"页边距"按钮，在列表中选择合适的页边距即可；或单击"页面布局"→"页面设置"选项组中的"页边距"按钮，在列表中选择"自定义边距"，弹出"页面设置"对话框。

(2) 单击"页边距"选项卡，在"页边距"选项中分别设置上、下、左、右数值。

(3) 单击"确定"按钮即可。

3. 纸张方向

单击"页面布局"→"页面设置"选项组中的"纸张方向"按钮，在列表中选择纸张方向即可。

4. 分栏

(1) 选中要设置分栏的段落。

(2) 单击"页面布局"→"页面设置"选项组中的"分栏"按钮，在列表中选择分栏数即可。或单击"页面布局"→"页面设置"选项组中的"分栏"按钮，在列表中选择"更多分栏"，弹出"分栏"对话框。在"预设"栏选择要分栏的栏数，若需要分更多栏，在"栏数"的文本框内输入要分的栏数。选定栏数后，下面的"宽度和间距"框内会自动列出每一栏的宽度和间距，可以重新输入数据修改栏宽。单击"栏宽相等"则所有的栏宽度相同。单击"分割线"复选按钮，可以在栏与栏之间加上分割线。

(3) 设置完成后，单击"确定"按钮即可。

5. 文字方向

(1) 选中要设置文字方向的段落。

(2) 单击"页面布局"→"页面设置"选项组中的"文字方向"按钮，在列表中选择文字方向即可。

6. 插入页眉/页脚

(1) 单击"插入"→"页眉和页脚"选项组中的"页眉"或"页脚"按钮，在列表中选择满意的页眉/页脚样式。

(2) 选择完成后，在该页面顶端即可添加空白页眉/底部即可添加页脚然后在"输入文字"文本框中输入页眉/页脚文字。

(3) 输入完成后，在"开始"→"字体"选项组中设置页眉文字的字体和大小等。

(4) 单击"设计"→"位置"选项中的插入"对齐方式"按钮，打开"对齐制表位"对话框。

(5) 单击"对齐方式"选项下的选择一种对齐方式即可。

(6) 为了美化页眉/页脚，可适当添加一些图片来衬托。单击"设计"→"插入"选项组中的"图片按钮"，添加图片，适当调整图片的大小。

(7) 设置完成后，单击"关闭页眉和页脚"按钮，即可查看页眉/页脚效果。

(8) 如果用户对添加的页眉页脚不满意，可单击"插入"选项组中的"页眉"和"页脚"按钮，在列表中选择"编辑页眉"或"编辑页脚"命令即可修改。

(9) 若想删除页面页脚，可在"页眉"或"页脚"列表中选择"删除页眉"或"删除页脚"命令即可删除。

7. 插入页码

(1) 单击"插入"→"页眉和页脚"选项组中的"页码"按钮，在列表中选择"设置页码格式"命令,弹出"页码格式"对话框。

(2) 在"编码格式"列表中,选择满意的页码样式,在"页码编号"选项中,单击"起始页"单选按钮,单击"确定"按钮。

(3) 再次单击"页码"按钮,在列表中选择页码显示的位置。

(4) 设置完成后,在"设计"选项中单击"关闭页眉和页脚"按钮,完成页码样式的设置。

8. 打印文档

(1) 单击"文件"→"打印"命令,在级联菜单中,选择"设置"选项下的"打印所有页"下拉列表中,可选择打印范围。若选择自定义打印范围后,在"页数"文本框中输入打印页码范围。

(2) 在"单面打印"选项下拉列表中,可选择打印的方法。

(3) 在"调整"选项下拉列表中,可选择多页多份打印的顺序。

(4) 在"纵向"选项下拉列表中,可选择纸张的方向。

(5) 在"A4"选项下拉列表中,可选择纸张大小。

(6) 在"正常边距"选项下拉列表中,可调整页边距。

(7) 在"每版打印1页"选项下拉列表中,可选择每版打印的页数。

(8) 在"打印份数"数值框中输入打印的份数。

(9) 所有设置完成后,单击"打印"即可。

四、表格的创建与编辑

在文档处理中经常需要使用表格,用表格显示数据既简明又直观。Word 2010 为制作表格提供了许多方便灵活的工具和手段,可制作出满足各种要求的表格。

(一) 创建表格

Word 2010 的表格一般是指由若干行和列组成的二维表,行和列交叉形成的区域称为"单元格",单元格是表格编辑的基本单位。创建表格的操作步骤如下。

将插入点定位到要创建表格的位置。

(1) 单击"插入"→"表格"选项,在列表中选择"插入表格"命令,弹出"插入表格"对话框,如图 5-31 所示。

(2) 根据实际情况设置表格参数,各参数含义如下。

① 列数和行数框:用于输入所建表格的列数和行数。

② 固定列宽。用于设置表格的固定列宽。默认值是"自动"即表格宽度与正文宽度相同,表格各列宽相同,也可在数值框中输入或调整列宽。

③ 根据内容调整表格:插入的表格将根据内容调整表格的大小。

④ 根据窗口调整表格:插入的表格将根据窗口大小调整表格的大小。

图 5-31 "插入表格"对话框

⑤ 自动套装格式:选择该项弹出一个"表格自动套用格式"对话框,从中可以选择需要的表格格式,按照选择的格式建立表格。

(3) 设置完成后,单击"确定"按钮,按以上设置插入表格;单击"取消"按钮,取消插入表格操作。

(二) 编辑表格

1. 缩放表格

Word 2010 可以像缩放图形对象一样缩放表格。当鼠标指针指向表格时,其右下角就会出现一个缩放标记。用鼠标左键拖动表格缩放标记,即可按比例调整表格的大小。

2. 插入行或列、单元格

(1) 选定行或列,单击表格工具下"布局"→"行和列"选项组的命令即可。如在上方插入、在左侧插入。

(2) 插入单元格

选定单元格,单击表格工具下"布局"→"行和列"选项组右下角的 ,打开"插入表格"对话框。根据需要在对话框中进行选择即可。

(3) 删除表格、行、列和单元格

选定要删除的区域,单击表格工具下"布局"→"行和列"选项组的"删除"按钮,选择要删除的选项即可。

(4) 单元格的合并与拆分

合并单元格是把多个单元格合并成一个单元格。拆分单元格是将一个单元格拆分成若干个单元格。在制作不规则表格时,一般情况下创建表格,然后对其中的个别单元格进行合并和拆分以达到具体要求。

① 合并单元格:选定要合并的单元格,单击表格工具下"布局"→"合并"选项组下的"合并单元格"按钮,即可将所选单元格合并成一个单元格。

② 拆分单元格:选定要拆分的单元格,单击表格工具下"布局"→"合并"选项组下的"拆分单元格"按钮,即可将所选单元格拆分为多个单元格。

(5) 表格合并与拆分

合并表格是把多个表格合并成一个表格。拆分表格是将一个表格拆分成若干个表格。

① 表格的合并。表格的合并没有专门的菜单和工具按钮,只需将表格之间的空行删除,使多个表格自动合并到一起。

② 表格的拆分。将插入点置于要拆分的那一行的任意单元格中,单击表格工具下"布局"→"合并"选项组下的"拆分表格"按钮,将表格拆分为两个表格。

(6) 调整行高、列宽

① 利用鼠标拖动设置。将鼠标移至要调整的行或列边框线上,鼠标指针自动变成"垂直双向箭头"或"水平双向箭头"时,按住鼠标左键,拖动到适合位置后释放鼠标左键即可。

② 利用"表格属性"对话框调整。选定要调整的区域,单击表格工具下"布局"→"表"选项组下的"属性"按钮,弹出"表格属性"对话框,在对应行或列选项卡下进行参数设置,设置

完成后,单击"确定"按钮即可。

(7) 设置边框和底纹

① 添加边框。选定要添加边框的单元格或表格,单击表格工具下"设计"→"表格样式"选项组下的"边框"按钮,在列表中选择"边框和底纹"命令,弹出"边框和底纹"对话框,如图 5-32 所示。根据实际情况,分别在设置、样式、颜色、宽度及应用于进行设置,设置完成后,单击"确定"按钮即可。

图 5-32 "边框和底纹"对话框

② 添加底纹。选定要添加边框的单元格或表格,单击表格工具下"设计"→"表格样式"选项组下的"底纹"按钮,在列表中选择适合的颜色或单击"边框"列表下的"边框和底纹"命令,在其对话框中选择"底纹"选项卡,根据实际情况,可在填充、图案选项区的进行设置,设置完成后,单击"确定"按钮即可。

(8) 设置表格内数据对齐方式

在表格的单元格中,数据的对齐方式处理通常的五种方式外,还有专门用于单元格的对齐方式,对水平排列和垂直排列的单元格数据共有九种对齐方式,具体操作如下:

① 选定要设置数据对齐的单元格;

② 在单击表格工具下"布局"→"对齐方式"选项组中,根据实际情况选择对齐方式(九种)即可,如图 5-33 所示。

图 5-33 对齐方式

五、插入并设置对象

（一）插入对象

1. 插入自选图形

（1）单击"插入"→"插图"选项组下的"形状"按钮，在列表中单击任意一组中的自选图形。

（2）在插入点位置上，会出现绘图画布。单击画布外的空白区域，则会隐藏画布。

（3）在画布中，按住鼠标左键拖动至合适位置，即可创建自选图形。

2. 插入图片

（1）单击"插入"→"插图"选项组下的"图片"按钮，弹出"插入图片"对话框。

（2）在"插入图片"对话框中的"查找范围"列表中找到图片的存放的位置。

（3）单击要插入的图片，单击"插入"按钮，该图片即可插入到文档中。

3. 插入剪贴画

（1）单击"插入"→"插图"选项组下的"剪贴画"按钮，弹出"剪贴画"任务窗格。

（2）在"剪贴画"任务窗格的"搜索"文本框中，输入所需剪贴的单词或文件名。

（3）单击"搜索"按钮，在搜索列表框中，单击剪贴画即可插入到文档中。

4. 插入艺术字

（1）选择需要设置艺术字的文本。

（2）单击"插入"→"文本"选项组下的"艺术字"按钮，在列表中选择一种艺术字样式，在文档中被选中的文字就以艺术字的效果显示。

5. 插入文本框

（1）单击"插入"→"文本"选项组下的"文本框"按钮，在列表中单击"绘制文本框"或"绘制竖排文本框"命令。

（2）在文档中，鼠标指针将变成"十"字形，按住鼠标左键拖动，即可绘制一个"横排文本框"或"竖排文本框"。

（二）设置对象

1. 编辑图形

（1）选定图形

将鼠标指针移至该图形上，单击鼠标左键即可选定图形。

(2)移动图形

选定图形,将鼠标移动到选定图形的边缘上,当鼠标执政变成双十字箭头状时,按住鼠标左键并拖动,可移动图形的所需位置。

(3)复制图形

选定图形,单击"开始""剪贴板"选项组中的"复制"按钮,光标定位到目标位置后,单击"粘贴"按钮即可。

(4)删除图形

选定图形,按键盘上的 Delete 键和 Backspace 键即可删除。

(5)改变形态

选定一个自选图形,把鼠标移到图形形态控点(黄色菱形块)上,当鼠标指针形状发生变化时,拖动鼠标,可改变自选图形形态,如图 5-34 所示。

图 5-34　自选图形改变形态

2. 编辑图片

(1)调整图片的大小

选中图片,图片边框上将出现 8 个控制句柄。将鼠标指针指向控制标记,待鼠标指针变成双箭头形状时,按住鼠标左键拖动,可改变图片的大小。

(2)改变图片位置

选中图片,将鼠标指针指向图片并按下鼠标左键,待鼠标指针旁出现虚线框时,拖动图片即可移到新位置。

(3)裁剪图片

选中图片,单击"格式"→"大小"选项组下的"裁剪"按钮,鼠标指针旁出现一个裁剪标记,然后将鼠标指针移到图片边框的控制标记上,按住鼠标左键拖动,释放鼠标左键,虚线之外的部分已被裁剪掉。

(4)设置文字环绕方式
① 选中需要设置文字环绕方式的图片。
② 单击"格式"→"排列"选项组下的"位置"按钮,在列表中选择"其他布局选项"命令,弹出"布局"对话框。
③ 单击"文字环绕"选项卡,可设置环绕方式、自动换行和距正文的距离。
④ 设置完成后,单击"确定"按钮。

3. 编辑艺术字

(1)设置艺术字样式
① 选定艺术字,单击"绘图工具"→"格式"→"艺术字样式"选项组中,选择一种艺术字样式。
② 单击"文本填充"按钮,可设置文本的填充颜色。
③ 单击"文本轮廓"按钮,可设置文本的线型颜色。
④ 单击"文本效果"按钮,可进一步设置文本的形状及特殊显示效果。

(2)设置艺术字样式
选定艺术字,单击"绘图工具"→"格式"→"形状样式"选项组中,选择一种艺术字形状样式。
单击"形状填充"按钮,可进一步设置艺术字形状颜色。
单击"形状轮廓"按钮,可进一步设置艺术字形状边框颜色。
单击"形状效果"按钮,可进一步设置艺术字形状的特殊显示效果。

(3)设置艺术字环绕
选定艺术字,单击"绘图工具"→"格式"→"形状样式"选项组下的"自动换行"按钮,可对设置所选对象的文字环绕方式。

(4)设置艺术字位置
选定艺术字,单击"绘图工具"→"格式"→"形状样式"选项组下的"位置"按钮,可设置所选对象在页面中的位置。

4. 编辑文本框

(1)选定文本框
单击文本框边框线,文本框被选定,选定的文本框在周围出现8个小控制点。

(2)编辑文本框文字
单击文本框内容区域,文本框处于编辑状态,同时出现光标,可以根据用户需要在文本框中进行编辑文字。

(3)设置文本框形状
选定文本框,单击绘图工具下"格式"→"形状样式"选项组中,单击"形状填充"按钮,使用纯色、渐变、图片纹理等填充选定形状。
单击"形状轮廓"按钮,可设置文本框指定形状轮廓的颜色、宽度和线型。
单击"文本效果"按钮,可对选定形状应用外观效果,如阴影、发光、映像等。

(4)创建文本框链接
插入文本框后,可对其进行设置,除对文本框填充色、边框、文字颜色等编辑外,文本框还有一个特殊的设置,即文本框链接。

文本框链接是多个文本框之间建立链接关系,相互链接的文本框,其中的内容也是连为一体的,就是在前一个文本中容纳不下的内容,会自动转入到一个文本框中。使用链接文本框可以更加灵活的编排版式。

① 单击"插入"→"文本"选项组下的"文本框"按钮,在列表中选择一款合适的文本框样式。

② 自动插入该文本框,将光标置于该文本框任意控制点上,按住鼠标左键拖动即可更改文本框大小。

③ 将该文本框调整好的位置后,再次单击"文本框"按钮,插入一个空白文本框。

④ 将光标放置于文本框上,当光标变成十字箭头时,按住数遍左键拖动至合适位置,即可移到文本框。

⑤ 单击文本框的任意一点,当文本框变成可编辑状态时,即可输入文本内容。

⑥ 输入完成后选择该文本框,单击"文本框工具""格式"选项组中的"创建链接"按钮。

⑦ 当光标变成水杯链接形状时,单击第二个文本框,此时在第一个文本框中显示不下的文本已成功链接并显示在第二个文本框中。依次类推,即可创建多个相互链接的文本框。

设置文本框链接后,文本框中的内容将跟随文本框大小的变化而变化,若想断开连接,只需选定文本框,在"文本框工具"→"格式"→"文本"选项组中单击"断开链接"按钮即可。

学习任务5 电子表格软件的安装与使用

Excel 2010 是 Microsoft Office 推出的新一代办公软件系列中重要的组件之一,是功能强大,使用方便的一个电子表格软件,它能够通过表格中输入数据,完成计算、统计分析、制表和处理数据等功能。被广泛应用于统计分析、财务管理分析、经济、行政管理等各个方面。

(一)电子表格软件的安装步骤

(1)在浏览器中搜索 Microsoft Office 2010 软件,下载 Office 2010 的安装包。

(2)将下载好的软件包解压,在解压后的文件夹中找到 Setup.exe 安装程序。

(3)双击文件夹里的 setup.exe 安装程序,开始安装 Excel 2010。

(4)开始安装后,会出现许可协议界面,勾选"我接受此协议的条款",并单击"继续"按钮,进行安装。

(5)在选择所需的安装界面,可以选择立即安装,也可以选择自定义安装,自定义安装的好处是可以去掉用户不需要安装的软件项目,并自己选择软件的安装位置,以自定义安装为例继续安装。

(6) 选择自定义安装后,会进入安装选项界面,用户可以将不需要的软件项目去掉,只保留需要的软件项目。

(7) 在安装选项旁边有个"文件位置"模块,用户可以在该处选择软件的安装位置。

(8) 在自定义完成,用户单击立即安装,软件就开始自行安装。

(9) 等待一段时间后,Excel 2010,安装完成。

(二) 电子表格软件的基本操作

1. Excel 2010 的启动

(1) 双击 Excel 程序图标。双击桌面上的 Microsoft Excel 2010 图标即可。

(2) 通过"开始"菜单启动。单击"开始"→"所有程序"→"Microsoft Office"→"Microsoft Excel 2010"命令,即可启动。

2. Excel 2010 窗口的组成

Excel 2010 窗口主要由标题栏、快速访问工具栏、功能区、编辑栏、工作表编辑区、工作表标签、状态栏、滚动条等部分组成,各部分的功能和作用分别介绍如下。

(1) 标题栏:位于 Excel 2010 操作界面的顶端,从左至右分别显示窗口控制菜单图标、快速访问工具栏、标题显示区、窗口控制按钮。

(2) 快速访问工具栏:该工具栏位于工作界面的左上角,包含一组用户使用频率较高的工具,如"保存""撤销"和"恢复"。用户可单击"快速访问工具栏"右侧的倒三角按钮,在展开的列表中选择要在其中显示或隐藏的工具按钮。

(3) 功能区:位于标题栏的下方,是一个由 9 个选项卡组成的区域。Excel 2010 将用于处理数据的所有命令组织在不同的选项卡中,单击不同的选项卡标签,可切换功能区中显示的工具命令。在每一个选项卡中,命令又被分类放置在不同的组中。组的右下角通常都会有一个对话框启动器按钮,用于打开与该组命令相关的对话框,以便用户对要进行的操作做更进一步的设置。

(4) 编辑栏:用于输入和修改活动单元格中的数据。当在工作表的某个单元格中输入数据时,编辑栏会同步显示输入的内容。

(5) 工作表编辑区:用于显示或编辑工作表中的数据。

(6) 工作表标签:位于工作簿窗口的左下角,默认名称为 Sheet1、Sheet2、Sheet3...单击不同的工作表标签可在工作表间进行切换。

(7) 状态栏:位于操作界面的最底部,显示当前文档的相关信息。

(8) 滚动条:分垂直滚动条和水平滚动条。拖动滚动条的滚动模块或单击滚动箭头,可显示文档的不同部分。

3. 工作簿的保存

在文档编辑后,保存工作簿的方法有以下几种:

(1) 单击"快速访问工具栏"上的"保存"按钮;

(2) 单击"文件"菜单中的"保存"命令;

(3) 单击"文件"菜单中的"另存为"命令；

(4) 使用快捷键 Ctrl+S。

4. 电子表格软件的退出

在完成对所有文档的编辑后,要关闭文件,退出 Excel 2010,方法有以下几种：

(1) 单击"文件"菜单中的"退出"命令；

(2) 单击窗口右上角的"关闭"按钮 ；

(3) 双击窗口左上角的控制图标 ，或单击控制图标,在控制菜单中选择"关闭"；

(4) 按组合键 Alt+F4。

（三）工作表的编辑

在 Excel 单元格中可以输入两种类型的数据：常量和公式。常量的值是不变的,包括数字、文字、日期和时间；公式用于计算数据,可以是一个常量、单元格引用、函数或操作符的序列。

1. 输入数据

(1) 输入文本

文本包括汉字、英文字母、作为字符串处理的数字、空格以及键盘能输入的符号,文本型数据在单元格中默认左对齐。

输入文本型数据时,只要将单元格选中,直接在其中输入文本,按 Enter 键即可。如果用户输入的文本内容超过单元格的列宽,则该数据就要占用相邻的单元格。如果相邻的单元格中有数据,则该单元格中的内容就会截断显示。

如果要把数字作为文本型数据输入,在输入时必须先输入"'",然后再输入数字,这样,系统才会将输入的数字当作文本,并使它们在单元格中左对齐。

(2) 输入数值型数据

数值型数据是指包括 0 至 9,以及正号(+)、负号(-)、小数点(.)、分号(;)、百分号(%)等符号在内的数据,这类数据能以整数、小数、分数、百分数以及科学记数形式输入到单元格中,数值型数据在单元格中默认右对齐。

输入数值型数据时,要注意以下事项。

① 如果要输入分数,如 3/5,应先输入"0"和一个空格,然后再输入"3/5",否则系统会将该数据作为日期处理。

② 输入负数时,可分别用"-"或"()"来表示。例如,-8 可以用"-8"或"(-8)"来表示。

③ 如果用户输入的数字其有效位超过单元格列宽,在单元格中无法全部显示时,Excel将自动显示出若干个♯号,用户可通过调整列宽以将所有数据显示出来。

(3) 输入日期

日期也是数字,但它们有特定的格式,输入时必须按照特定的格式才能正确输入。输入日期时,应按照 MM/DD/YY 的格式输入,即先输入月份,再输入日期,最后输入年份,如10/12/2006。如果用户要输入当前日期,按"Ctrl+;"组合键即可。

(4) 输入时间

输入时间时,小时、分、秒之间用冒号分开,如 10:30:25。如果输入时间后不输入 AM 或 PM,Excel 会认为使用的是 24 小时制,且输入时要在时间和 AM/PM 标记之间输入一个空格。如果用户要输入当前的时间,按"Ctrl+Shift+;"组合键即可。

(5) 输入批量数据

在制作电子表格时,通常要在其中输入批量数据。如果一个一个地输入,这将十分麻烦且浪费时间,因此,用户可采取特定的方法来输入大批量的数据,以提高工作效率。

1) 输入相同数据

先选定要输入重复数据的单元格区域,然后输入数据后,按"Ctrl+Enter"快捷键即可。

2) 记忆式输入重复数据

所谓记忆式输入,即当某单元格输入的文字与同一列已输入的内容相同时,只要输入第一个文字,Excel 将自动填充余下的文字。

提示:使用"记忆式输入"功能必须先设置此功能,设置方法为:单击"文件"菜单中的"选项"命令,在"选项"对话框中选择"高级"选项卡,选中"为单元格启用记忆式输入"复选框,然后单击"确定"按钮,该项功能即生效。

(6) 输入可扩充数据序列

Excel 2010 中提供了一些可扩展序列,相邻单元格中的数据将按序列递增的方法进行填充,操作步骤如下:

① 在某个单元格中输入序列的初始值;

② 按住"Ctrl"键的同时用鼠标指针单击该单元格右下角的填充句柄并沿着水平或垂直方向进行拖动;

③ 到达目标位置后释放鼠标左键,被鼠标拖过的区域将会自动按递增的方式进行填充。

(7) 输入等差序列

等差序列是指单元格中相邻数据之间差值相等的数据序列。在 Excel 2010 中,输入等差序列的操作步骤如下:

① 在两个单元格中输入等差序列的前两个数;

② 选中包括这两个数在内的单元格区域;

③ 单击并拖动其右下角的填充句柄沿着水平或垂直方向拖动,到达目标位置后释放鼠标左键,被鼠标拖过的区域将会按照前两个数的差值自动进行填充。

(8) 输入等比序列

等比序列是指单元格中相邻数据之间比值相等的数据序列。在 Excel 2010 中,输入等比序列的操作步骤如下:

① 在单元格中输入等比序列的初始值;

② 单击"开始"→"编辑"→"填充"按钮,从弹出的级联菜单中选择"序列"命令,弹出"序列"对话框;

③ 在"序列产生在"选项区中选择序列产生的位置,在"类型"选项区中选中"等比序列"单选按钮,在"步长值:"文本框中输入等比序列的步长,在"终止值"文本框中输入等比序列的终止值;

④ 设置完成后,单击"确定"按钮即可。

2. 编辑单元格

（1）插入单元格

在 Excel 2010 中编辑工作表时，为了避免覆盖原有单元格中的数据，常常需要在工作表中插入单元格对其进行补充。其操作步骤如下：

① 在插入位置选定一个单元格；

② 单击"开始"→"单元格"→"插入"按钮，弹出"插入"对话框，如图 5-35 所示。

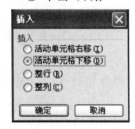

③ 在"插入"对话框中选择一种插入方式，选中"活动单元格右移"单选按钮，插入的单元格将处于原来所选的位置，原来的单元格将向右移动，选中"活动单元格下移"单选按钮，插入的单元格将处于原来所选的位置，原来的单元格将向下移动，选中"整行"单选按钮，插入的行数与选定的单元格的行数相同，选中"整列"单选按钮，插入的列数与选定的单元格的列数相同。

图 5-35 插入对话框

④ 单击"确定"按钮即可。

（2）删除单元格

有时为了去掉一些不必要的数据，需要删除一些单元格。其操作步骤如下：

① 选定要删除的单元格；

② 单击"开始"→"单元格"→"删除"按钮，或在选定的单元格中单击鼠标右键，在弹出的快捷菜单中选择"删除"命令，弹出"删除"对话框，如图 5-36 所示；

③ 在"删除"对话框中根据具体情况选择一种删除方式，选中"右侧单元格左移"单选按钮，删除选定的单元格，右侧的单元格向左移动，选中"下方单元格上移"单选按钮，删除选定的单元格，下方的单元格向上移动，选中"整行"单选按钮，删除选定的行，选中"整列"单选按钮，删除选定的列；

图 5-36 删除对话框

④ 单击"确定"按钮即可。

（3）移动和复制单元格

移动和复制单元格内容，一般常用以下几种方法：

① 使用快捷键。选定要进行复制和移动的单元格或单元格区域，按 Ctrl+C 或 Ctrl+X 快捷键，选定要粘贴的目标区域，按 Ctrl+V 快捷键即可。

② 使用菜单命令。选定要移动或复制的单元格或单元格区域，单击"开始"→"剪贴板"→"剪切"或"复制"按钮，选定要粘贴的目标单元格或目标单元格区域，单击"开始"→"剪贴板"→"粘贴"命令即可；

③ 使用快捷菜单。选定要移动或复制的单元格或单元格区域，单击鼠标右键，在弹出的快捷菜单中选择"剪切""复制"或"粘贴"命令即可。

（4）清除单元格

如果要清除单元格中的错误内容，操作步骤如下。

1）选定要清除内容的单元格或单元格区域。

2）选择"开始"→"编辑"→"清除"按钮，弹出其级联菜单。

3）"清除"级联菜单中各命令的作用如下，从几种命令中根据需要选择一种。

①"全部删除"命令:清除工作区域中所有单元格的内容和格式,包括超级链接和批注。
②"清除格式"命令:只清除选定工作区域的单元格格式,单元格内容和批注均不改变。
③"清除内容"命令:删除选定工作区域单元格中的内容(包括公式和数据),单元格格式和批注均不改变。
④"清除批注"命令:只删除选定工作区域单元格批注,单元格内容和格式均不改变。
⑤"清除超链接"命令:只清除选定工作区域单元格超链接属性,单元格内容和格式均不改变。
⑥"删除超链接"命令:除选定工作区域单元格内容不变外,其超链接、格式、批注等均被删除。

(5) 查找与替换

查找与替换是修改文档的重要手段,在 Excel 中除了可查找和替换文字外,还可查找和替换公式和批注,其应用更为广泛,进一步提高了编辑处理的效率。利用这些功能,我们可以在特定的选定区域中,用另一串字符替换现有的字符。

① 在工作表中单击任意单元格,单击"开始"→"编辑"选项组中的"查找和选择"按钮,弹出"查找和替换"对话框。

② 在弹出的对话框中,执行下列操作之一:

要查找文本数字,单击"查找"选项卡,如图 5-37 所示。

图 5-37 "查找"对话框

要查找和替换文本或数字,单击"替换"选项卡,如图 5-38 所示。

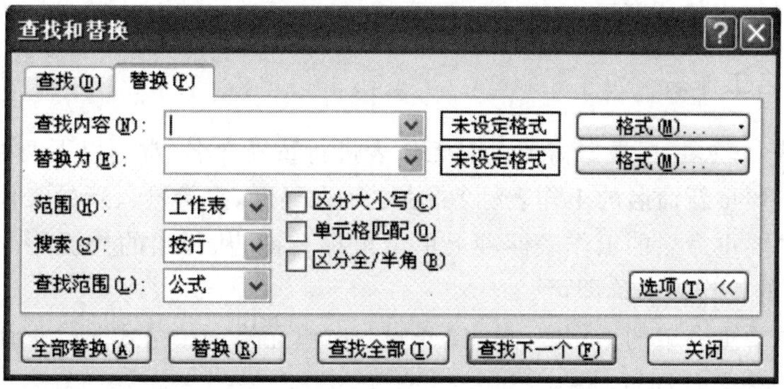

图 5-38 "替换"对话框

③ 在"查找内容"框中,输入要查找的文本或数字。可以在搜索条件中使用通配符,例如星号"*"和问号"?",使用星号查找任意字符串,如 s*d 可查找到"sad"和"started";使用问号课查找任意单个字符,如 s?t 可找到"sat"和"set"。

④ 单击"选项"进一步定义搜索,然后执行下列任何一项操作。

要在工作表或整个工作簿中搜索数据,请在"搜索范围"框中选择"工作表"或"工作簿"。

要在行或列中搜索数据,请在"搜索"框中单击"按行"或"按列"。

要搜索带有特定详细信息的数据,请在"查找范围"框中单击"公式""值"或"批注"。

要搜索区分大小写的数据,请选中"区分大小写"复选框。

要搜索只包含用户在"查找内容"框中输入的字符的单元格,请选中"单元格匹配"复选框。

⑤ 如果用户想要搜索同时具有特定格式的文本或数字,请单击"格式",然后在"查找格式"对话框中进行选择。

⑥ 执行下列操作之一:

要查找文本或数字,请单击"查找全部"或"查找下一个";

要替换文本或数字,请在"替换为"框中输入替换字符,然后单击"查找"或"查找全部"。

⑦ 要替换找到的字符的突出显示的重复项或者全部重复项,请单击"替换"或"全部替换"。

(四) 编辑工作表

创建好工作表后,往往还要对工作表进行重命名、复制、移动、删除等操作,以使其符合用户的需求,下面将对这些常见的编辑操作进行介绍。

1. 选中工作表

对工作表进行各种编辑操作前,必须先将目标工作表选中,然后才能进行其他相关操作。在 Excel 2010 中,用户可以使用以下 4 种方法选中工作表。

① 单击工作表选项卡,即可选中该选项卡对应的工作表。

② 按住 Shift 键的同时单击两个工作表选项卡,可选中这两个工作表之间的所有工作表。

③ 按住 Ctrl 键的同时依次单击多个工作表选项卡,可选中多个不连续的工作表。

④ 工作表选项卡上单击鼠标右键,从弹出的快捷菜单中选择"选定全部工作表"命令,即可选中工作簿中的所有工作表。

2. 重命名工作表

当工作表比较多时,根据需要可对工作表进行重新命名,常用以下两种方法。

(1) 双击要重新命名的工作表标签,使之反白显示,直接输入新的工作表名称即可。

(2) 选中要重命名的工作表标签上单击鼠标右键,从弹出的快捷菜单中选择"重命名"命令,输入新的工作表名称即可。

(3) 选中要重命名的工作表,单击"开始"→"单元格"→"格式"→"重命名工作表"命令,输入新的工作表名称即可。

3. 复制和移动工作表

（1）在同一个工作簿中复制和移动。用鼠标左键单击要移动工作表的选项卡，按住鼠标左键并拖动鼠标，即可移动该工作表的位置；按住 Ctrl 键的同时移动工作表，即可在移动工作表的同时复制该工作表。

（2）在不同工作簿间复制和移动。用鼠标右键单击要复制或移动的工作表，在弹出的快捷菜单中选择"移动或复制工作表"命令，弹出"移动或复制工作表"对话框，如图 5-39 所示，在下拉列表框中选择目标工作簿，选中"建立副本"复选框，单击"确定"按钮，即可在移动的同时完成工作表的复制工作。

如果取消选中"建立副本"复选框，可在不同工作簿间只移动工作表。

图 5-39 "移动或复制工作表"对话框

4. 删除工作表

当工作簿中的工作表不再使用时，可将其删除，常用两种方法删除工作表。

（1）选中要删除工作表上单击鼠标右键，从弹出的快捷菜单中选择"删除"命令即可。

（2）选中要删除的工作表，单击"开始"→"单元格"→"删除"→"删除工作表"命令即可。

（五）格式化工作表

工作表编辑完后，用户可以利用 Excel 2010 提供的美化工作表。例如设置背景图案、工作表选项卡颜色、单元格和表格的边框线等内容。

1. 添加边框

操作步骤如下：

（1）选中要添加边框的单元格或单元格区域；

（2）单击"开始"→"单元格"→"格式"下列列表中的"设置单元格格式"命令，弹出"设置单元格格式"对话框，单击"边框"选项卡，打开"边框"选项卡，如图 5-40 所示；

（3）在"预置"选区中选择相应的选项，设置单元格或单元格区域的内边框和外边框；

（4）在"边框"选区中选择相应的单元格应用边框，也可以在"边框"选区预览框内要添加边框处单击鼠标；

（5）在"线条"选区的"样式"列表中选择一种线型；

（6）在"颜色"下拉列表中选择一种边框颜色，以上参数设置如图 5-40 所示。

（7）设置好边框参数，单击"确定"按钮，效果如图 5-41 所示。

2. 添加底纹

给工作表的单元格添加背景，可以改善工作表的视觉效果。

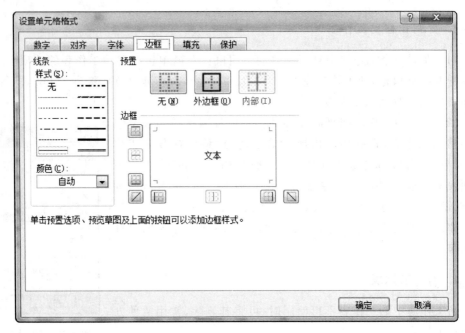

图 5-40 "设置单元格格式"对话框"边框"选项卡

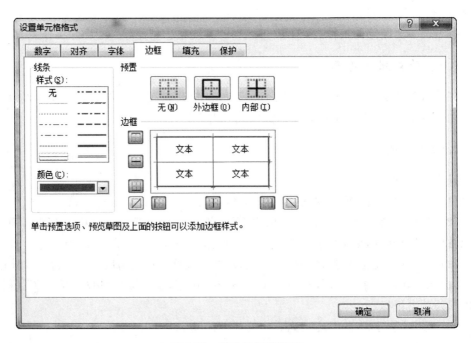

图 5-41 预设边框效果图

操作步骤如下：

(1) 选定要添加底纹的单元格或单元格区域；

(2) 单击"开始"→"单元格"→"格式"下列列表中的"设置单元格格式"命令，弹出"设置单元格格式"对话框，单击"填充"选项卡，打开"填充"选项卡，如图 5-42 所示。

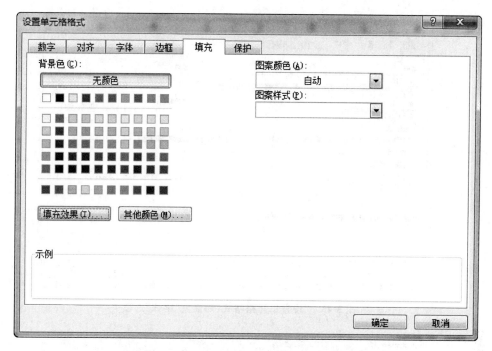

图 5-42 "设置单元格格式"对话框"填充"选项卡

（3）在该选项卡的"背景色"列表中选择一种颜色；在"图案样式"下拉列表中选择一种图案样式，在"图案颜色"下拉列表中选择一种颜色；单击"填充效果"弹出"填充效果"对话框，在"渐变"选项卡中选择"颜色"和"底纹样式"单击"确定"按钮，返回对话框。

（4）单击"确定"按钮。

提示：利用"开始"字体选项组中的"边框"按钮、"填充颜色"按钮，也可以给工作表单元格设置边框和底纹。

3. 设置字符格式

为单元格中的数据设置合适的格式，有助于美化工作表。单元格中数据字体、字形、字号和颜色的设置方法如下：

（1）选定要设置字符格式的单元格或单元格区域；

（2）单击"开始"→"单元格"→"格式"下列列表中的"设置单元格格式"命令，弹出"设置单元格格式"对话框，单击"字体"选项卡，打开"字体"选项卡，如图 5-43 所示；

（3）打开"字体"选项卡，对字体、字形、字号等进行设置；

（4）单击"确定"按钮。

4. 设置数字格式

Excel 2010 包含多种数字格式，如货币格式、日期格式等，具体设置方法如下：

（1）选定要设置的单元格或单元格区域；

（2）单击"开始"→"单元格"→"格式"下列列表中的"设置单元格格式"命令，弹出"设置单元格格式"对话框，单击"数字"选项卡，打开"数字"选项卡，如图 5-44 所示；

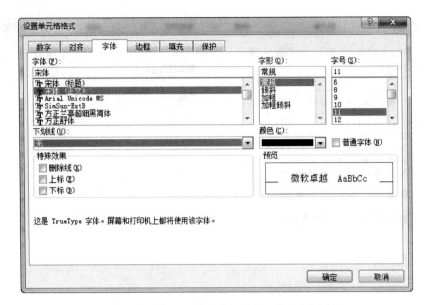

图 5-43 "设置单元格格式"对话框"字体"选项卡

图 5-44 "设置单元格格式"对话框"数字"选项卡

(3) 打开"数字"选项卡,选择数字格式类型进行设置;

(4) 单击"确定"按钮即可。

5．设置数据对齐方式

操作步骤如下：

(1) 选定要进行设置的单元格或单元格区域；

(2) 单击"开始"→"单元格"→"格式"下列列表中的"设置单元格格式"命令,弹出"设置单元格格式"对话框,单击"对齐"选项卡,打开"对齐"选项卡,如图 5-45 所示；

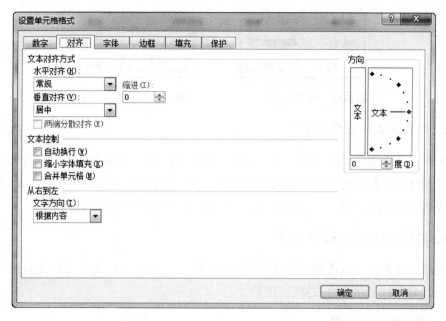

图 5-45 "设置单元格格式"对话框"对齐"选项卡

(3) 打开"对齐"选项卡,设置数据对齐方式;
(4) 单击"确定"按钮即可。

6. 套用表格格式

Excel 2010 内置了大量的丰富多彩的表格样式。用户将光标放置到某个样式上,即可实时查看样式的效果,使工作表变得既更加美观,又可以节省时间,提高工作效率。

操作步骤如下:

(1) 在工作表中选取要套用格式的单元格区域;
(2) 单击"开始"→"样式"选项组下的"套用表格格式"按钮,在列表中选择一种样式即可完成套用表格格式的操作;

(六) 设置行高和列宽

当用户建立工作表时,Excel 中所有单元格具有相同的宽度和高度。在单元格宽度固定的情况下,当单元格中输入的字符长度超过单元格的列宽时,超长的部分将被截去,数字则用"♯♯♯♯♯♯"表示。当然,完整的数据还在单元格中,只不过没有显示出来而已。适当调整单元格的行高、列宽,才能完整的显示单元格中的数据。

1. 精确调整行高或列宽

① 选定要调整行高或列宽的行标题或列标题。
② 单击"开始"→"单元格"→"格式"按钮,从弹出的级联菜单中选择"行高"或"列宽"命令,如图 5-46、图-47 所示。
③ 在行高和列宽文本框中输入设置的值,单击"确定"按钮即可。

图 5-46 "行高"对话框

图 5-47 "列宽"对话框

2．手动调整行高或列宽

在对于高度和宽度要求不十分精确时，可以利用鼠标拖动来调整。其操作方法是：将鼠标指针移到某行行号的下框线处或某列的列标的右框线处，此时鼠标指针变成 ✥ 或 ✥ 双向箭头时，按住鼠标左键上下或左右拖动，到合适位置后释放鼠标即可。

3．系统自动调整行高和列宽

选择需要调整行高或列宽的单元格区域，单击"开始"→"格式"按钮，从列表中选择"自动调整行高"或"自动调整列宽"选项即可。

4．隐藏和恢复数据

"隐藏"是将所选的行、列、工作表隐藏起来不予显示，选定要隐藏的行、列、工作表，单击"开始"→"单元格"→"格式"按钮，选中"隐藏或取消隐藏"命令，弹出的级联菜单中选择所需要的选项命令即可。

"取消隐藏"是将隐藏的行、列、工作表重新显示，选定要隐藏的行、列、工作表，单击"开始"→"单元格"→"格式"按钮，选中"隐藏或取消隐藏"命令，从弹出的级联菜单中选择所需要的选项命令即可。

学习任务 6　图表的使用

一、图表的创建

（一）图表的功能

Excel 的图表功能可以将工作表中的抽象数据以图形的形式表现出来，极大地增强了数据的直观效果，便于查看数据的差异、分布并进行趋势预测。而且 Excel 所创建的图表与工作表中的有关数据密切相关，当工作表中数据源发生变化时，图表中对应项的数据也能够自动更新。

（二）图表的类型

不同的数据图表类型表述不同的含义，Excel 2010 提供了 11 种类型，如表 5-1 所示，而且每种图表还有若干个子类型,需要创建或更改现有图表时还可以在各种图表的子类型中选择。

表 5-1　图表的类型

名称	说明
柱形图	用于比较一段时期内数据的变化或各系列之间数据的比较
折线图	按类别显示一段时间内数据的变化趋势
饼图	在单组中描述部分与整体的关系
条形图	在水平方向上比较不同类别的数据
面积图	强调一段时间内数值的相对重要性
XY(散点图)	描绘两种相关数据的关系
股价图	综合了柱形图和折线图,专门设计用来跟踪股票价格
曲面图	当第三个变量改变时,跟踪另两个变量的变化轨迹,是一个三维图
圆环图	以一个或多个数据类别来对比部分与整体的关系,在中间有一个更灵活的饼状图
气泡图	突出显示值的聚合,类似于散点图
雷达图	表明数据或数据频率相对于中心点的变化

(三) 图表元素

图表元素又称为图表对象,如表 5-2 所示。

表 5-2　图表元素

名称	说明
标题	用于标明图表的名称
数据系列	在图表中绘制的相关数据点,在图表中用相同的颜色或图案表示的一组相关的数据
数据标志	代表源于数据表单元格的单个数据点或值
坐标轴	位于图形边缘的直线,大多数图表都有水平 X 轴(分类轴),垂直 Y 轴(数值轴),有的图表(如三维图表)还有 Z 轴,有的图表(如饼形图)没有坐标轴
网格线	平行于各轴、便于读数的参照线
图例	用于定义图表中各数据系列的颜色及图案,常用于识别图表中的不同数据系列
图表区	图表的整个背景区域
绘图区	显示实际图表的部分,包括绘图数据、坐标轴和坐标轴选项卡

(四) 创建图表

在 Excel 2010 中,用户在图表向导的指引下,利用员工业绩销售表中的数据,为各月份员工业绩销售表制作一个簇状柱形图表。具体操作步骤如下。

(1) 先选中 A2:A12 和 D2:I12 的数据区域。

（2）单击"插入"→"图表"选项组下的"柱形图"按钮，在柱形图的下拉列表中选择一个用户需要的类型，如图 5-48 所示。选择单击簇状柱形图即可插入图表，插入图表后的结果显示如图 5-49 所示。

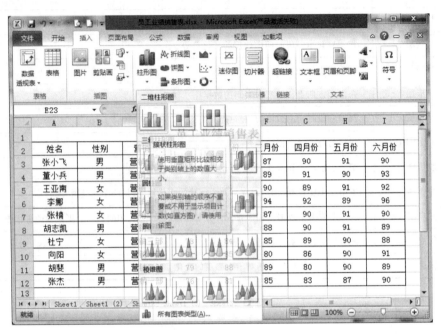

图 5-48　选择图表命令

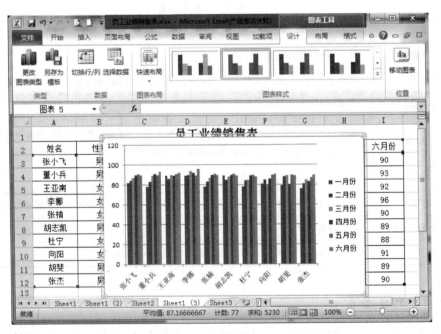

图 5-49　插入图表后的效果

二、图表的编辑

插入图表后,这时生成了"图表工具"功能区,在此功能区下添加了"设计""布局""格式"选项卡,可对图表进行编辑。

(一)添加标题

(1)选择需要添加的标题的图表,单击"图表工具"→"布局"→"标签"选项组下的"图表标题"按钮,在列表中,根据需要选择标题位置,如图 5-50 所示。

图 5-50 选择标题位置

(2)在"图表标题"文本框中,输入所需的图表标题内容即可,如图 5-51 所示。

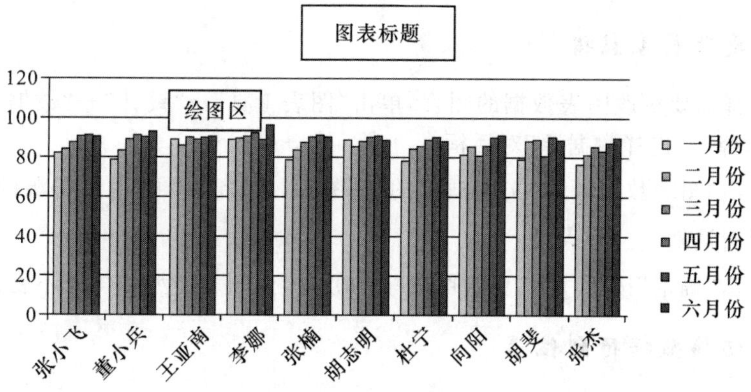

图 5-51 输入图表标题

(二）添加坐标轴标题

（1）选择需要添加的坐标轴标题的图表，单击"图表工具"→"布局"→"标签"选项组下的"坐标轴标题"按钮，在列表中，选择"主要横坐标轴标题"或"主要纵坐标轴标题"选项下弹出的列表中，根据需要选择坐标轴标题位置。

（2）在"坐标轴标题"文本框中，输入所需的坐标轴标题内容即可。

(三）添加图例

选择需要添加的图例的图表，单击"图表工具"→"布局"→"标签"选项组下的"图例"按钮，在列表中，选择图例显示位置即可。

(四）添加数据标签

选择需要添加的数据标签的图表，单击"图表工具"→"布局"→"标签"选项组下的"数据标签"按钮，在列表中，选择数据标签显示位置即可。

(五）添加模拟运算表

选择需要添加的模拟运算表的图表，单击"图表工具"→"布局"→"标签"选项组下的"模拟运算表"按钮，在列表中，选择数据模拟运算表显示即可。

(六）更改图表类型

选择需要更改图表类型的图表，单击"图表工具"→"设计"→"更改图表类型"按钮，在弹出的"更改图表类型"对话框中，重新选择图表类型即可更改，且内容不变。

(七）更改图表样式

选择需要更改图表类型的图表，单击"图表工具"→"设计"→"图表样式"选项组中的样式，在列表中选择单击即可更改图表样式。

(八）更改图表布局

选择需要更改图表布局的图表，单击"图表工具"→"设计"→"图表布局"选项组中的样式，在列表中选择单击即可更改图表布局。

(九）更改图表数据

（1）选择需要更改图表数据的图表，单击"图表工具"→"设计"→"数据"选项组中"选择数据"按钮，弹出"选择数据源"对话框。

（2）单击"图表数据区域"文本框后的 图标，重新选择引用数据源的位置后，再次单击 ，返回对话框。

（3）单击"确定"按钮，即可更改图表中的数据，但图表类型和样式不变。

(十）切换数据行列位置

选择需要更改图表数据的图表，单击"图表工具"→"设计"→"数据"选项组中"切换行/列"按钮即可切换数据产生的位置。

三、图表的格式化

图表格式化是指对图表中各个图表对象的格式设置。

(一) 更改图表元素格式

(1) 单击图表,此时生成显示"图表工具"功能区,其中包含"设计""布局"和"格式"选项卡。

(2) 在"格式"选项卡上的"当前所选内容"组中,单击"图表元素"框中的箭头,然后单击要更改格式样式的图表元素。

(3) 在"格式"选项卡上,执行下列操作之一。

① 在"当前所选内容"组中,单击"设置所选内容格式",然后在"设置图表元素格式"对话框中,选择所需的格式选项。

② 在"形状样式"组中,单击"更多"按钮,然后选择一种样式。

③ 在"形状样式"组中,单击"形状填充""形状轮廓"或"形状效果",然后选择所需的格式选项。

④ 在"艺术字样式"组中,单击一个艺术字样式选项,或单击"文本填充""文本轮廓"或"文本效果",然后选择所需的文本格式选项。

(4) 在"当前所选内容"选项组下单击"设置所选内容格式,即可对所选图表元素进行设置。

(二) 调整图表大小

插入图表后可以对图表的大小进行调整,方法与调整图片大小类似,下面介绍三种方式来进行调整。

(1) 利用快捷菜单命令调整。选中图表后单击鼠标右键,在快捷菜单中选择"设置图标区域格式"命令,然后在弹出的对话框中,选择"大小"选项并在右侧的"尺寸和旋转"选项组中对"高度"和"宽度"进行设置。

(2) 利用鼠标调整。将光标放置在图表的任意一个角上,当光标变为双向箭头后,按住鼠标左键并拖动直至合适位置后释放鼠标即可。

(3) 利用"图表工具"功能区命令调整。选中图表后,单击"图表工具"→"格式"选项卡中的"大小"面板中输入"宽度"和"高度"所需数值即可。

(三) 添加图表背景

1. 添加自选图片背景

(1) 选择需要添加背景的图表,选择"图标工具"→"格式"选项卡中的"形状填充"下拉列表中的"图片"选项,弹出"插入图片"对话框。

(2) 在弹出的对话框中选择满意的图片,然后单击"插入"按钮,完成图片插入工作。

(3) 右击图表中的绘图区,在快捷菜单中,选择"设置绘图区格式"命令。

(4) 在弹出的"设置绘图区"对话框中,单击"无填充"单选按钮,单击"关闭"按钮即可完成。

2. 使用系统自带图片

选择图表区,选择"图标工具"→"格式"选项卡中的"形状填充"下拉列表中的"纹理"选项,在级联选项中选择满意的纹理图样即可。

学习任务 7　幻灯片软件的安装与使用

PowerPoint 2010 是 Microsoft Office 推出的新一代办公软件系列中重要的组件之一,是一个专门用来制作和放映多媒体幻灯片的软件,也是一个可以把文字、声音、图像、影像、动画等多种媒体有机结合在一起的多媒体制作平台。其制作功能强大,已成为人们工作生活的重要组成部分,被广泛应用于工作汇报、企业宣传、产品推介、婚礼庆典、项目竞标、管理咨询等领域。

一、幻灯片软件的安装

(1) 在浏览器搜索 PowerPoint 2010 软件,下载 PowerPoint 2010 的安装包。
(2) 将下载好的软件包解压,在解压后的文件夹中找到 setup.exe 安装程序。
(3) 双击文件夹里的 setup.exe 安装程序,开始安装 PowerPoint 2010。
(4) 开始安装后,会出现许可协议界面,勾选"我接受此协议的条款",并单击"继续",进行安装。
(5) 在安装界面,可以选择立即安装,也可以选择自定义安装,自定义安装的好处是可以去掉用户不需要安装的软件,并自己选择软件的安装位置,以自定义安装为例继续安装。
(6) 选择自定义安装后,会进入安装选项界面,用户可以将不需要的软件项目去掉,只保留用户需要的软件。
(7) 在安装选项旁边有个"文件位置"模块,用户可以在该处选择软件的安装位置。
(8) 自定义完成,用户单击立即安装,软件就开始自行安装。
(9) 等待一段时间,PowerPoint 2010 安装完成。

二、幻灯片软件的基本操作

(一) 幻灯片软件的启动

PowerPoint 2010 的启动步骤如下。
(1) 双击 PowerPoint 程序图标。双击桌面上的 Microsoft PowerPoint 2010 图标即可。
(2) 通过"开始"菜单启动。单击"开始"→"所有程序"→"Microsoft Office"→"Microsoft PowerPoint 2010"命令,即可启动。

(二) 幻灯片软件窗口的组成

PowerPoint 2010 的窗口主要由标题栏、功能区、幻灯片编辑工作区、大纲/幻灯片浏览窗格、备注窗格、状态栏等组成。

（1）标题栏：位于 PowerPoint 操作界面的顶端，从左至右分别显示窗口控制菜单图标、快速访问工具栏、标题显示区、窗口控制按钮。

（2）快速访问工具栏：单击该工具栏右侧的下拉按钮，可在弹出的下拉列表中选择需要添加到快速访问工具栏的按钮。

（3）功能区：PowerPoint 2010 功能区由 9 个功能选项卡组成，分别是"开始""插入""设计""切换""动画""幻灯片放映""审阅""视图"和"加载项"。每个选项卡又根据功能分为若干设置组，每组中的命令按钮都可以执行一项命令或显示各命令菜单。

（4）幻灯片编辑工作区：编辑幻灯片的主要区域，在其中可以为当前幻灯片添加文本、图形、声音、影片和动画等，还可以创建超链接或设置动画。

（5）大纲/幻灯片窗格：利用"大纲视图"或"幻灯片视图"可以快速查看整个演示文稿中的任意一张幻灯片。"大纲"选项卡显示了幻灯片的文本大纲；"幻灯片"选项卡显示了幻灯片的缩略图。

（6）备注窗格：用来编辑幻灯片的一些"备注"文本。

（7）状态栏：显示当前幻灯片的信息。包括幻灯片的总数，当前操作的是第几张，及显示比例、视图模式等信息。

(三) 幻灯片的保存

在幻灯片编辑后，保存幻灯片的方法有以下几种：
（1）单击"快速访问工具栏"上的"保存"按钮；
（2）单击"文件"菜单中的"保存"命令；
（3）单击"文件"菜单中的"另存为"命令；
（4）使用快捷键 Ctrl＋S。

(四) 幻灯片软件的退出

在完成幻灯片的编辑后，要关闭文件，退出 PowerPoint 2010，方法有以下几种：
（1）单击"文件"菜单中的"退出"命令；
（2）单击窗口右上角的"关闭"按钮 ；
（3）双击窗口左上角的控制图标 P，或单击控制图标，在控制菜单中选择"关闭"；
（4）按组合键 Alt＋F4。

三、幻灯片的编辑

(一) 文本处理

文本处理（图 5-52）是制作演示文稿最基本的操作，要使制作的演示文稿美观大方，具有吸引力,必须处理好演示文稿的文本。文本处理包括文本输入、文本编辑、文本的格式化和文本段落格式化。

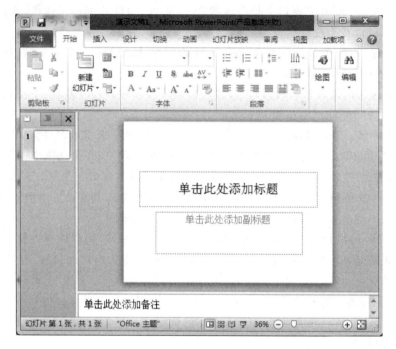

图 5-52　文本处理

1. 文本输入

在"大纲/幻灯片"视图中直接单击幻灯片标题区域和副标题区域输入文本即可。

2. 文本的编辑

文本的编辑是指对文本进行剪切、移动、复制、粘贴、删除等操作。

3. 文本的格式化

文本的格式化是指对文本字体大小、颜色、字形等进行设置。

4. 文本段落的格式化

文本段落的格式化是指设置段落的对齐方式、更改段落内的行距和项目符号等。

(二) 图形处理

将图形和文本组合在一起,可以增强演示文稿的渲染力,增强演示文稿的效果。

1. 插入图片

(1) 选定要插入图片的位置。

(2) 单击"插入"→"图像"选项组下的"图片"按钮 ,弹出"插入图片"对话框。

(3) 在"插入图片"对话框中的"查找范围"列表中找到图片的存放位置。

(4) 单击要插入的图片,单击"插入"按钮即可。

插入图片后操作与 Word 2010 中图片的编辑方法相同,此处不再赘述。

2. 插入艺术字

(1) 选择需要设置艺术字的文本。

(2) 单击"插入"→"文本"选项组下的"艺术字"按钮 ,在列表中选择一种艺术字样式,在文档中被选中的文字就以艺术字的效果显示。

插入艺术字后操作与 Word 2010 中艺术字编辑方法相同,此处不再赘述。

(三) 表格处理

(1) 选定要插入表格的位置。

(2) 单击"插入"→"表格"选项组下的"表格"按钮 ,在下拉列表中,选择"插入表格"命令。

(3) 在"插入表格"对话框中输入要插入表格的列数和行数值。

(4) 单击"确定"按钮即可。

插入表格后,可以通过选择"设计"选项卡中的"表格样式"进一步美化表格。

(四) 图表和组织结构图处理

1. 图表

在演示文稿中,使用图表对主题内容做出介绍,有助于增强说服力和表现力。

(1) 选定要插入图表的位置。

(2) 单击"插入"→"图像"选项组下的"图表"按钮 ,弹出"插入图表"对话框。

(3) 在"插入图表"对话框中,在左侧选项中选择一种图表类型后,在右侧选项区中选择所需的图表样式。

(4) 图表样式选定后,单击"确定"按钮即可在编辑区中看到相应的图表。

图表插入后,可以通过选择"图表工具"选项卡中的"设计""布局""格式"进一步修饰美化图表。

2. 组织结构图

组织结构图主要是用于显示组织中的分层信息和上下级关系。

(1) 选定要插入组织结构图的位置。

(2) 单击"插入"→"图像"选项组下的"SmartArt"按钮 ,弹出"选择 SmartArt 图形"对话框,如图 5-53 所示。

(3) 在"SmartArt 图形"对话框中,选择"层次结构"选项,在右侧选项区中选择所需的布局结构,如图 5-54 所示。

(4) 选定后,单击"确定"按钮,即可在编辑区中插入所选的布局结构,如图 5-55 所示。

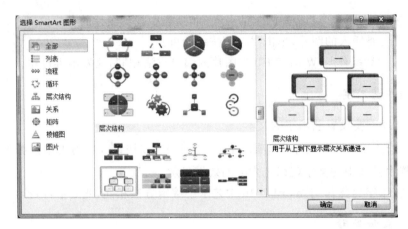

图 5-53 "SmartArt 图形"对话框

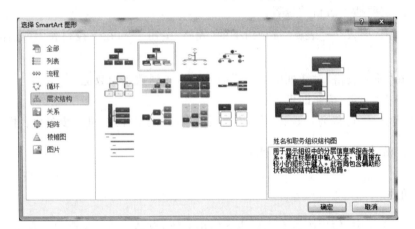

图 5-54 选择"层次结构"选项

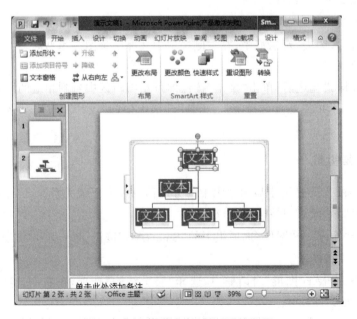

图 5-55 插入后"组织结构图"效果图

(5)在各个文本框中输入内容即可。

插入组织结构图后,可以通过选择"SmartArt 工具"选项卡中的"设计"和"格式"进一步进行修饰。

(五)多媒体处理

1. 插入视频与修饰

(1)插入视频

在制作幻灯片时,可以插入视频文件,在演示的过程中,按需播放,可增加对观众视觉的冲击力和吸引力。

① 选定要插入视频的位置。

② 单击"插入"→"媒体"选项组下的"视频"按钮 ,在列表中选择"文件中的视频"选项,弹出"插入视频文件"对话框。

③ 在"插入视频文件"对话框中,在"查找范围"列表中找到视频文件的存放的位置,单击"插入"按钮。

④ 设置完成后,调整视频窗口的大小与位置,单击窗口下方的"播放/暂停"按钮即可预览视频播放效果。

(2)视频修饰

视频文件插入幻灯片后,可以根据需要对其进行修饰,使其与整体环境相协调。

① 选中幻灯片中的视频文件。

② 单击"视频工具"→"格式"选项卡。

③ 在功能区中单击"视频形状"按钮,在展开的列表中选择一种"形状方式"返回编辑区后即可看到视频窗口已经发生了变化。

④ 单击"视频边框"按钮,设置边框的颜色、线型样式、磅值等。

⑤ 单击"视频效果"按钮,在展开的列表中选择"映像"选项,在其级联菜单中选择合适的映像选项。

⑥ 选择视频后,单击"视频样式"下拉按钮,在列表中选择一种样式即可应用。

2. 插入音频与修饰

(1)插入音频

为了使幻灯片更具有吸引力,常常会为其添加一些音频文件,那么如何才能将音频文件插入到幻灯片中呢?下面将介绍将音频文件插入到幻灯片的方法。

① 选定需插入音频的位置。

② 单击"插入"→"媒体"选项组下的"视频"按钮 ,在列表中选择"文件中的音频"选项,弹出"插入音频文件"对话框。

③ 在"插入音频文件"对话框中,在"查找范围"列表中找到音频文件的存放位置,单击"插入"按钮。

④ 设置完成后,幻灯片中将会出现小喇叭图标。

(2) 音频修饰

向幻灯片插入音频文件后,为了美化幻灯片界面,通常会对音频文件的显示效果进行设置,具体操作如下:

① 选择小喇叭图标,单击"音频工具"→"格式"选项卡下的"更改图片"按钮,弹出"插入图片"对话框;

② 在"插入图片"对话框中选择合适的图片并单击"插入"按钮;

③ 返回编辑区,选择新更换的图片,单击"格式"选项卡下的"删除背景"按钮,将其多余的显示去掉;

④ 通过拖动图表四周的边框,确认所在保留的区域,单击"背景消除"选项卡中的"保留更改"按钮;

⑤ 待准确获取图片后,再来对其颜色、亮度等信息进一步调整;

⑥ 单击"格式"选项卡中的"更正"按钮,在展开的列表中选择适合的"亮度和对比度";

⑦ 单击"格式"选项卡中的"颜色"按钮,在展开的列表中选择适合的"颜色";

⑧ 单击"格式"选项卡中的"艺术效果"按钮,在展开的列表中选择适合的"影印"选项;

⑨ 设置完成后,返回编辑区即可看到上述设计效果。

(六) 设置超链接

超链接是指从一个载体指向另一个目标的链接关系,这个载体可以是文字、图片等,所指向的目标可以是网页、图片、文件、文档中的位置等,通过单击超链接的载体,可以打开或转到所指向的位置。

1. 演示文稿中的内容与网站链接

为了更好地介绍演示文稿,可以使用链接功能,将演示文稿中的内容与网站页面进行链接,下面介绍实现链接功能的方法。

(1) 打开演示文稿,选中需要插入链接的幻灯片内容,单击"插入"→"链接"选项组下的"超链接"按钮,弹出"插入超链接"对话框。

(2) 打开"插入超链接"对话框,在"地址"右侧的文本框中输入需要连接的网址,单击"确定"按钮,链接的网站地址已经显示在演示文稿中。

(3) 在链接地址上右击,从弹出的快捷菜单中选择"打开超链接"命令,即可进入该网站。

2. 现有文件中的内容链接到演示文稿

为了更加形象地展示演示文稿,可以将其与文件中的图片、表格以及文档内容进行链接。

(1) 打开演示文稿,选中需要添加链接的幻灯片内容,单击"插入"→"链接"选项组下的"超链接"按钮,弹出"插入超链接"对话框。

(2) 打开"插入超链接"对话框,单击"查找范围"右侧的"浏览文件"按钮。
(3) 打开"链接到文件"对话框,从中选择需要连接的文档,单击"确定"按钮。
(4) 返回到"插入超链接"对话框,单击"确定"按钮即可完成连接到文件的操作。

3. 本文档中幻灯片与幻灯片对象间的链接

在幻灯片播放时,可以为幻灯片添加动作按钮,使幻灯片的放映更加生动、形象。
(1) 使用"动作按钮"建立链接
① 打开演示文稿,选中需要添加链接的幻灯片内容,单击"插入"→"插图"选项组下的"形状"按钮,在列表中选择"动作按钮"组中的按钮。
② 单击插入的按钮,打开"动作设置"对话框,在默认的"单击鼠标"选项卡中,单击"超链接到"单选按钮,选择要连接的幻灯片,单击"确定"按钮。
③ 放映该幻灯片时,当鼠标移动到该动作按钮上时,光标会显示手的形状,单击即可。
(2) 使用"动作"按钮建立链接
① 打开演示文稿,选中需要添加链接的幻灯片内容,单击"插入"→"链接"选项组下的"动作"按钮,弹出"动作设置"对话框。
② 单击插入的按钮,打开"动作设置"对话框,在默认的"单击鼠标"选项卡,单击"超链接到"单选按钮,选择要连接的幻灯片,单击"确定"按钮。
③ 放映该幻灯片时,当鼠标移动到该动作按钮上时,光标会显示手的形状,单击即可。
(3) 使用"超链接"按钮建立链接
① 打开演示文稿,选中需要添加链接的幻灯片内容,单击"插入"→"链接"选项组下的"超链接"按钮,弹出"插入超链接"对话框。
② 打开"插入超链接"对话框,单击该对话框左侧的"本文档中的位置"选项,在右侧选项框中选择连接的幻灯片。
③ 选择完成后,单击"确定"按钮即可。

四、幻灯片的修饰

(一) 幻灯片模板

根据用户工作领域的不同,制作的幻灯片也会有所不同,在 PowerPoint 2010 软件中提供了多种模板,如行业、教育、科技等,用户根据需要选择相应的模板下载使用。

启动 PowerPoint 2010 软件,单击"文件"选项卡的"新建"命令,打开相对应的选项面板,如图 5-56 所示。

在"Office.com 模板"选项中,选择所需模板选项,打开相对应的界面,如图 5-57 所示。

双击所需文件夹,在打开的界面中选择满意的幻灯片模板,单击右侧"下载"按钮,即可打开并使用。

图 5-56　新建模板

图 5-57　选择所需模板

(二) 幻灯片的配色方案

整个演示文稿可以使用一个色彩方案,也可以分成若干部分,每个部分使用不同的色彩方案,同时还可以随心所欲地设计自己的色彩方案。如幻灯片的标题文字颜色、内容文字颜色和超链接颜色等。

1. 更改主题颜色

（1）选中所需幻灯片，单击"设计"→"主题"选项组中的"颜色"按钮，在列表中选择所需颜色。

（2）选择完成后，该幻灯片已发生了相应的改变。也可在列表中，选择"新建主题颜色"选项，创建个性主题颜色。

（3）在"新建主题颜色"对话框中，可设置自己喜欢的主题颜色。单击所需要更改的颜色按钮，在颜色面板中选择所需颜色即可。

（4）设置完成后，在该对话框下方"名称"文本框中，输入所需保存的主题名称，单击"保存"按钮。

（5）关闭该对话框，即可查看到该幻灯片颜色的变化。

（6）单击"设计"→"颜色"按钮，在列表中即可查看刚才保存的主题颜色。

（7）若想更改当前主题颜色进行修改，右键单击自定义主题选项，在快捷菜单中，选择"编辑"命令，在打开的相应对话框进行设置即可。

（8）单击"设计"→"主题"选项组中的"字体"按钮，设置主题字体样式，在"名称"文本框中输入名称并单击"保存"按钮。

（9）单击"设计"→"背景"选项组中的"背景样式"按钮，可选择合适的背景颜色。设置完成后，单击"设计"→"主题"按钮，在列表中选择"保存当前主题"命令，即可将设计好的主题进行保存，以便下次使用。

2. 设置背景

幻灯片背景可以实现美化的效果，给阅读者耳目一新的感觉。

（1）选择所需设置的幻灯片，单击"设计"→"背景"选项组中的"背景样式"按钮。在列表中，选择一款背景样式。

（2）若在列表中，没有合适的样式，课选择"设置背景格式"命令，弹出"设置背景格式"对话框。

（3）在"设置背景格式"对话框中，在"填充""图片更正""图片颜色""艺术效果"四个选项中进行相应的设置。

（4）设置完成后，单击"确定"按钮即可。

（三）幻灯片母版

所谓"母版"就是一种特殊的幻灯片，它包含幻灯片文本和页脚等占位符，这些占位符，控制幻灯片的字体、字号、颜色、等版式要素。母版通常包括幻灯片母版、讲义母版、备注母版 3 种形式。

使用幻灯片母版，可以确定幻灯片中共同出现的内容以及各个构成要素的格式。用户可在创建每张幻灯片时直接套用设置好的格式，节省操作时间，提高工作效率。

（1）启动 PowerPoint 软件，单击"视图"→"母版视图"选项组下的"幻灯片母版"按钮，打开幻灯片母版视图，如图 5-58 所示。

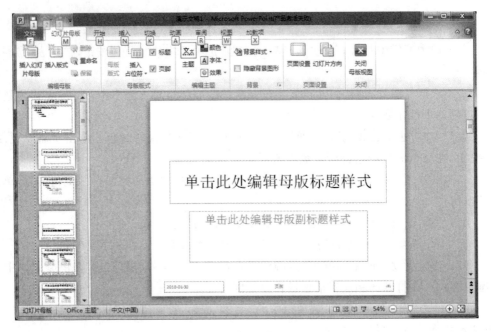

图 5-58　打开幻灯片母版视图

（2）在左侧窗格中，选择所需母版幻灯片，并在右侧编辑区中，选择需要设置的文本框，对其字体及颜色进行重新设置，如图 5-59 所示。

图 5-59　设置字体及颜色

（3）选择标题文本框，按住鼠标左键，拖动该文本框至幻灯片合适位置，对其进行移动操作，如图 5-60 所示。

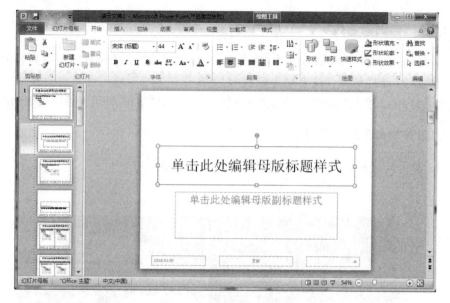

图 5-60　移动标题文本框

（4）选中幻灯片底部的时间、页脚以及编号占位符，按 Delete 键将其删除。

五、幻灯片的切换效果和动画效果

（一）设置幻灯片的切换效果

为了使幻灯片的演示效果更加精彩，可以为幻灯片页面设置切换效果，以营造动态感觉。

（1）选择要设置幻灯片，单击"切换"→"切换到幻灯片"选项组下的"切换方案"按钮，在列表中选择合适的切换样式即可。

（2）设置完成后，在单击"效果选项"，更进一步设置切换效果。

（3）在"计时"选项组下可设置切换的声音、持续时间及换片方式。

（4）用同样的方法依次对各张幻灯片的切换效果进行设置，设置完成后，保存即可。

（二）设置动画效果

1. 设置进入动画效果

在编辑区中，选中需要设置的文本，单击"动画"选项组下的"动画样式"，在列表中选择一种进入动画样式，如旋转。或者单击列表中"更多进入效果"命令，在弹出的对话框中进行选择。返回编辑区，单击"动画"→"预览"选项组中的"预览"按钮，即可查看该进入动画效果。

2. 设置退出动画效果

在编辑区中，选中需要设置文本，单击"动画"选项组下的"动画样式"，在列表中选择一种退出动画样式，如淡出。或者单击列表中"更多退出效果"命令，在弹出的对话框中进行选择。返回编辑区，单击"动画"→"预览"选项组中的"预览"按钮，即可查看该退出动画效果。

3．设置强调动画效果

在编辑区中,选中需要设置文本,单击"动画"选项组下的"动画样式",在列表中选择一种强调动画样式,如陀螺旋。或者单击列表中"更多强调效果"命令,在弹出的对话框中进行选择。返回编辑区,单击"动画"→"预览"选项组中的"预览"按钮,即可查看该强调动画效果。

4．设置对象的动作路径

(1) 打开幻灯片后,逐一选择幻灯片中的图片,如图 5-61 所示。

图 5-61　逐一选择幻灯片中的图片

(2) 统一设置为"浮入"进入的动画效果。单击"效果选项"按钮,在展开的列表中选择"上浮"选项,如图 5-62 所示。

图 5-62　选择"浮入"动画效果,选择"上浮"选项

(3) 设置完成后,返回编辑区即可看到图片的左上角都出现了动作标识。

(4) 接着选择第一幅图片并单击"动画"选项卡中的"添加动画"按钮,如图 5-63 所示。"添加动作路径"对话框,如图 5-64 所示。

(5) 在打开的"添加动作路径"对话框中选择"向上"选项,然后单击"确定"按钮。

图 5-63　添加动画　　　　　　图 5-64　"添加动作路径"对话框

(6) 返回编辑区后,选择"终止点(即红色箭头一端)"并按住鼠标不放,以改变其运动方向,如图 5-65 所示。

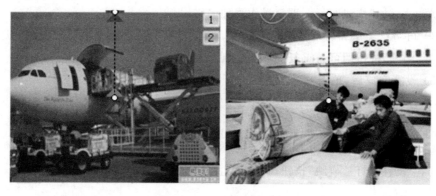

图 5-65　动作路径效果图

(7) 用同样的方法为其他图片设置动作路径,最后预览其动画效果。

5．批量设置动画效果

(1) 选中被复制的图片对象,单击"动画"→"高级动画"选项组中的"动画刷"按钮。

（2）将鼠标指向将要应用套用动画效果的图片对象上，待指针变为刷子的形式后单击鼠标即可。

（3）单击"动画"→"高级动画"选项组下的"动画窗格"按钮，将打开相对应的窗格，从中可以查看到两幅图片所应用的动画效果是一模一样的。

六、幻灯片放映

（一）启动幻灯片放映

幻灯片制作完成后，可以采用多种放映方式，最常用的一种是从头开始放映。单击"幻灯片放映"标签，在功能区"开始放映幻灯片"中单击"从头开始"可实现幻灯片从头开始放映，放映时单击即可切换到下一页。

（二）从当前幻灯片开始放映

在功能区"开始放映幻灯片"中单击"从当前幻灯片开始"即可。

（三）自定义幻灯片放映

（1）单击"幻灯片放映"→"开始放映幻灯片"→"自定义幻灯片放映"中"自定义放映"命令，在弹出"自定义放映"对话框中。

（2）单击"新建"按钮，在弹出的"定义自定义放映"对话框中，在"幻灯片放映名称"可设定幻灯片放映名称，不做修改则默认名称"自定义放映1"。

（3）选中需要放映的幻灯片，并将其添加进自定义放映中，单击选中一张需要播放的幻灯片，单击"添加"按钮即可。重复操作添加多张。

（4）可将已经添加的某张幻灯片删除，单击选中一张已经添加但现在需要删除的幻灯片，单击"删除"按钮即可。重复操作即可删除多张。

（5）设置完成后，单击"确定"按钮即可。

（四）设置幻灯片的放映方式

选择合适的放映方式可以更加合理地对幻灯片进行展示。单击"幻灯片放映"→"设置"选项组下"设置幻灯片放映"按钮，弹出"设置放映方式"对话框，如图5-66所示。

1. 幻灯片放映类型

在"放映类型"中提供了3种放映类型：演讲者放映、观众自行浏览和在展厅浏览。

（1）演讲者放映。此种放映类型能以全屏幕的方式运行演示文稿，并且使用者在使用过程中对演示文稿拥有完全的控制权，此放映方式常用于召开会议时大屏幕放映、广播用的演示文稿。

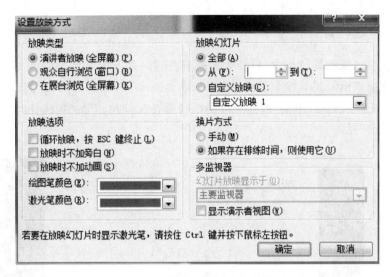

图 5-66 "设置放映方式"对话框

（2）观众自行浏览。此种放映类型，观众可通过"幻灯片放映"窗口中的菜单选项、工具栏按钮或制作者在幻灯片中添加的"动作命令"按钮来控制对幻灯片的放映，随心所欲地浏览演示文稿中的幻灯片，此放映方式常用于公司网络或全球广域网中的浏览演示文稿。

（3）在展厅浏览。此种放映类型可使演示文稿自行运行，在无人看管的情况下，也可以循环放映下去，常用于展览会的展台、会议中的某个需要自动放映演示文稿的场所。

2．在"放映选项"有 3 个复选框

（1）选择"循环放映，按 Esc 键终止"复选框，可以循环放映演示文稿。

（2）选择"放映时不加旁白"复选框，观看放映时，不播放任何声音旁白。

（3）选择"放映时不加动画"复选框，观看放映时，显示每张幻灯片，没有任何动画效果。

3．在"放映幻灯片"中 3 个选项

（1）单击"全部"选项，在幻灯片放映时，播放所有幻灯片。

（2）单击"从……到……"选项，在幻灯片放映时，只播放在"从"和"到"方框中输入的幻灯片范围。在"从"和"到"方框中输入开始和结束的幻灯片编号。

（3）单击"自定义放映"选项，运行在列表中选定的自定义放映（演示文稿中的子演示文稿），如果演示文稿中没有设定自定义放映，就不能使用此选项。

（4）在"换片方式"中有两个选项

单击"手动"选项，放映时换片的条件是：单击或右键单击鼠标在弹出的快捷菜单上选择"前一张""后一张"和定位来放映幻灯片。

单击"如果存在排练时间，则使用它"选项，若选中此项，则幻灯片使用了排练计时。

（5）绘图笔颜色

可以通过此选项改变绘图笔和激光笔的颜色。所有设置完成后，单击"确定"按钮。

(五）排练计时的使用

在发表演讲或竞标过程中，巧妙地把握演讲时间是重中之重。演示文稿的排练计时功能对用户把握演示时间有很大帮助。

（1）打开演示文稿，单击"幻灯片放映"→"设置"选项组下的"排练计时"按钮，如图5-67所示。

图 5-67 "排练计时"窗口

（2）"排练计时"状态下放映幻灯片时左上角会显示"录制"窗口，中间的时间代表当前幻灯片页面放映完成所需时间，右边的时间代表放映的幻灯片页面的累计完成时间。

（3）根据工作需要，设置每张幻灯片停留时间，翻到最后一张时，单击鼠标左键，会出现如图5-68所示对话框，单击"是"按钮。

图 5-68 是否保留新的幻灯片排练时间

在出现的浏览界面中，显示着每张幻灯片的播放时间，如图5-69所示。

图 5-69 "排练计时"浏览效果图

学习单元六
电子商务安全基础

学习任务1　电子商务安全控制

一、电子商务的安全需求

电子商务是将传统的商务活动移到网络环境中来,特别是在Internet上的商务活动,其安全问题备受关注。所谓电子商务安全,主要是网络安全问题,需要从电子商务对网络系统的安全需求分析出发,采取安全技术措施,提供安全服务,以满足电子商务的各种安全需求。

电子商务的安全需求主要包括以下几个方面。

(一) 信息的保密性

在交易过程中保证交易信息的安全,也成为交易信息的隐私性,是指交易双方的信息在网络传输或者存储中不被他人窃取。

在传统的商务交易中,敏感性的数据,如:商务合同、信用卡号码、交易机密等可以通过文件封装或者其他可靠途径来传递,以保证数据的安全。而Internet是开放式的,由于TCP/IP协议采用IP报文交换的方式,因而存在数据被窃取的可能,所以,电子交易过程中要保证交易数据的隐私,确保交易数据不被窃取和跟踪就显得尤为重要。

（二）交易各方身份的确定性

交易各方身份的确定性即交易的认证性，就是指在商务交易开始之前，买卖双方能够认证对方的身份，即可以识别对方的身份是否真实。

电子商务是在网络上进行的电子交易，买卖双方很可能素昧平生，相隔千里，因此在这种情况下，可能存在的风险有：双方身份是否与其在网络上声称的一致，是否存在着诈骗的可能性。如何能在因特网（Internet）的环境里辨别交易双方的实际身份就显得尤为重要。

（三）交易的不可否认性

不可否认性也称不可抵赖性，主要指交易的双方不能否认彼此之间进行的信息交流。由于商情千变万化，交易一旦达成是不能被否认的，否则必然会损害到一方的利益。

在传统的交易过程中，就算买卖双方不见面，例如邮购过程，但是双方对交易的行为是很难抵赖的，因为有足够的证据（如邮寄中的单据、凭证等）来证明买方或者卖方的行为。

而在网络环境中，由于采用的是电子化信息，如果没有相关手段来保证的话，确实很难证明哪笔订单来自哪个卖家。

在电子商务中的不可否认性我们无法像传统的交易那样通过签订合同、盖章来加以确认，但是可以采取类似的思路，通过利用如数字签名等技术来加以确认。

（四）交易内容的完整性

交易的完整性是指交易数据在传输过程中不被非授权或意外的操作改变、损坏。交易的保密性固然能保证交易数据在传输中不被窃取，但是不能保证在传输过程中可能发生某种意外或者非授权情况下的破坏，同时也难以保证数据传输的顺序统一。而完整针对交易中的敏感数据是非常重要的。例如在交易中的扣款过程，需要在双方的账号上进行操作，如果交易不完整，只在一方账号上进行了操作，那么产生的结果是难以预料的。

（五）访问控制

不同用户在一个交易系统中的身份和职能是不同的，因此访问控制的主要功能是防止非法的用户进入受保护的网络资源中，允许合法的用户访问受保护的网络资源，并禁止合法用户对受保护的网络资源进行非授权的访问。

二、保障电子商务安全交易的技术标准

（一）安全电子交易协议（Secure Electronic Transaction，SET）

安全电子交易协议是由威士（VISA）国际组织、万事达（MasterCard）国际组织创建，结合IBM、Microsoft、Netscope、GTE等公司制定的电子商务中安全电子交易的一个国际标准。它是一种应用于因特网（Internet）环境下，以信用卡为基础的安全电子交付协议，它给出了一套电子交易的过程规范。通过SET协议可以实现电子商务交易中的加密、认证、密钥管理机制等，保证了在因特网上使用信用卡进行在线购物的安全。

(二)安全超文本传输协议

安全超文本传输协议 S-HTTP(Secure Hypertext Transfer Protocol)是由 Netscape 公司开发并内置于浏览器中,用于对数据进行压缩和解压操作,并返回网络上传回的结果。S-HTTP 实际上应用了 Netscape 公司的安全套接字层(Secure Sockets Layer,SSL)作为 HTTP 应用层的子层(S-HTTP 使用端口 443,而不是像 HTTP 那样使用端口 80 来和 TCP/IP 进行通信)。SSL 使用 40 位关键字作为 RC4 流加密算法,这对于商业信息的加密是合适的。HTTPS 和 SSL 支持使用 X.509 数字认证,如果需要的话可以确认发送者是谁。

HTTPS 是以安全为目标的 HTTP 通道,简单地讲是 HTTP 的安全版。即 HTTP 下加入 SSL 层,HTTPS 的安全基础是 SSL。

如果主页的 URL 为 HTTPS://开始,说明该页按照超文本传输协议。例如,在签名生成数字凭证的过程中,Verisign 每个页面的 URL 为 HTTPS://开始,这就表示该站点的 Web 页面是安全的,能够保证申请人的个人信息、信用卡信息在 Web 站点上是安全的。

(三)安全套接层协议

SSL(Secure Sockets Layer)是由网景(Netscape)公司提出的基于 Web 应用的安全协议。SSL 协议指定了一种在应用程序协议(如 HTTP、Telnet、NNTP 和 FTP 等)和 TCP/IP 协议之间提供数据安全性分层的机制,它为 TCP/IP 连接提供数据加密、服务器认证、消息完整性以及可选的客户机认证。

(四)SET 协议与 SSL 协议的比较

支付系统是电子商务的关键。安全套接层协议(Secure Sockets Layer,SSL)和安全电子交易协议(Secure Electronic Transaction,SET)是两种重要的通信协议,它们都是提供了通过 Internet 进行的支付手段。虽然它们都普遍适用在电子商务交易中,但由于它们最初设计的目的不同,因此,除了都使用 RSA 公钥算法以外,没有其他技术方面的相似之处。

SSL 提供了两台机器之间的安全链接,支付系统常常通过在 SSL 连接上传输信用卡卡号的方式来构建,在线银行和其他金融机构也经常构建在 SSL 上。SSL 被广泛应用的原因在于它被大部分 Web 浏览器和 Web 服务器所内置,所以容易投入使用。

SET 是一种基于信息流的协议,是一个多方的报文协议,它定义了银行、商家、持卡者之间必需的报文规范。与此同时,SSL 是面向连接的,而 SET 允许各方之间的报文交换不是实时的。SET 报文能够在银行内部网或其他网络上传输,而 SSL 之上的卡支付系统职能与 Web 浏览器捆绑在一起。

综上分析并结合目前我国的具体情况,可以得出以下结论。

(1)近期,SET 与 SSL 共存,优势互补。如美国较多采用的是"面向商家的 SET 协议",即在银行与商家之间采用 SSL 协议,银行内部采用 SET 协议,但这对银行的要求就更高了。

(2)远期,开发一种能融合 SET 与 SLL 优点的安全协议和认证系统,即在深入剖析

SET、SSL 协议的基础上,建立一个以 PKI 与 CPK(CPK 是我国学者提出的一种新的组合公钥体制,即以少量的种子,派生几乎无限的公钥)为基础的框架,以 CPK 体制建立直接级信任(一级信任)和二级信任,解决内部网的认证;以 PKI 建立二级和二级以上的信任,解决与外部往之间认证,能兼容 B2B、B2C 的安全协议和认证体系,以适应信用卡、电子现金、电子支票等各种电子交易模式。其发展前景良好,将来必会取代 SSL、SET 协议成为电子商务的主流安全协议。

学习任务 2　数据加密技术

一、数据加密

(一) 数据加密的意义

数据加密,是一门历史悠久的技术,指通过加密算法和加密密钥将明文转变为密文,而解密则是通过解密算法和解密密钥将密文恢复为明文。它的核心是密码学。数据加密目前仍是计算机系统对信息进行保护的一种最可靠的办法。它利用密码技术对信息进行加密,实现信息隐蔽,从而起到保护信息安全的作用。

(二) 数据加密的过程

一般而言数据加密模型如图 6-1 所示。明文 X 用加密算法 E 和加密密钥 K_e,得到密文 $Y=E_{K_e}(X)$,加密后的密文经网络传递,传递过程中可能出现加密密文截取者;到了接收端,用解密算法 D 和解密密钥 K_d,解出明文 $X=D_{K_d}(Y)$。

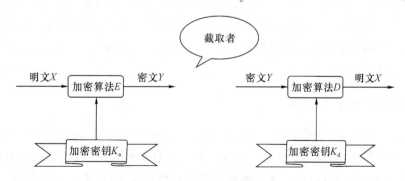

图 6-1　数据加密模型

如果不论截取者获得了多少密文,但在密文中都没有足够的信息来唯一还原出对应的明文,则这一密码体制成为无条件安全的,或者理论上是不可破译的。但在无成本限制的条件下,目前几乎所有的密码体制都是可以破译的。因此,人们关心的是如果研制出在计算机上不可破译的密码体制,则这一密码体制称为计算上是安全的。

一种密文的保密程度与加密算法的强度（或称算法的复杂度）相关，加密强度越大，密文越不容易被破译，保密性也就越好；然而，随着加密强度的加大，算法的计算复杂度也会相应增加，加密解密的执行效率也会相应降低。因此，合理确定系统的加密强度也是一个成熟电子交易系统的一个重要环节。也就是说，要通过合理的密码体制，一方面尽可能少地增加系统运行费用，降低对操作执行效率的营销，另一方面保证在现实计算机资源中密码不容易或无法破译。

在电子商务中常用的加密算法有对称密钥加密和非对称密钥加密两种方法。前者以数据加密标准 DES 算法为典型代表，后者通常以 RSA 算法为代表。

二、对称密钥加密

（一）对称加密的含义

对称密钥加密又称专用密钥加密，即发送和接收数据的双方必使用相同的密钥对明文进行加密和解密运算。这种加密算法的计算速度非常快，因此被广泛应用于对大量数据的加密过程中。

对称密钥是双方使用相同的密钥，必须以绝对安全的形式传送密钥才能保证安全，这点不如非对称密钥，因此对称加密的要求如下。

（1）需要强大的加密算法。算法至少应该满足：即使分析人员知道了算法并能访问一些或者更多的密文，也不能译出密文或得出密匙。通常，这个要求以更强硬的形式表达出来，那就是：即使分析人员拥有一些密文和生成密文的明文，也不能译出密文或者发现密钥。即，加密算法应足以抵抗已知明文类型的破译。

（2）发送方和接收方必须用安全的方式来获得保密密钥的副本，必须保证密钥的安全。如果有人发现了密匙，并知道了算法，则使用此密匙的所有通信便都是可读取的。

例如：假设 A 需要把一份明文为 M 的资料发给 B，但是因为怕资料在传输的中途被窃听或者篡改，A 用了对称加密法将 M 经过一个加密函数 F_k 处理后生成 M' 加密文，而 B 接收到加密文后通过事先商定好的加密函数 F_k 再次处理 M' 便可以还原成明文 M，从而达到安全传输信息的目的。

（二）对称加密的特点

数据加密标准 DES 是美国国家标准和技术局在 1977 年才有的数据加密标准。它的基本思想来自分组密码，即将明文划分成固定的 n 比特的数据组，然后以组为单位，在密钥的控制下进行一系列的线性或非线性的编号变换而得到密文，这就是分组密码体制。DES 算法是对 64 位二进制数码组成的数据组在 64 位（实际为 56 位）密钥的控制下进行加密和解密。DES 算法真正有效的加密强度是 2^{36}。

DES 算法的主要优点是加密、解密速度快，算法容易实现，安全性好，迄今为止尚未找到一种在理论上破译 DES 的行之有效的方法；缺点是：密码量短，容易被穷尽，在复杂的网络中难以实现密钥管理。

三、非对称密钥加密

(一) 非对称密钥加密的含义

非对称密钥加密是加密和解密需要两个密钥,即公开密钥和私有密钥。公开密钥与私有密钥是一对,如果用公开密钥对数据进行加密,只有用对应的私有密钥才能解密;如果用私有密钥对数据进行加密,那么只有用对应的公开密钥才能解密。因为加密和解密使用的是两个不同的密钥,所以这种算法称为非对称加密算法。

非对称加密算法实现机密信息交换的基本过程是:甲方生成一对密钥并将其中的一把作为公用密钥向其他方公开;得到该公用密钥的乙方使用该密钥对机密信息进行加密后再发送给甲方;甲方再用自己保存的另一把专用密钥对加密后的信息进行解密。

非对称加密体系不要求通信双方事先传递密钥或有任何约定就能完成保密通信,并且密钥管理方便,可实现防止假冒和抵赖,因此,更适合网络通信中的保密通信要求。

(二) 非对称密钥加密的特点

非对称密钥的典型算法RSA编码法是由Rivest、Shamir和Adleman三人研究发明的,它是建立在"大数分解和素数检测"的理论基础上的。即两个大素数相乘在计算上是容易实现的,但将该乘积分解为两个大素数因子的计算量却相当巨大,甚至在计算机上也不可能实现。素数检测就是判定一个给定的正整数是否为素数。

非对称密码体制的特点有:算法强度复杂、安全性依赖于算法与密钥,但是由于其算法复杂,而使得加密解密速度没有对称加密解密的速度快。对称密码体制中只有一种密钥,并且是非公开的,如果要解密就得让对方知道密钥。所以保证其安全性就是保证密钥的安全,而非对称密钥体制有两种密钥,其中一个是公开的,这样就可以不需要像对称密钥加密那样传输对方的密钥了。这样安全性就大了很多。

四、对称密钥加密和非对称密钥加密综合保密系统

为了保证电子商务系统的安全、可靠以及使用效率,一般可以采用有RSA算法和DES算法相结合实现的综合保密系统。

在该系统中,用DES算法作为数据的加密算法对数据进行加密,用RSA算法作为DES密钥的加密算法,对DES的密钥进行加密。虽然要加密的数据量通常很大,但由于DES算法的加密和解密速度快,对每个数据分组的处理仅需很短的时间就能完成,因此,用DES对大量的数据进行加密不会影响整个系统的效率。用RSA算法对DES的密钥加密后就可将其公开,而RSA加密密钥也可以公开,因此,整个系统需保密的只有少量的RSA的保密密钥。因为DES的密钥量并不大,RSA只要对其做1~2个分组的加密即可完成对DES密钥的处理,也不会影响系统的效率。这样,少量的密钥在网络中就能比较容易的分配和传输了。该保密系统即发挥了DES算法加密速度快、安全性好的优点,又能发挥RSA算法密钥管理方便的优点,两者各取其优,扬长避短。

但是，这样的系统也并非绝对安全的。正如前面所介绍的那样，虽然至今还没有发现任何数学上可行的针对 DES 的解析破译方法，但是通过解密空间的分段网络计算，已经证明了 DES 的 64 位密钥完全可以在短时间内破译。而对于 RSA 算法，现在已经找到了 155 位大数因子分解的方法。所以，在一定意义上说，目前 RSA 密码体制的基础已经被动摇。

因此，上面所说的基于 DES 和 RSA 算法的电子商务系统不是特别安全的，不能胜任某些对于安全性格外敏感的交易任务。

学习任务 3　认证技术

一、身份认证的主要方法

身份认证也称为"身份验证"或"身份鉴别"，是指在计算机及计算机网络系统中确认操作者身份的过程，从而确定该用户是否具有对某种资源的访问和使用权限，进而使计算机和网络系统的访问策略能够可靠、有效地执行，防止攻击者假冒合法用户获得资源的访问权限，保证系统和数据的安全，以及授权访问者的合法利益。

计算机网络世界中一切信息包括用户的身份信息都是用一组特定的数据来表示的，计算机只能识别用户的数字身份，所有对用户的授权也是针对用户数字身份的授权。

如何保证以数字身份进行操作的操作者就是这个数字身份合法拥有者，也就是说保证操作者的物理身份与数字身份相对应，身份认证就是为了解决这个问题，作为防护网络资产的第一道关口，身份认证有着举足轻重的作用。

在真实世界，对用户的身份认证基本方法可以分为这三种。

(1) 根据你所知道的信息来证明你的身份，如：静态密码、动态口令、短信密码等。

(2) 根据你所拥有的东西来证明你的身份，如智能卡、USB KEY 等。

(3) 直接根据独一无二的身体特征来证明你的身份，如：生物识别（包括身体特征和行为特征等）。

根据在认证中采用方法的多少，可以分为单因素认证、双因素认证和多因素认证等。

二、身份认证技术

（一）数字摘要

数字摘要是将任意长度的消息变成固定长度的短消息，它类似于一个自变量是消息的函数，也就是 Hash 函数。数字摘要就是采用单向 Hash 函数将需要加密的明文"摘要"成一串固定长度（128 位）的密文，这一串密文又称为数字指纹，它有固定的长度，而且不同的明文摘要成密文，其结果总是不同的，而同样的明文其摘要必定一致。

（二）数字签名

政治、军事、外交等活动中签署文件，商业上签订契约和合同，日常生活中在书信以及从银行取款等事务中签字，传统上都采用手写签名或印章。随着信息时代的来临，人们希望通过数字通信网络进行远距离的贸易合同签名，因此数字或电子签名技术应运而生，并开始用于商业通信系统中。

一个数字签名算法应至少满足三个条件：

(1) 数字签名者事后不能否认自己的签名；

(2) 接收者能验证签名，而任何人都不能伪造签名；

(3) 当双方关于签名的真伪发生争执时，可使用验证算法得出"真"或"假"的回答。

数字签名（又称公钥数字签名、电子签章）是一种类似写在纸上的普通的物理签名，但是使用了公钥加密领域的技术实现，用于鉴别数字信息的方法。一套数字签名通常定义两种互补的运算，一个用于签名，另一个用于验证。用于保证信息传输的完整性、发生者的身份认证、防止交易中抵赖现象的发生。

（三）数字信封

数字信封是将对称密钥通过非对称加密（即：有公钥和私钥两个）的结果分发对称密钥的方法。数字信封是实现信息完整性验证的技术。它综合利用了对称加密技术和非对称加密技术两者的优点进行信息安全传输的一种技术。数字信封既发挥了对称加密算法速度快、安全性好的优点，又发挥了非对称加密算法密钥管理方便的优点。

（四）数字时间戳

时间戳，一个能表示一份数据在某个特定时间之前已经存在的、完整的、可验证的数据，通常是一个字符序列，唯一地标识某一刻的时间。使用数字签名技术产生的数据，签名的对象包括了原始文件信息、签名参数、签名时间等信息。广泛的运用在知识产权保护、合同签字、金融账务、电子报价投标、股票交易等方面。

时间戳是一个经加密后形成的凭证文档，它包括三个部分：

(1) 需加时间戳的文件的摘要；

(2) 时间戳收到文件的日期和时间；

(3) 时间戳的数字签名。

一般来说时间戳有自建时间戳和具有法律效力的可信时间戳两种。自建时间戳不具备法律效力。可信时间戳即由国家法定时间源来负责保障时间的授时和守时监测，任何机构包括时间戳中心自己不能对时间进行修改以保障时间的权威，只有这样产生的时间戳才具有法律效力。

（五）数字证书

数字证书就是互联网通信中标志通信各方身份信息的一串数字，提供了一种在Internet上验证通信实体身份的方式，数字证书不是数字身份证，而是身份认证机构盖在数字身份证上的一个章或印（或者说加在数字身份证上的一个签名）。它是由权威机构——CA机构，又称为证书授权(Certificate Authority)中心发行的,人们可以在网上用它来识别对方的身份。

数字证书里存有很多数字和英文,当使用数字证书进行身份认证时,它将随机生成128位的身份码,每份数字证书都能生成相应但每次都不可能相同的数码,从而保证数据传输的保密性,即相当于生成一个复杂的密码。

数字证书绑定了公钥及其持有者的真实身份,它类似于现实生活中的居民身份证,所不同的是数字证书不再是纸质的证照,而是一段含有证书持有者身份信息并经过认证中心审核签发的电子数据,可以更加方便灵活地运用在电子商务和电子政务中。

三、认证中心

(一)认证中心的含义

认证中心(Certificate Authority,CA),是电子商务的一个核心环节,是在电子交易中承担网上安全电子交易认证服务,签发数字证书,确认用户身份等工作的具有权威性和公正性的第三方服务机构。认证中心可官方将某个公钥授权给用户。如果一个公司在内部或同可靠的商业伙伴交往时使用了数字证书,就可能会出现这样一个机构。Netscape和Xcert公司提供了用于管理数字证书的证明服务器。

(二)认证中心提供的服务

认证中心承担网上安全电子交易认证服务,能签发数字证书,并确认用户身份的服务机构。认证中心通常是企业性的服务机构,主要任务是受理数字凭证的申请、签发以及对数字凭证的管理。

认证中心通过向电子商务各参与方发放数字证书,来确认各方的身份,保证网上支付的安全性。认证中心主要包括三个组成部分:注册服务器(RS)、注册管理机构(RA)和证书管理机构(CA)。注册管理机构(RA)负责证书申请的审批,是持卡人的发卡行或商户的收单行。因此,认证中心离不开银行的参与。

认证中心所颁发的数字证书主要有持卡人证书、商户证书和支付网关证书。持卡人证书中包括持卡人ID,这其中包含了有关该持卡人所使用的支付卡的数据和相应的账户信息。商户证书也同样包含了有关其账户的信息。支付网关一般为收单行或为收单行参加的银行卡组织。从这里的分析不难看出,RA的角色为什么必须由银行来担当。

当前,在国际上也已有一些CA建设方面的经验值得我们借鉴。Visa和Mastercard在1997年12月共同成立SETCO公司,被授权作为SET根认证中心(Root CA);中国香港电子商务认证中心JETCO(银行卡联营组织)负责建设;新加坡电子商务认证中心由NETS负责运作和管理。银行卡组织由会员银行组成,作为认证中心有着固有的优势。

学习单元七
客户服务基础

学习任务1　客户认知

【任务情景】

　　电子商务专业的中职生小李想知道自己毕业后面对的就业形势及就业岗位,就在百度上输入了"电子商务招聘"关键词,大量的招聘信息涌了出来,其中很多岗位需求是诚招淘宝商城客服、急聘网络客服、诚聘客服专员等,再输入"电子商务客服招聘",在百伯网上的招聘信息就多达35 409条。小李心想:电子商务客服岗位需求这么大,那么电子商务客服的职位要求是什么? 自己该做些什么准备呢?

【任务分析】

　　小李首先要对电子商务客户服务有整体地认知,要清楚电子商务企业中客服的地位及重要作用。其次,要根据客服岗位的需求和技能要求,结合自身实际特点,进行有目的性的培训和学习,并积极寻找机会进行实践锻炼。

【任务实施】

一、认识电子商务客服

(一)电子商务客服简述

网络客服是基于互联网的一种客户服务工作,是网络购物发展到一定程度下细分出来的一个工种,跟传统商店售货员的工作类似。这种服务形式对网络有较高的依赖性,所提供的服务一般包括:客户答疑、促成订单、店铺推广、完成销售、售后服务等几个大的方面。

而我们俗称的客服人员,即电子商务客服是承载着客户投诉、订单业务受理(新增、补单、调换货、撤单等)、通过各种沟通渠道获取参与客户调查、与客户直接联系的一线业务受理人员。

作为承上启下的信息传递者,客服还肩负着及时将客户的建议传递给企业其他部门的重任。如:来自客户对于产品的建议、线上下单操作修改反馈等。

(二)电子商务客服分类

按形式分:(1)在线客服。(2)语音客服。

按业务职能分:(1)售前客服。(2)售后客服。

按工种分:根据目前淘宝上网络客服的工作分类,可以分为售前客服、售中客服、售后客服或销售客服、技术客服及中评差评客服等。(独立的B2C公司一般都不设立在线客服,C2C购物市场主要以在线客服为主。)

【想一想】我们身边的网络客服都有哪些?是何种类型?

(三)电子商务客服的重要作用和意义

(1)帮助塑造公司形象;

(2)可以提高成交率;

(3)能够提高客户回头率;

(4)可以更好地服务客户;

(5)会带来更好的用户体验。

(四)网络客服在电子商务中的地位及发展趋势

好的客服是企业成功的关键。从经济学角度来说,现代市场竞争需要的不再是一味地打价格战,服务战占了越来越大的比例,而所有这一切都是要由我们的客服人员来完成的。电商企业也好,网络店铺也罢,提高客服的服务水平尤为重要,迫在眉睫。

二、电子商务客服应具备的素质和能力

(一)客服人员应具备的基本素质

(1)心理素质;   (2)品格素质;

(3)技能素质;   (4)综合素质。

(二)客服人员应具备的基本能力

(1) 文字表达能力；　　　(2) 资料收集能力；
(3) 自己动手能力；　　　(4) 代码了解能力；
(5) 网页制作能力；　　　(6) 参与交流能力；
(7) 思考总结能力；　　　(8) 适应变化能力；
(9) 终身学习能力；　　　(10) 深入了解网民能力；
(11) 建立品牌能力；　　　(12) 耐心能力；
(13) 敏感、细致能力；　　(14) 踏实坚韧能力。

学习任务 2　熟知电子商务客服工作范围及职能

【任务情景】

小李在经过对电子商务客户服务基础知识的认真学习后,来到了一家大型电子商务公司进行社会实践,被分配到了客户服务部门。首先,客户服务部刘经理向小李介绍了公司的背景、规模、主营业务等基本情况,然后告诉小李,两天后要进行正式的培训,这两天小李要先熟悉下客户服务部门的岗位设置,各岗位的职责以及工作环境,有什么不懂的可以请教同事。听到这些,小李有点茫然:他不知道在这些工作岗位要做些什么? 他能做些什么呢?

【任务分析】

小李首先要对公司的市场概况和背景进行深入了解,认真体会企业文化的要素组成和表现,积极转换角色,完成自己学生身份到职场人士的初步转变。其次,要对电子商务客户服务部门的主要岗位设置有一个大致了解,对电子商务客服工作的岗位职责和其他相关工作事项进行熟悉。然后,要能够结合客服岗位发展空间,给自己定下一个适合性的职业发展方向。

【任务实施】

一、了解电商的组织架构和部门设置及职能

(一) 组织架构

通常不做分销、只做零售的企业都采用单渠道组织结构,由运营经理或运营总监统领客

服、配送、美工、财务和推广等各个部门,在每一个部门下设有多个相关岗位,大家各司其职,共同来完成公司的销售目标。

(二) 部门设置及职能

公司架构会由高层和中层管理者,以及基层员工构成,每个部门的职能是不同的,运营总监带领团队完成业务指标,行政经理负责后勤和内务工作。每个岗位都有对应的工作职能以及权限范围,客服部门的岗位职能也会分售中和售后,售中负责在线接待和接单,而售后则负责关系维护和纠纷处理,有些企业会把拍照、文案、标题放在产品部,但一些企业会把这些工作岗位设置在营销部里。

二、了解电子商务客服的工作职能

(一) 客服人员的职责

(1) 通过旺信及 QQ 等聊天工具和客户沟通,解答客户提出的各种问题,达成交易。
(2) 负责收集客户信息,了解并分析客户需求,规划客户服务方案。
(3) 负责进行有效的客户管理和沟通。
(4) 负责建立客户服务团队以及培训客户代表等相关人员。
(5) 定期或不定期进行客户回访,以检查客户关系维护的情况。
(6) 负责发展维护良好的客户关系。
(7) 负责组织公司产品的售后服务工作。
(8) 负责建立客户档案、质量跟踪记录等售后服务信息管理系统。
(9) 负责及时跟踪货品发货动向,及时与用户沟通,避免用户不满意。

(二) 客服的职业价值观

客服的职业价值观如图 7-1 所示。

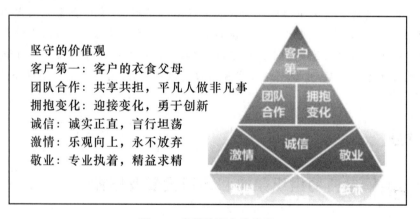

图 7-1 客服的职业价值观

(三) 电子商务客服的基本行为规范

1. 网络礼仪规范

与客户交往礼仪的基本原则有：互惠原则、平等原则、信用原则、相容原则、发展原则。

2. 用语规范

网店客服人员应保持热情主动的客户服务意识，针对不同的情况，及时对光临的客户礼貌问候，主动介绍，让客户在愉快的气氛中接受客服人员的推荐，促成购买。客户服务员在整个销售过程中，尽量要做到热情大方，但不必过于谦卑，用热情的服务来打动客户，感染客户。工作中使用礼貌用语，做到彬彬有礼，和蔼可亲。

3. 服务规范

言语举止符合规范；对产品及相关专业知识谙熟，当客户的好参谋，不浮夸产品功能或功效；热情、自信地待客，不冷落客户；客户较多时，应"接一、待二、招呼三"，要借机造势，掀起销售高潮；耐心待客，不得有不耐烦迹象；为客户解答时应熟练、正确；不管客户是否购买，均应文明待客、礼貌送客；不强拉客户。

4. 售后服务处理规范

对售后服务客户的咨询，应热情、耐心地予以解答；对待投诉，应热情地接待；的确因本企业的产品或服务引起的问题，应确认是否使用不当引起的，对于用法不当引起的，应悉心讲解，并表示歉意；的确因质量问题引起的，应予以退、换货，并表示歉意；问题较严重的，应先安抚好客户情绪，并马上向业务主管或其他上级汇报；业务主管必须迅速核定事实，与客户取得联系，表示歉意，安抚其情绪；及时与客户协调处理，并取得相关部门证明，签订《投诉处理协议》，达成正式谅解。

三、掌握电子商务客服常用工具

(一) 常用的交流工具

(1) 网络社区。
(2) 电子邮件。
(3) 在线表单。
(4) 即时信息。
(5) 企业的服务中心。

(二) 常用的网上支付工具

目前已经出现的网上支付工具主要有信用卡、电子钱包、网络银行、第三方支付、移动支付等。

学习任务3 熟悉客服工作流程

【任务情景】

小李在理论培训过程中被问到一个问题:客服8:30上班,但9:00才开始接待客户,这段时间应该做什么?日常客服怎么做才能使工作更高效、更规范、更显得专业化?小李该怎样回答?

【任务分析】

我们要认识到,规范、标准化的工作流程可以大大增加工作的附加值,统一流程能快速培养出优秀的客服人员,按流程办事可以大大减少客服工作中的错误产生,而规范的话语则可以使我们的接待服务更加规范和专业。

【任务实施】

一、了解电子商务客服工作程序

(一)客服遵守操作流程的作用

从标准化与持续改善的角度来看客服工作,就是从关键因素、客户满意因素、重大显著问题等方面来选择关键操作流程,规范的、标准化的工作流程,可以大大增加工作附加值。

另外,统一流程能够养成严谨的工作作风,快速达到一个优秀销售客服的标准。这在我们的生活中也有不少鲜活的例子,比如成人在驾校里学开车、孩子进艺校学钢琴,都各自要学习很多规范和操作流程。

(二)电子商务客服基本工作流程

客服部门的岗位职能可以分为售前、售中和售后,售中负责在线接待和接单,而售后则负责关系维护和纠纷处理。

一般应包含以下几个方面。

(1)售前准备:每天开始工作前,处理好各项准备工作的流程,宝贝介绍流程,旺旺回复流程。

(2)售中服务:顾客分类流程,信息收集流程,打消买家的疑虑流程,讲价还价流程,标准订单流程,发货流程。

(3) 售后服务：处理中、差评的流程，延伸客户服务的流程，退换货的操作流程。

电子商务团队或网店店主可以结合自身特点，编制适合自身产品销售，以及售后服务的流程表，让客服按流程办事，可以避免客服个别情况下不知道"如何是好"，可以大大提高客服的工作效率，可以大大减少客服在工作中的错误的产生。

二、做好日常基本工作

（一）日常工作基本流程

（1）准备工作：个性签名、聊天设置、客服设置、常规应用软件的使用维护。

（2）温故知新：更新在线商品、回复留言、给客户发送成交信、查看昨日未转化及未付款人员进行有效催付。

（3）前期处理工作：掌握店铺推广区的各项产品的最新活动并具体施行、客户重复拍下商品的处理、缺货的在线商品处理、信用评价。

（4）售前客服接待流程：关于问候、询问、价格、连带、核对信息、促成交易，标准订单处理、礼貌欢送。

（二）标准订单处理流程

一个订单说起来很简单，但从流程上来分还要包括售中和售后，当买家看中某一个商品，并通过跟客服沟通，最终确定购买，拍下商品并付款以后，一个标准的订单产生了。

一个标准订单的处理，从订单生成开始，销售客服就要对买家要求进行备注，比如优先发货、送小礼品、选什么颜色等。订单一旦提交到系统以后，审单员需要对订单进行审核，看地址是否详尽、商品编号是否齐全、有无缺货，等等。财务核实付款后，制单员即开始打印订单，并登记快递单号，登记以后交给配货员拣货，检验员逐个核对订单，看有没有错发、漏发等，再由打包员打包，称重员称重并录入系统，然后录入到淘宝的后台，这个订单就处理完了，如图7-2所示。

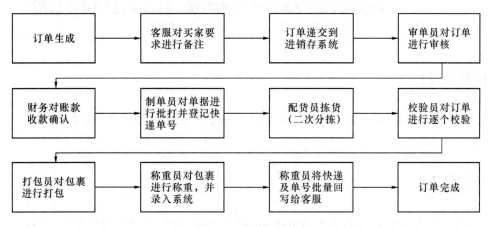

图7-2　订单流程

如果出现退换货也要按照退(换)货订单处理的标准流程来操作,首先,售后客服先要询问顾客退换货原因,看是发错了货还是产品质量问题,主动给顾客道歉,安抚顾客,缓解不良印象,稳定顾客的情绪,并协商退换货事宜,如图7-3所示。

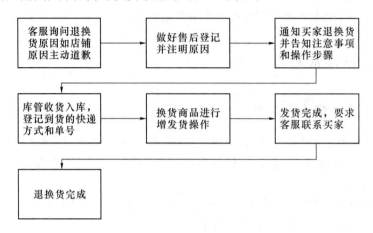

图 7-3　退换货流程

等退换货协议产生以后,做好售后登记和备注,通知顾客退换货的注意事项和操作步骤,等收到顾客退回的货物后,库管会将退件登记入库,重新补发商品并进行增发货操作。发货后,通知客服联系顾客,告知换货商品已发出,近期请注意查收,至此,退换货流程即告操作完成。

退换货订单处理,一般由专门的售后客服来处理。在下订单之前,优秀的售前客服做好跟买家的沟通,使得买家收到货物以后,能认可物有所值,可以有效减少商品纠纷率和退换货率,从而减少售后客服的工作,相反,差的客服因为服务问题和沟通问题,则会使得买家无法认可商品和服务,而加大售后客服的工作量。

学习任务 4　电子商务客服销售流程

【任务情景】

开始服务技能培训了,小李被要求尽快熟悉整个客服销售流程。客服销售流程都包含哪些环节呢?

【任务分析】

熟知交易流程,以便在顾客购物时遇到操作问题,能及时给予操作指导,保证买家顺利完成购物。熟悉退换货流程,以便在发生退换货时,提供及时快捷地服务。掌握在线接待流程的基本步骤,以提高在线接待转化率。

【任务实施】

一、熟知交易流程

（一）熟悉购物流程

作为电子商务客服人员，熟知网络购物流程主要是在顾客遇到操作上的问题时，及时给予操作指导，使其顺利完成购物的操作流程，将订单转化为有效订单。

以淘宝网购物流程为例，实际交易步骤如下所示。

第一步：选择购买前如对商品信息有任何疑问，请先单击，通过旺信聊天工具联系卖家咨询，确认无误后，单击"立刻购买"。

第二步：确认收货地址、购买数量、运送方式等要素，单击"提交订单"。

第三步：可进入"我的淘宝"—"我的首页"—"已买到的宝贝"页面查找到对应的交易记录，交易状态显示"等待买家付款"，该状态下卖家可以修改交易价格，待交易付款金额确认无误后，单击"付款"。

第四步：进入付款页面，付款成功后，交易状态显示为"买家已付款"，需要等待卖家发货。

第五步：待卖家发货后，交易状态更改为"卖家已发货"，待收到货确认无误后，单击"确认收货"。

第六步：输入支付宝账户支付密码，单击"确定"按钮。

第七步：交易状态显示为"交易成功"，说明交易已完成。

第八步：如您看中了同一卖家店铺中多件宝贝可以选择加入购物车，一起购买支付，可能还能够参加店铺促销，购买成功后多件宝贝会以一个订单形式展现，后续交易流程同直接购买一样。

（二）熟悉买家退换货流程

正常的交易均能按一般交易流程来完成，只有出现以下三种情况之一，才会进入退换货流程：(1)买家未收到货，要求退款；(2)买家已收到货，由于卖家承诺 7 天无理由退换货，买家试用后不满意，要求退换货；(3)买家已收到货，但由于卖家商品质量有问题、有瑕疵等原因，买家要求退换货。

退款流程包括：买家申请退款/退货→卖家处理退款/退货→退款完成。

【例】以淘宝为例，退换货的具体流程又分为以下三种。

(1) 买家未收到货的退款申请操作流程。

买家未收到货后选择退款的原因主要有：卖家虚假发货、快递问题、空包裹/少货、未按约定时间发货、卖家发错货、买家多拍/错拍/不想要等，一般要求卖家全额退款，赔偿损失。

(2) 买家已收到货，不用退货但需要退款的退款申请操作流程。

买家在退款/退货申请时选择不退货但需要退款的原因主要是对产品不满意，又觉得退货麻烦,想将就着用,同时希望卖家能给予部分退款来弥补买家的损失。

（3）买家已收到货,需要退货和退款的退款申请操作流程。

提交退货申请的流程跟上述退款流程一样,不同的地方是卖家同意退款以后,买家要按照申请服务"退货退款"退货给卖家,选择物流方式退货后,卖家确认收货,退款完成。

二、掌握在线接待流程

（一）在线接待流程基本规律

要达到优秀的在线接待转化率,规范的接待流程是非常重要的,标准化的程序永远是帮助团队理清脉络、提升业绩的良方。相信每个团队都会有各自不同的接待流程,大家可以根据自己经营的产品和以往运营的经验制定出适合自己的接待流程。

而在日常工作中,在线接待的基本内容包含以下几种。

开场白：欢迎语。

话天地：跟进客户的问题与客户开始沟通。

挖需求：了解客户的需求点,根据客户需求推荐产品并做关联销售。

试缔结：解决客户的异议。

促成交：通过当天发货等由头促进客户成交。

结束语：客户购买后,结束之时欢送语不可少。

（二）在线接待流程具体步骤

好的接待流程(图7-4)可以提高你的工作效率,我们一般把在线接待分为八步流程,即

第一步：进门问好。可以归纳为一个字"迎"。

第二步：接待咨询。要做好客服准备工作。

第三步：推荐产品。要学会根据客户的需求方向去"说"。

第四步：处理异议。要掌握一个新技巧"应"。

第五步：促成交易。这是一切在线销售工作的最终目的。

第六步：确认订单。要求客服利用好确认订单的流程。

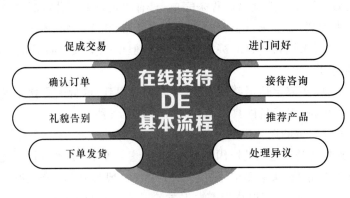

图7-4　接待流程

第七步:下单发货。可以作为一个工作流程的交接。
第八步:礼貌告别。也蕴涵着一个重要技巧"收"。

学习任务5　客户接待与沟通技巧

【任务情景】

正式开始上岗实训了,小李被分派到公司的淘宝品牌专营旗舰店进行客服工作。过了一段时间后,小李发现付出了同样甚至更多的工作时间和劳动强度,自己的工作业绩总也比不上老员工。经过业务数据对比,小李看到,虽然自己服务了 42 个顾客,但是总订单数远远低于咨询量只有 29 个客户的老员工,而且自己的客户评价成绩也偏低,小李感到十分疑惑和不平。如何提高咨询客户的成交率与客户评价成为小李头痛的问题。

【任务分析】

小李的困惑其实是很多新手客服常常面临的问题。网络上的顾客总是会对价格、服务、承诺有各种各样的要求,而公司对于商品的价格、后续的服务等都有很多标准和规定,一定有很多东西是不可能完全按照买家的要求来满足的。经常是客服与顾客一番"斗智斗勇"后顾客挥挥手转身而去。所以,在与客户的沟通与接待中,我们可以利用一些小技巧去达到目的。如何让买家在限定的条件内,最终能够愉快的接受我们的商品和服务呢?这就需要我们通过学习和实践,提升我们的沟通技巧。

【任务实施】

一、掌握标准的电商客服用语

(一) 日常问答标准化

一个成熟的店铺及其客服人员除了有一套标准的接待流程,还会预先准备一些常见问答,把一些顾客经常会关注的问题以文档的形式作为操作手册下发到每个在线客服手上,使客服人员尽快进入工作状态,遇到问题的时候也不慌张,可以根据常见问答的内容来回复顾客,以保证店铺内所有在线接待人员对同一问题的答复保持口径一致。

一些专业性较强的商品相关问题,使用常见问答来提示不仅上手更快,而且不容易回答错误,以免导致顾客对店铺的专业性表示怀疑。同时,常见问答也是对新员工进行上岗培训最好的教材,这些问题和答案可以通过平时的工作来收集和整理,也可以通过互联网去进行搜索,或者去相关的专业论坛寻找。

（二）常用客服术语系统化

在电商客服中，因为大部分沟通使用网络即时聊天软件，因此掌握标准的网络客服术语可以起到事半功倍的效果。

(1) 欢迎语——当客户发出沟通信号的时候，在十秒内必须先有问候的反馈，及时的回复将得到客户良好的印象，过于简单生硬的用语将影响服务体验。

(2) 对话用语——在与客户进行交流的时候，常用到的话。

(3) 议价的对话——议价是最普通的对话内容，标准的对答降低了很多的沟通成本。

(4) 支付的对话——客户付款以后的迅速回答，能够给客户专业的信赖感。

(5) 物流的对话——大多数客户购买商品的时候纠结快递时间，统一回答就可以解决客户的重复提问。

(6) 售后的对话

(7) 评价对话。

客服每天与买家的对话是有规律可循，甚至大部分都是重复的。所以，尽可能地将自己常用客服用语标准化，并且将这些用语制作成快捷按钮，那么本来要输入十几秒的长句，只要花不到一秒的时间输入快捷符就能完成，可以极大地提高客服效率。

（三）服务禁语要避免

(1) 蔑视语。

(2) 烦躁语。

(3) 否定语。

(4) 斗气语。

在为顾客服务的过程中还要杜绝使用一些语言，即服务禁语。服务禁语会伤害顾客的感情，影响交易的达成和服务的实现。

【想一想】在进行电子商务客服时，接待顾客的第一句话看似套路化，但其实也是非常重要的，良好的第一印象是成功沟通的基础，请看一段淘宝客服人员与客户的对话，你觉得客服人员的回答合适吗？如果是你的话，会做哪些改正？

二、掌握在线接待的操作技巧

（一）旺信名片

在旺信的名片功能里可以查询到比较详细的会员信息，除了能看到该会员作为卖家获得的评价数量和好评率以外，也能看到他作为买家获得的评价数和好评率，可以从"信用"里查到该会员较为全面的信用情况，适时了解他们的活跃情况可以有效地避免误会。

（二）个性签名

个性签名可以选择固定展示一条，也可以设置多条签名，每隔5~20分钟滚动更换一次，这样展示的信息更多，但是，系统最多只允许设置5条个性签名来进行滚动展示。

(三)快捷短语

根据自身情况将一些常见问答设置成快捷短语,使我们在繁忙的时候也能够游刃有余地接待多位顾客,节约宝贵的时间,大大地提高我们的工作效率。

(四)联系人信息

交流的效果很大程度取决于对交流对象的了解,了解程度越深,进入有效沟通的前奏越短,越容易切中对方的沟通目的,但人的记忆力是非常有限的,因此,借助旺信上的编辑联系人消息的功能,为交流对象做一些简单的备注是很有必要的。

(五)即时文字交流

直接发送即时消息,就能立刻得到对方回答,了解买卖交易细节。如果再适当地添加一些旺信表情,会使回复内容更加生动,避免陷于程式化。

(六)群发消息

不管创建群还是加入群,都是扩大我们的交际圈的一种有效方法,可以通过创建客户群来增加店铺的凝聚力,利用群公告及时推广新品和优惠促销信息;也可以通过加入兴趣群或朋友来加强互动,联络感情,大家在群里互相学习。

(七)小工具

熟练地使用常用功能和小工具,不仅可以提高我们的工作效率,还可以减少交流的障碍,是沟通变得更为顺畅。

三、掌握即时交流的沟通技巧

与顾客交流的时候一定要用心,每次跟顾客进行交流后加入好友,最好是做下归类,比如"成交顾客""未成交顾客",适时的分析一下未成交的原因,是因为价格还是产品的欠缺等。对待这些顾客,要定期向她们传达我们的活动内容,新品上市推荐,以及节假日里适当传达一些祝福等,这样顾客会感到无时无刻不被我们关心体贴,对我们会更加信赖。

开发一个新顾客是维护一个老顾客成本的 6 倍,所以对老顾客的定期维护和激活就变得非常的重要。要做到定期的回复和交流,把每个顾客都变成我们的朋友就更加理想了。

在线沟通相对于线下沟通,有很大的局限性。因为我们不能用表情,不能用声音,也不能用手势,在很多情况下特别容易造成误解。在这个时候,我们就要学会使用旺信表情来代替我们的表情和手势,可以说旺信表情就是我们在线沟通时候的代言者。这些表情正好可以弥补网购交谈模式与现实面对面交谈模式相比的不足,让顾客看见这些表情就能想象到我们卖家的肢体语言。

对于不同的顾客,我们可以使用不同的表情,如果顾客是第一次进店,我们对他并不是很熟悉,这个时候表情的使用要谨慎,如果滥用表情会引起顾客的反感,适合初次交流的顾客的表情有以下几种,如图 7-5 所示。

对于店铺的回头客,因为已经有一定的沟通基础,表情的使用可以稍微放肆一点,以下表情比较适合店铺的回头客,如图 7-6 所示。

图 7-5　旺信基本表情

图 7-6　旺信进阶表情

四、学会提问的技巧

进行客服工作一定要用最快的速度了解客户的需求,如果客户本身思维很清晰,我们也许不需要通过其他技巧就能够很快地了解他的需求,但是如果客户思维混乱,服务人员就必须通过提问的技巧,迅速地把客户的需求找出来。提问的技巧,如图 7-7 所示。

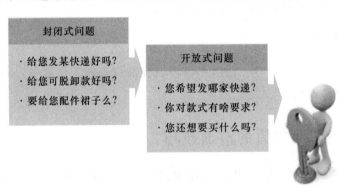

图 7-7　提问的技巧

五、掌握电话沟通技巧

客服电话的接听与拨打与我们日常生活中接打电话是不一样的,需要掌握一定的技巧才能让电话另一端的客户仅仅通过声音就能感受到尊重与重视。

(1) 电话机旁应备记事本和铅笔;
(2) 先整理电话内容,后拨电话;
(3) 态度友好;
(4) 注意自己的语速和语调;
(5) 不要使用简略语、专用语;
(6) 养成复述习惯;
(7) 电话铃响两次后,取下听筒。

学习任务6 客户分析

【任务情景】

经过一段时间的学习与实践,小李的客服技巧越来越熟练,成交率也开始上升,但是客户的满意度依然没有起色,每次交易完成后,顾客会根据客服人员的服务态度打一个分数,小李的得分虽不至于太低,但和老员工比却是相去甚远,如何提高客户满意度成为小李在解决成交率之后需要解决的另一个重要问题。

【任务分析】

客户对于服务的感知,即感觉服务好或是不好,很大程度上取决于一开始接待服务的质量与终止服务时客户的需求有没有完全被满足。不同的顾客,其需求也是不一样的,因此,如果想提高客户的满意度,在接待客户的时候,客服人员应该关注他们的不同需求,充分了解客户的购物心理与购物目的,提供个性化的服务。这是客户服务的最高境界,要做到这一点需要付出相当大的努力。

【任务实施】

一、充分理解客户的需求

(一)客户对服务的要求

要想提高客户满意度,提供优质的服务,必须首先了解客户如何评价服务,了解客户对服务的要求。

一般而言客户对服务的评价好坏取决于以下几点:
(1) 可靠度;
(2) 有形度;
(3) 响应度;
(4) 同理度。

(二)客户的其他需求

客户进店以后,除了对具体某个(或某些)商品的需求以外,还有其他一些常被我们忽视的需求,而且满足客户具体商品以外的那些需求往往并不需要我们付出更多的成本,但却在促成商品成交上发挥着巨大的作用。

通常包含：
(1) 安全及隐私的需求；　　　　　(2) 有序服务的需求；
(3) 及时服务的需求；　　　　　　(4) 被识别或记住的需求；
(5) 受欢迎的需求；　　　　　　　(6) 感觉舒适的需求；
(7) 被理解的需求；　　　　　　　(8) 被帮助的需求；
(9) 受重视的需求；　　　　　　　(10) 被称赞的需求；
(11) 受尊重的需求；　　　　　　 (12) 被信任的需求。

二、了解网络客户的不同类型

（一）按客户性格特征分类

了解网店客户的特点，了解网店客户的基本类型，对于提高网店客服的服务质量和服务效率具有极其重大的作用。
(1) 友善型客户；
(2) 独断型客户；
(3) 分析型客户；
(4) 自我型客户。

（二）按消费者购买行为分类

(1)交际型；(2)购买型；(3)礼貌型；(4)讲价型；(5)拍下不买型。

（三）按网络购物者常规类型分类

(1) 初次上网购物者；(2)勉强购物者；(3)便宜货购物者；(4)"手术"购物者；(5)狂热购物者；(6)动力购物者。

三、了解网络买家的购物心理

（一）买家常见的五种担心心理

(1) 卖家信用能不能可靠；
(2) 价格低是不是产品有问题；
(3) 同类商品那么多，到底该选哪一个；
(4) 交易安全：交易方式——支付宝？私下转账？当面付款？
(5) 收不到货怎么办？货实不符怎么办？货物损坏怎么办？退货邮费怎么办？

（二）买家网上消费心理分析及应采取的相应策略

(1) 求实心理；(2)求新心理；(3)求美心理；(4)求名心理；(5)求廉心理；(6)偏好心理；(7)猎奇心理；(8)从众心理；(9)隐秘性心理；(10)疑虑心理；(11)安全心理。

四、适度地推荐商品

客服在回答一个商品咨询的同时要有意识地推荐顾客购买更多的商品,如推荐其他商品给顾客以搭配建议、推荐促销活动商品、推荐最新款式或店铺的购物优惠政策等。

产品的推荐应充分把握客户购物心理,一定要学会根据顾客的需要去推荐,很多客服人员会因为业绩、提成等因素对客户展开全方位劝购轰炸,完全不考虑客户实际需求,很容易引起客户反感;另外有一部分客服人员对客户是问一句答一句,沟通环节十分被动,结果往往错失良机。

五、技巧性的处理顾客异议

"排疑"在电子商务客服工作中有着重要的作用。在与客户沟通过程中,遇到问题时应该先安抚客户,明确问题并做好问题分析。要先摸清客户的购物习惯,再分析问题可能的原因。只有迅速抓住问题的关键,才能既快又准地找到方法。只有把客户的所有疑义都排除了,客户才有可能把订单下给你。

顾客说:"我要考虑一下"。	对策:时间就是金钱。机不可失,失不再来。
顾客说:太贵了。	对策:一分钱一分货,其实一点也不贵。
顾客说:市场不景气。	对策:不景气时买入,景气时卖出。
顾客说:能不能便宜一些。	对策:价格是价值的体现,便宜无好货。
顾客说:别的地方更便宜。	对策:服务有价。现在假货泛滥。
顾客说:它真的值那么多钱吗?	对策:怀疑是奸细,怀疑的背后就是肯定。
顾客说:不,我不要……	对策:我的字典里没有"不"字。

六、积极促成交易

电商客服的业绩很大一部分是看成功交易的交易量,想要提高客服水平,其中一个重要环节就是要学会促成交易,说服客户下单。

促成交易的技巧有很多,以下几点是客服人员经常用到的:

(1) 利用"怕买不到"的心理;

(2) 利用顾客希望快点拿到商品的心理;

(3) 当顾客一再出现购买信号,却又犹豫不决拿不定主意时,可采用"二选其一"的技巧来促成交易;

(4) 帮助准顾客挑选,促成交易;

(5) 巧妙反问,促成订单;

(6) 积极的推荐,促成交易。

学习任务7 做好售后服务及客户维护

【任务情景】

小李做客服工作有一段时间了,通过努力,也有了一些自己的固定客户。但是他发现,他每月的业绩并不稳定,忽高忽低。而老员工的业绩则比较稳定,在完成每月公司定下的任务目标后还有所增长。经过仔细的观察,他了解到老员工在开发新客户的同时,对老客户的维护工作也没有放松。他觉得这就是他跟老员工之间的差距了,但是该怎样缩小这个差距呢?到底应该怎样做才能达到售后服务的完美呢?

【任务分析】

售后服务在电子商务中占据了重要的地位,售后服务做得好,就会大大增加返单率。维护一个老客户的成本要远远低于开发一个新客户的成本,要想在销售工作中立于不败之地,必须要具备优质的售后服务。而优质的售后服务围绕的宗旨就是:不能忽略任何一个顾客!只有让顾客感受到受重视,找到购物的"上帝"感觉,才能让新顾客顺利转化成为老顾客。

【任务实施】

一、明确做好售后服务的重要意义

(一)做好售后服务有助于减少客户抱怨

在实际生活和工作中,因为对售后服务感到不满而导致的客户抱怨时有发生,造成这种现象的原因,一方面是因为企业目光短浅,只关心眼前的成交额而对成交之后客户遇到的问题经常不闻不问或不予解决;另一方面则是因为售后人员没有成交之后的客户服务意识,不能积极主动地在成交之后对客户进行关心造成的。客户抱怨一旦形成,企业就需要花费很多时间予以消除。

如果客服人员能够积极主动地为客户提供优质的服务,那么这些对企业极为不利的客户抱怨就能从根本上得到遏制,从而降低客户的投诉和纠纷发生的概率。因此,为了切实有效地减少客户抱怨,客服人员着实有必要在成交结束之后,继续关注客户的需求,从而为客户提供更加满意的服务。

售后服务是整个交易过程的重点之一。贴心周到的售后服务会给买家带来愉悦的心情,从而成为你的忠实客户,以后会经常来购买你的商品。

(二)做好售后服务有助于巩固与客户的友好关系

培养客户忠诚度,积极主动地为客户提供良好的售后服务,也是增强和巩固友好客户关系的重要方式,很多企业的优秀客服人员都是通过这种方式获得越来越多忠诚客户的。

大多数客服人员都知道,要想长期保持良好的业绩,很大程度上需要一大批忠诚客户的支持,大量的忠诚客户常常是一个企业根本利润的重要来源。而要想获得大量忠诚客户的长期支持,客服人员就必须不断加强和巩固与这些老客户的友好联系,努力培养客户对企业的忠诚度。

客户对于售后服务工作的不满意常常在各项原因中居于主要地位,如果客户在成交之后不能享受到令其满意的售后服务,那么必将大大影响他们今后的购买决定。

(三)做好售后服务有助于增加新的潜在客户

如果企业能够在工作过程中为客户提供良好的售后服务,那么不仅可以获得更多老客户的长期支持,而且还可以由此增加新的潜在客户。

这些新的潜在客户一方面来自老客户的介绍,一方面来自新的潜在客户之前对客服进行的各项考察。

积极主动地做好售后服务工作,不仅是维持老客户的需要,也有助于增加新的潜在客户,从而在更大程度上增加销售业绩。

(1)做好售后服务有助于公司品牌形象的有力传播。

(2)面对在广告宣传过程中的高付出、低回报,现代企业不妨利用"口碑传播"的途径在客户之间进行宣传。这样不但可以结合广告宣传进一步增强公司的品牌影响力,而且还可以降低营销成本。更重要的是,良好的口碑形象对于新客户的吸引力通常大大超过广告宣传的作用。

(3)老客户的口碑是公司品牌形象的最好传播渠道,当客服人员积极主动地为老客户提供优质服务时,这些感到满意的老客户就会将他们的感受通过各种途径主动对外宣传,这种来自老客户的口碑宣传对公司品牌形象的传播可以发挥十分重要的作用。

二、掌握做好售后服务的方法和技巧

(一)做好物流跟踪

可以采用物流跟踪系统,及时发现异常件并先于顾客解决掉或提前跟顾客解释一下,扼杀掉由于异常件可能导致的售后问题。

(二)随时跟踪包裹去向

买家付款后要尽快发货并通知买家,货物寄出后要随时跟踪包裹去向,如有运输意外要尽快查明原因,并和买家解释说明。

(三)及时处理各类快递问题

(1)疑难件的处理;(2)破损件的处理;(3)丢件的处理;(4)超区件的处理。

（四）认真对待退换货

发生退换货时，首先要明确原因，然后根据不同原因区别处理。

1．产品质量问题

客户因产品质量要求退换货，要立即核实情况。请客户拍照留证，通过照片判断是否属于质量问题。

2．快递原因

因物流运输导致发生破损的货品，经客户拍照证实后与客户协商退换及邮费承担问题。

3．客户原因

为了更好地服务客户，很多电商企业都为客户提供7天无理由退换货服务。

4．卖方原因

因客服或仓储工作人员造成的货品漏发、错发或缺货，需及时联系客户，告知详细原因，协调处理是否需要退换，经过协调处理仍需退货的，如货品已发出应立即跟踪快递退回货品，货品未发出的指导客户进行退款操作。

（五）掌握退款流程

1．客户未收到货的申请退款注意事项

若交易还在进行中，因买家或卖家原因需要申请退款，请先查看当前交易状态。
（1）如果交易状态为"买家已付款"，需要在"买家已付款"的24小时后（此时间精确到秒）申请退款。
（2）如果交易状态为"卖家已发货"，可以立即单击"申请退款"。
注：买家未收到货的退款申请，以订单为单位，每一订单不允许出现部分退款，如：退邮费、折扣、抵价券等。

2．点击发货后，处理申请退款操作流程（以淘宝店铺为例，操作步骤分以下几种情况）

（1）未收到货的退款申请操作流程；
（2）已收到货，不用退货但需要退款的退款申请操作流程；
（3）已收到货，需要退货退款的退款申请操作流程。

（六）掌握催款技巧及处理方式

电子商务付款分货到付款和第三方支付。客户选择了第三方支付，就会出现没有及时付款的情况，那么这种情况下该怎么处理呢？
（1）催款流程；
（2）催款导单（催前一天拍下的订单）；
（3）催款登记；

(4) 催款跟进;

(5) 催款方式。

(七) 及时做好客户评价和解释

1. 正面评价

一般来说,有的放矢地选择一些特别好的正面评价来回复,以提醒其他客户关注到这条正面评价,而且这类客户的特点一是乐于分享,二是有成为忠实客户的潜力,如果多一点鼓励和关怀,他们将成为我们最好的口碑营销载体。

2. 负面评价

评价问题剖析开来,实际就是一个沟通的问题。对于评价数量较多的卖家来讲,出现中差评具有一定的概率性(产品、服务质量与中差评产生概率成正比关系)。

(1) 评价解释的处理技巧

① 主动;

② 热情;

③ 锲而不舍。

(2) 做评价解释时要注意的问题

① 评价解释属于公开信息的展示,而不是与一个客户之间的私密对话,最重要的是展现给其他客户看的,所以一定要注意专业形象。

② 文字要多才能引人注意,字越多、占的位置越大才显眼。

③ 要注意遵守网站的相关规则,不能把买家的地址和联系方式公布出来,要保护好客户的隐私。

3. 维系好老客户

(1) 影响老客户重复购买的因素

开发一个新客户的成本等于留住 8 个老客户的成本。维护好老客户的关系可以达到事半功倍的效果。

经过总结,客户回头率与以下八大因素有关,其中品牌、产品与创新是属于企业的硬实力范畴,而 VIP、促销、内容、服务、回访等则属于企业的软实力范畴,也正是客户关系管理的范畴。

(2) 品牌:店铺品牌货产品品牌在客户心中的地位很大程度上影响客户回头率。

(3) 产品:产品的品质和性价比,是客户回头的重要因素。

(4) 创新:不断推出的新品、新款和创新的服务也吸引着客户回头。

(5) VIP:给客户 VIP 身份并给予特殊的优惠政策是客户回头的保障体系。

(6) 促销:不断变化的促销方案及对老客户的回馈会刺激客户回头。

(7) 内容:提供丰富有效的产品资讯、专业知识等内容能提升客户连读。

(8) 服务:每一个环节的服务品质及给客户的购物体验会让客户流连忘返。

(9) 回访:不定期的电话、短信、邮件回访会让客户加深印象,多次回头。

4．维系老客户的方法

（1）建立客户数据库；
（2）与客户经常保持联系；
（3）及时回复；
（4）严格质量检验；
（5）创新；
（6）改进技术手段和管理方式；
（7）把握好对老客户的追踪；
（8）保持持续的热情；
（9）做好老客户的回访。

学习任务 8　处理交易纠纷

【任务情景】

随着客服技巧运用的日趋熟练，小李的交易量在不断攀升。小李高兴地合不拢嘴。但随之而来的交易纠纷又让小李陷入了烦恼。一个差评及投诉让小李一个月的辛苦付之东流。该如何正确的解决交易纠纷，提升客户满意度呢？

【任务分析】

电子商务店铺和实体店销售基本相似，很难做到让所有的顾客都满意，每个商家都会或多或少的遇到一些交易纠纷。当遇到交易纠纷时，我们应当认真倾听顾客的不满，对自己的不足或失误积极加以改正，并主动向顾客承认错误并道歉。在处理交易纠纷的时候应把握有理、有利、有节的原则，以积极的态度处理交易纠纷。纠纷处理得当，不但可以增加店铺的销售量，还可以增进与顾客间的友谊。

【任务实施】

一、知道常见的交易纠纷类型

（一）商品问题纠纷

商品问题纠纷指买家购买收到的商品，存在有破损、与网上商品的描述存在差异、影响正常使用或其他质量瑕疵而产生的纠纷。主要包括以下四种情况：

① 商品与描述不符；

② 商品质量问题；
③ 商品价格问题；
④ 卖家发错商品。

（二）物流问题纠纷

物流是网络交易中重要的一环，一般采用第三方物流公司进行物流配送。物流问题纠纷包括由第三方物流公司引起的问题和卖家发货延迟或不发货引起的纠纷。由第三方物流公司造成的纠纷原因通常有三种：
① 配送过程中对商品造成的损耗；
② 配送过程中商品丢失；
③ 快递派送员态度恶劣及延迟送件。

（三）沟通问题纠纷

沟通问题纠纷包括沟通有效性纠纷、服务态度和方式纠纷。买卖双方有沟通的交易比没有沟通的交易成功率更高、纠纷更少，而缺乏沟通是产生纠纷的一个主要因素。另外，卖家通过网络为买家提供产品和服务，缺乏正确的推荐技巧和工作态度，都将导致买家的不满，进而产生抱怨。主要表现为：
① 服务态度差；
② 推销方式不正确；
③ 专业性不够；
④ 过度推销。

（四）售后问题纠纷

售后问题纠纷，主要是指退换货标准和由此产生的运费承担问题。很多 C2C 卖家为避免退换货问题往往在"买家须知"里面写着"确定为质量问题可以退换"，但对于"质量问题"并没有相关部门出示的统一标准，很难判断。买家双方常常就这一问题产生纠纷，若在双方协商过程中卖家态度不好或者结果不能令买家满意，那么买家就很可能给卖家负面的评级。再者，由退换货问题产生的运费承担问题各个 C2C 店铺处理方式不一，就算一些店铺承诺承担"商品质量问题"的退换运费，但如果买卖双方就是否是质量问题不能达成一致，也容易就退换货费用产生纠纷。

二、做好交易纠纷处理

（一）预防是根本

网络交易过程中，如果不小心造成了交易纠纷，往往会影响到电商业务的正常运营。所以，我们更希望的是能够在客户的不满刚刚出现的时候就及时处理，或者是根据经验提前制定出规避交易纠纷的方案来。而规避交易纠纷产生的方法有以下几种：
（1）商品信息如实化；

（2）主动回复物流与货物包装问题；
（3）完善售后服务内容；
（4）认真对待交易约定；
（5）使用中介交易系统保障交易安全。

（二）处理分轻重

所谓投诉是客户对产品、服务等产生不满而引起的抱怨。它们是客户对不满意诉求不同程度上的表现。

1. 买家抱怨的处理

（1）处理客户抱怨的原则：
① 树立正确的服务理念，不与客户争辩。
② 先处理情感后处理事情。
③ 制定处理客户抱怨流程，做到有章可循。
④ 准确及时向高层主管传达客户的抱怨。
⑤ 及时处理客户抱怨。
⑥ 记录客户抱怨，留档分析。
（2）客户抱怨处理的流程：
① 聆听客户抱怨。
② 理解客户的感受。
③ 分析客户抱怨的原因。
④ 转换客户的要求。
⑤ 找出解决问题的方案，及时通知客户。
⑥ 反馈结果并表示感谢。
⑦ 对改进的内容进行跟踪回访。
⑧ 检讨结果，吸取教训，避免重蹈覆辙。

2. 买家中差评的处理

中差评是卖家都比较头疼的一个问题。特别是一些不好的负面评价，无论对电商的整体信誉还是店铺的单宝贝销量都有非常大的影响。所以，对于中差评处理要做到以下几点。

第一，要真正认识到自身存在的问题，每一次客户的不满和由此产生的一些负面评价，实际上都是在提醒我们要在以后加以避免。

第二，学习一种心态——有则改之无则加勉。

第三，要学会积极沟通、真诚道歉，并且给出一些补偿性的解决方案，最佳结果是希望能够取得谅解。

第四，应该积极争取请客户改善原有的评价。希望通过改善评价可以帮助买卖双方减少纠纷和矛盾、消除误会，最终解决网络购物中的诚信问题。

充分沟通、解除误会、解决问题，最终实现买卖双方之间双赢，这才是定义中差评的目的。

3. 维权投诉的处理

对于客户已生成的投诉维权,首先应该有针对投诉维权交易的敏感度。

第一,积极处理纠纷,为自己赢得机会。

第二,保留售前、交易过程、发货、售后的交易证据。

第三,掌握纠纷处理方法

纠纷处理中最重要的有两点:一是说话的艺术,二是沟通的技巧。掌握住了这两点,就可以游刃有余的处理纠纷。

(1) 耐心倾听,真诚道歉;

(2) 仔细询问,详细解释;

(3) 提出补救,解决问题;

(4) 及时执行,跟进反馈。

三、牢记纠纷处理的注意事项

(1) 不要直接拒绝客户,永远不要对客户说不,这是一切服务的基本规范。

(2) 不要争辩、争吵、打断客户,倾听比解释更有用,应该给更多的机会让客户去说出他的真实想法。

(3) 暗示客户有错误,不要只强调自己正确的方面、不承认错误。

(4) "表示或暗示客户不重要"是原则性错误,每一个客户都是我们重要的资源。

(5) 当有变故的时候要及时通知,客户是享有知情权的。

解决网络交易纠纷之后,应该好好地利用这次机会把投诉顾客转换成忠实顾客,再次向顾客道歉,并感谢顾客对自己的信任,对于电商而言,胜利和失败的关键取决于回头顾客的多少。